風流浪子的男友

晚明到清末的同性戀與男性氣質

The Libertine's Friend

Homosexuality and Masculinity in Late Imperial China

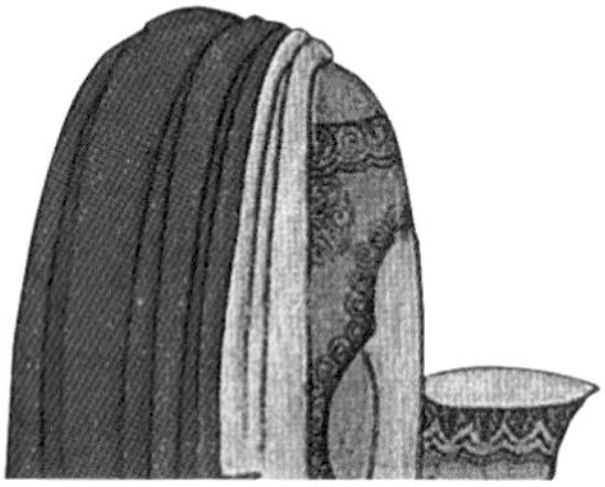

Giovanni Vitiello

魏濁安 —— 著

王晴鋒 —— 譯

獻給我的母親伊內斯・吉亞隆巴多（1938—1967）

和我父親安德里亞・維迪耶羅（1930—2013）

目次

推薦序

中國同性戀正史與「龍陽逸史」——

改「邪」歸「正」的魏濁安《風流浪子的男友》

呂文翠
國立中央大學中國文學系教授

這是一本改「邪」歸「正」的書，是一本「南（男）向」之書，是晚明、清代文化之書，是參與當代文化討論與建構的書。說改「邪」歸「正」，古人沒有同性戀之說，文化中卻存在這種生活內容。一千多年前，唐人歌伎所居教坊稱狹邪，從此讓妓業和狹邪掛上鉤，小說史寫到清代有「狹邪小說」。魏濁安《風流浪子的男友》的帝國晚期研究對象與魯迅《中國小說史略・清之狹邪小說》內容多重合。人類學視同性戀（無論男同、女同）只是「性態」之一種，研究性態取向的「南向之風（書中取材於江南的小說、戲曲的男同題材，尤其著重於福建）／男風」是嚴肅正經的學術範疇，它把傳統視為「邪」的文化內容轉化為「正」。這書的譯本出版，是文化幸事。

據魏濁安論述取材做「材源」考證，須歸於中國古代小說。中國的小說歷來被歸為「小道」，明清白話小說更被視為不良讀物，其內容多會誘導子弟走上歧路，清代李綠園長篇章回小說《歧路燈》專寫浪子警戒。清代小說《十二樓》、《龍陽逸史》則沒有多少警戒意味，前者的「異性戀」是異常的「性」與「戀」的故事，對任何家族中期望子弟走正路的長輩來說，後者的同性戀更為悚異。世家規範子弟讀「正經」書，賈寶玉仍由茗煙的「小道」覓得邪門的戲曲小說。男同題材在《紅樓夢》裡不止一處：薛蟠不識豪傑當相公被柳湘蓮痛打；寶玉拂著了南風與戲子琪官交往，被賈政往死裡打；王熙鳳設局賺賈瑞，賈蓉對黑地裡背後抱住他的人說：瑞大叔要㕑我呢？！

人們對某種「性態」的恐懼源於「心態」。舊時代人，家長容得男子娶妻納妾，但不得接納男寵。男身可貴者在於體內菁華——男人的精液，豈能注入另一男性的肛腔，白白浪費傳宗接代的資本，對不起父精母血、祖宗遺傳！所以，男同性戀於家族倫理必然衝突。小說則不然，常有極具誘惑力的男色描寫，諸如：孌童、小官、小唱、相公、契弟、兔子，此外還有非專指男色的名稱如書僮、門子、朋友也有男男性行為。性態研究把充滿歧視偏見的同性戀與異性戀置於平等評價框範中，魏濁安取材作品，明清名家有馮夢龍、李漁，代表性小說如《龍陽逸史》、《品花寶鑑》、《童婉爭奇》、《繡榻野史》、《別有香》、《姑妄言》、《弁而釵》等。這些敘事作品，並未將男同性戀或不循禮教的異性湊泊當作荒誕不經看待，一本正經落筆，但怎麼入得正人君子的眼？其實，正人君子心中有鬼，須如魏濁安一樣看待，現在讀一讀這書改變眼光，還來得及。

同性戀在明清，人類學眼光看是為「性態」，在小說家看更是「世態」。把他拉回到感性層面的小說中看，再對照著人類學家的理性分析，「性態」與「世態」形成對話，一個活潑潑的晚明與清代社會呈現在眼前。好此南風者，幾乎遍及整個社會。因男男關係、男妓與妓女爭生意打官司上大堂的不少，從老爺、站堂衙役對孌童之饞，到官司兩造乃至看閒人等，對一個被懲戒、準備挨笞刑的少男屁股的慾望聚焦，帶動多少人的慾念啊！魏濁安判斷「到處都在實踐同性戀」，是小說的直觀，也是敏銳的直覺。如果結合關涉南風的民俗語言遺留，會發現它已經內化到一般人的生活中。「龍陽」之為男寵對象符號，江南文化如揚州市井至今仍以「不龍陽」評價事物不夠可愛，對別人炫耀稀奇可愛之物，則說：「你看，龍陽不龍陽？」

五四新文化以人道主義另類眼光看待男男之風。魏濁安云：「京劇與男旦的興起，助男妓之風在十八世紀末、十九世紀初達到高峰。」張恨水《春明外史》、秦瘦鷗《秋海棠》皆可見二十世紀初軍政顯要好此風，不減於前。書中更提及老舍小說〈兔〉，社會上將一個京劇表演家「小陳」想像成慾望對象，輕易地毀滅了一個藝術天才。

新舊小說與人類學拉開多維度，關於南／男向，我們如何取向？

前言

Introduction

在書寫前現代中國的男同性戀史時，無疑地不存在資料匱乏的問題。事實上，從戰國時期（西元前四八一至二二一年）一直到二十世紀初的帝國晚期，關於這個主題的文獻資料卷帙浩繁。當然，可獲得的材料類型在很大程度上決定著書寫成何種類型的歷史。例如，我們有關前帝國時期和帝國初期的絕大多數文獻材料都來自官方正史，它們在本質上具有政治色彩，而且主要涉及宮廷貴族的生活。十三世紀之後，這種情況明顯發生了改變，我們開始獲得文類更加廣泛的作品，它們呈現出各個社會階層的生活，其中最劇烈的變化發生在十六世紀，這主要是由於書籍出版業前所未有的發展，以及尤其是通俗小說的興起。這種有利的環境解釋了為什麼這項關於中國同性戀的研究聚焦於帝國晚期——其時間範圍大致是明朝（一三六八—一六四四）最後一個世紀和整個清朝（一六四四—一九一一），並主要依據小說類資料來源。具體而言，本書探討在大致跨越三百年時間的小說作品裡——從出版於一五五〇年的《水滸傳》到一八四九年的《品花寶鑑》——呈現出來的同性戀與男性氣質和情愛的意識形態之間的關係。

但是，在進入按年代論述的核心部分的研究之前，先讓我們考察一下中華帝國之前和帝國早期最知名的同性戀文獻，即使在帝國晚期，我們仍然能夠發現其中的某些術語和觀念。將中國性文化進行歷史化的進程最近才出現，當然，我不是主張漢代（西元前二〇六年至西元二二〇年）的同性戀修辭可以不假思索地運用於一千五百多年後的晚明文化。[1]

然而，在這些古文獻裡，已經可以發現帝國晚期關於男性之間性和愛情話語的某些重要特徵；兩千多年來，有關同性戀的古文學詞彙的連續使用證明，在前現代中國看待男男關係的某些基本方式具有很強的適應力。在歷史記載和哲理故事中，我們可以找到這些根本性觀念早期的結晶形式，它們形成了同性戀關係的「典故」，其發人深省的力量仍然存在於現代語言裡。從最早的文獻來源中，它產生的基本假設之一是：少年的男色堪比女色，並且它成為男性慾望之自然的和合法的目標。這一自明之理在政治上產生的必然結果是：對君主和國家而言，男寵與愛妃同樣是危險的。[2]君主的男色之好，如同對女色之好一樣，在政治上是不利的因素，他可能因此變得墮落，不知不覺地陷於狂熱的痴迷，從此不理朝政。這種評價從根本上影響了史學家司馬遷（西元前一四五年至西元前八五年）的立場，他在《史記》裡描述漢代皇帝的男寵之好時，專闢〈佞幸傳〉。[3]司馬遷的後繼者班固（三二—九二）在《漢書》中同樣有〈佞幸傳〉，裡面記載了「斷袖」的故事，直到如今，源自於它的「斷袖」這一文學表達，仍然能夠令人聯想到男同性戀關係。據說，漢哀帝（西元前二五年至西元前一年）極為迷戀寵臣董賢，有一天，為了不吵醒正靠在他袖子上睡覺的董賢，漢哀帝割斷了自己長袍的袖子。[4]這兩位史學家都指責君王痴迷於「佞幸」，而這些佞幸無甚才能，徒有招人喜歡的外表——諸如年輕的鄧通，他被授權開礦造幣，因而富甲一方；或韓嫣，因為喜歡玩彈弓，專門為他提供金彈丸。[5]男寵的嫵媚是危險的，統治者應清醒地意識到，他們是猶如西施那樣的「紅顏禍水」，最終將導致「傾國」。更為甚者，這些得寵者可能懷著險惡的野心，他們潛入女人的閨房、進入她們的身體——就在她們合法男人的眼皮子底下。在明清小說裡，這種威脅成為名副其實的隱喻（它涉及任何男性精英的家庭，而不唯獨是王室），這種現象是如此之多，以至於在十七世紀的小說集《情史》裡，關於男性愛情的那一卷將此類少年歸入「情穢類」的標題下。

在古文獻裡，除了對同性戀關係和男色象徵的威脅進行政治上的勸誡，我們還可以發現對男寵一定程度的同情，甚至有一種處於萌芽狀態的關於男性浪漫關係的話語。關於前者的例子是，西元前四世紀的哲學著作《韓非子》裡有一則故事，它產生了男同性戀關係的另一個典故：「分桃」。據說，衛靈公的寵臣彌子瑕有一天吃到了特別香甜的桃子，他將這個咬了一口的桃子給衛靈公吃，後者大為感動。但是，後來當彌子瑕美色衰退時，卻因此事而受責備。[6]這個典故強調的是慾望的易變以及男寵身分的易逝和不穩定。一旦他們的青春容顏消逝，便被以前曾為之痴迷的庇護者拋棄。以前，無論少年做什麼事情都是稱心合意的，甚至違反禮儀規範都可以容忍，而如今卻成為君主惱怒的原因，以致令少年遭受懲罰。在這裡，男寵表現為無權無勢的、令人憐憫的——他們的困境旨在激起多愁善感的讀者同情，在歷史上，這些軼事確實具有這樣的功能。然而，西元前三世紀的《戰國策》裡有另一則經典的故事，它記載了魏王的寵臣龍陽君（因此，「龍陽」通常用來指代一個男人的男性愛人，後來甚至指男妓）。龍陽君與魏王一起外出釣魚，每次當魏王釣到更大的魚時，他就把原先釣到的小魚扔掉。突然，龍陽君意識到，魏王有一天也會這樣對待他，這一想法不禁令他潸然淚下。但是，魏王的安慰使他消除了擔憂，魏王以一種威脅性的形式宣告全國：「有敢言**美人**者族！」[7]這個故事表明，男寵猶如被反覆無常的垂釣者釣到的魚，他會無情無義地繼續垂釣，一心想釣到更大的魚，然後丟棄之前成為獵物的小魚。應該注意的一點是，魏王指男寵的競爭者時，用的是普遍性的稱呼「美人」，它顯然包含了男人和女人。這反過來也表明，男寵面臨著雙重競爭，使其特權地位岌岌可危。儘管魏王對龍陽君說了寬慰的話，但這則故事與之前的故事之間未必是矛盾的。畢竟，龍陽君尚年輕貌美，但被君王拋棄可能只是遲早的事情。然而，這個故事強調的無疑是男寵對君王的忠誠和君王對男寵特別的寵愛。

在早期同樣廣為人知的其他傳說故事裡，也存在類似的

鄧志謨《童婉爭奇》裡的版畫插圖，春語堂刻（序寫於1624年），描繪了古代傳說中的男寵龍陽君。中國國家圖書館善本特藏部，北京。

強調。例如，關於安陵君的故事便是如此，安陵君對楚共王極為忠誠，甚至要求死後與他埋葬在一起；還有關於鄂君的故事，它也發生在楚國，有一天晚上，鄂君無意中聽到有位船夫吟唱關於他的情歌，他聽了之後，將繡被輕輕地披在這位年輕人的肩上。[8] 一直到明清時期，這些關於男同性戀的典故不斷地出現在中文著述裡，從知識考古學的角度而言，它們表達的觀念成為後來所有視角的核心。

† † †

自十六世紀後半葉開始，印刷業的迅速發展以及與之密切關聯的通俗小說興起成為帝國晚期最流行的文學體裁之一，從而前所未有地產生了關於性別模式和性風俗的大量描述，它們呈現出來的社會圖景比之前任何時期都更加廣博和複雜。

無論是小說還是其他類型的文獻，它們通常都表明，男同性戀是一種普遍存在的社會實踐。正如第一章將會詳細闡述的，在明清時期，規範性的同性戀關係是一種跨年齡和跨階級的現象。較年輕的伴侶通常是僕人或男妓（他們可能是歌妓或男旦）——也即法律上的「賤人」——而他的庇護人則是「良民」。原則上，他們關係性的性角色是固定的，在肛交行為中，少年是受，而他的愛人則是攻。小說通常反映出這種默認的社會性的性協議，但也會經常出現違反這種性協議的情況。也存在很多關於「良民」之間「非常規的」同性戀關係的描述，我們將在第二章看到，在這些同性戀關係裡，（性角色的）違犯行為通常是以愛情為基礎的。因此，儘管大多數文獻資料關注精英男性寵愛階級地位低下的少年，但我們不應該得出這樣的結論，即認為男同性戀現象被精英排他性地壟斷，就像有些學者對晚明的男妓之風以及在更寬泛的意義上對帝國晚期伶人的恩客作出的評論那樣。[9] 顯然，我們應該承認這些顯著的現象，但同時不應該忽略參與同性戀實踐的其他社會行動者和類型。也就是說，就歷史化的意圖而言，必須承認小說作為文獻來源確實有其局限性。它們傾向於描繪文人雅客的生活，即使當我們碰到關於底層的社會性文化的表徵形式時，可以肯定的是，這些表徵形式的描述仍然受參與文學活動的仕紳階層的價值觀影響。因此，為了更加精確地描繪中華帝國晚期底層群體的同性戀狀況，借助於一些法律案件可能更加有幫助，儘管我們也無法忽略嵌入在司法敘述中的修辭滲透。[10] 蘇成捷（Matthew Sommer）探討了明代中後期以來與同性戀有關的犯罪案例，他的研究是基於這樣的假設，即隨著勞動力遷移的趨勢，必然會增加這一時期社會地位低下的男同性戀關係的活躍度。喬治・昌西（George Chauncey）和馬特・霍爾布魯克（Matt Houlbrook）分別研究了二十世紀之交的紐約和兩次世界大戰之間倫敦的同性戀現象，他們令人信服地表明，與不同社會階級相對應的是極為不同的性制度。[11] 研究性態（sexuality）的歷史學家無疑需要更多地關注階級差異；我們可以預見，對於我們所關注的中國而言，這種努力也將會產生越加精細化的描述。

† † †

在明清小說作品裡，男同性戀是熱門的話題，它同時被呈現為性慾望和浪漫愛情。例如，在晚明的情色文學裡，我們可以發現三部專門描寫同性戀的作品。除了專門的作品之外，晚明以及之後的（大多是異性戀）豔情小說並不乏關於男同性戀的內容，而且該主題同樣經常出現在其他類型的小說裡。文學領域對描述男男關係的興趣也受到男妓行業的影響，該行業始終明顯存在著。男性的性消遣通常與戲院和男旦相關，這在整個晚期帝國時代的都市中心頗為盛行。關於晚明的男妓之風已有大量的文獻記載，最近吳存存和郭安瑞（Andrea Goldman）的研究表明，作為帝國晚期的社會現象，對戲子的狂熱事實上可能在十八世紀末十九世紀初，與京劇的興起同時達到頂峰。[12] 大體而言，帝國晚期的小說主要表達了這樣一種觀念，即欣賞男色被認為是審美和性趣味高雅的標誌。晚明關於優伶的品鑑話語便屬此種情況，例如，它出現於十六世紀末的名著《金瓶梅詞話》以及本書探討的最晚近的文獻資料，即十九世紀中期的小說《品花寶鑑》，其社會背景是愛好男旦的達官名士迎合歷史悠久的文學傳統，醉心於男旦的美貌和才藝，即「花譜」。值得注意的是，在二十世紀初的幾十年裡，關於同性戀傳統觀念的抹除過程伴隨著戲院的逐步改革，戲院這種機構對美化男色和男性愛情發揮了很大的作用。

情，包括男性之間的情，是明清小說的核心關注點，因此也成為本書的關注點。在晚明的哲學和文學文化裡，對感情的思考占據著重要的位置，並對此後的帝國晚期產生了形塑作用。因而，在這種話語背景下，不斷地出現關於男性愛情的敘述並不令人吃驚。正如我在第二章闡明的，晚明文化中流行的愛情觀念從根本上受男性之間關於俠的友誼模式影響。換句話說，根據意識形態的「考古」，男性情誼的平等主義式同性社交模式對於塑造普遍的愛情觀念——無論戀人的性別如何——起著重要的作用。男性之間的愛情被認為可以與男女之間的愛情相媲美，也即它可以作為愛情的一種獨特表現形式。在明清小說裡，雖然男性愛情有時被斥為荒誕的情感，或成為嘲諷的對象，但是它普遍享有受尊敬的地位，並且經常出現這樣的觀念，即愛少年說明男人的感情細膩而敏銳。即使我們對同性戀關係提出更為嚴厲的批評，如第四章探討的十八世紀的小說作品那樣，愛情也很少成為抨擊的目標。例如，在小說《姑妄言》裡，對男同性愛慾的同情與對風流浪子放蕩不羈（其中同性戀關係扮演著重要角色）的尖銳批評是並存的。在作為最佳典範的愛情名著《紅樓夢》中，男性愛情也有著重要的地位，該小說出版於一七九二年，如本書第五章將探討的，它深刻地影響了十九世紀中期的男性愛情故事《品花寶鑑》。人們普遍認為，後者在文學上屬於「同性戀傳統」的一部分，該傳統可以追溯至晚明《弁而釵》之類的豔情小說。[13]它們無疑是頗為不同的作品，其中主要的區別是以不同的方式對待情和性。在晚明的作品裡，情和性是和諧共存的；但在晚清的小說裡，情和愛之間出現徹底地、甚至是過度地分離，它從《紅樓夢》延續了這樣一種趨勢，即貶抑性結合，而讚美崇高的情感交流。然而，有一條線將這兩類同性愛慾作品聯結起來，這便是（多少有些色情化的）平等的愛情觀念，從根本上而言，它本身受俠的同性社交理念影響。因此，很有可能出現的情況是，男性結交具有進步意義的去性化只是強化了它崇高的品質。[14]從這種意義上而言，風流浪子拋棄異性戀的極樂世界，而與他的知己（和曾經的戀人）共同走向超脫之途——第三章探討的豔情小說正是以這種敘事為特徵——已經暗示著這種同性愛慾的崇高品質，對它的追尋正是《品花寶鑑》的核心議題。

† † †

同性戀和男性氣質之間的關係是我論述的聚焦點，在本書中，我將性別與性態視為相互纏繞的現象加以探討，因為在我看來，它們無法被分成各自獨立的領域。本書同時關注同性戀關係和同性社交關係的各種觀念和表達，以及兩者交叉或重疊的領域。確實，明清時期關於男性氣質的意識形態的發展過程形塑著對男同性戀的不同態度。

長期以來，關於中國的性別研究主要將注意力集中在女性身上，最近才開始研究男性和男性氣質。對於此類研究而言，明清小說被公認為是一片沃土。雷金慶（Kam Louie）著眼於這樣一種基本的觀念結構，即文武二元結構，關於男性氣質的觀念圍繞著這種觀念結構以傳統的方式得到表達，同時他亦聚焦於明確例證這些價值觀念的小說人物——即才子和武俠。[15]宋耕進一步探討了儒士的文學表徵形式，並區分在男性成長歷程中形成的年輕才子與穩重君子。[16]關於才子的研究，文獻主要來源於所謂的「才子佳人小說」；而關於武俠的研究，主要來源於《三國演義》和《水滸傳》之類的小說。雖然在辨識明清時期的男性氣質模式時，這些文獻是最基本的，但是當這些小說裡的人物進入不同的文類形式時，他們原初質樸地代表的性別類型經常會經歷重大的轉變。結果，像《水滸傳》裡武松那樣的俠義英雄或才子佳人小說裡籍籍無名的青年才俊在進京趕考途中尋找佳人，他們以更加混雜的形式呈現在我們面前，而不再是以意識形態上一致的形式。換言之，倘若聚焦於高度形式化的性別模式無疑會有收穫，但我們也應該關注這些基本模式在不同的文本和時代背景中經受的意識形態的競爭，也即在歷史變遷的過程中動態地加以考量。

在文武二元模式中，才子和武俠站在對立面，但另一個真實的情況是，在帝國晚期的小說裡，它們通常根據融合（syncretism）的理念以互補的關係呈現出來。我認為這種融合過程是對可感知的儒家男性氣質的危機直接作出的回應，事實上，在晚明已經可以發覺這種由性別批評所採用的特徵形式，並在十八世紀和十九世紀的小說中成為一種日益可見的話語傾向。融合——正如第二章將探討的，這種智識模式在晚明時期尤為顯著——激發了本研究深入研討在不同的意識形態、性別或文類之間的協商與綜合現象。

關於這些性別模式和性態之間的關係，雷金慶認為無論是對於才子類的小說還是武俠類的小說，性態都是多少有些成問題的領域，儘管前者通常是以平衡和抑制為特徵，而後者以完全壓制慾望為特徵。[17]類似地，宋耕在探討才子佳人傳統中的年輕才子及其對性的態度時，都強調抑制的維度。[18]然而，這種結論在很大程度上由所使用的文獻類別決定。有些小說傾向於規避愛慾的表達，它們在涉及性態時僅提供了很少的線索。因此，在本研究中，我選擇了廣泛採用色情小說材料，此類作品出現於明代最後數十年間，並在十八世紀初的數十年間（也即大概到清初末年）達到繁盛。很多此類作品在以前是難以獲得的，或被認為已經遺失，值得慶幸的是，這些作品在二十世紀九〇年代進行了重印；它們可能是明清時期的歷史學者研究流行於這一時期的性別和性的意識形態最豐富的資料。

高羅佩（Robert van Gulik）是研究中國性態的開創性學者，在大約五十年前進行寫作時，他的探究止步於一六四四年的清初，而且很少關注豔情小說。[19]本書的目標之一是進一步擴展高羅佩研究的年代範圍和資料來源，以修正他迄今仍占主導地位的主要敘述，它假設思想開明的（即使不是享樂主義的）晚明，而接下去則是壓抑的（即使不是迂腐守舊的）清朝。高羅佩的理論核心是：典型的中國人對性和愉悅持有極為健康的態度，然而，在清朝的建立者滿族的重壓之下，隨著最後一個漢族統治的王朝（即明朝）的徹底瓦解，這種態度突然宣告結束。[20] 倘若我們將晚明與清代中期（尤其是十八世紀後半葉）加以比較，這種特徵化的描述似乎確實如此，但是它並不適用於清代早期，這一時期在文化上仍然非常接近晚明，正是在這個時期，書寫並出版了很多豔情小說。再者，在高羅佩開創性的研究大約半個世紀之後，我們不得不抵制一種關於「中國性」（Chineseness）的過於本質主義的觀念，以及過於機械地將中國歷史進程與王朝更替相聯繫的思想。依託於豔情小說，我在第三章將聚焦於這些作品中的主角風流浪子，詳述其逐步形成的關於同性戀的態度，這見證了風流浪子從女性和少年的插入者——其男性氣質建立在自身在性行為中不可插入性的基礎上——轉變為自身在性行為中可以被插入，而不會令男性氣質受到無可挽回的損害，並再次確證其原初的、不可插入的人格。由此，它指出男性氣質的邊界處於不斷地變動之中，這反過來又影響著從晚明到十八世紀中期男性之間性關係的評價方式，這一敘述寓言構成了中華帝國晚期性別和性意識形態發展的啟示性案例。

可能與高羅佩的研究路徑相呼應，較晚近的學術研究仍然傾向於將以「性別流動性」

為標誌的晚明某段時期——在這個時期，構想了各種性別人格和性關係，並加以稱頌——與之後更加嚴格的清初時期進行比照。然而，根據豔情作品可以判斷，「性別流動性」的趨勢可以擴展至包含清初在內的時期。例如，許多豔情作品的敘事包含了被插入的風流浪子，這些小說可以追溯至順治（一六四四—一六六一）和康熙（一六六二—一七二二）年間。在康熙之後，我們才真正進入到一個嶄新的階段，其標誌是強調性別正統性。[21]如蘇成捷的研究表明，在雍正年間（一七二三—一七三五），清政府試圖透過確立更加嚴格的男女法律邊界來干預性別意識形態，尤其是透過修改關於強姦的律法，甚至引入前所未有的反雞姦法來管控男性氣質。[22]大概在這一時期，色情小說中出現了新的傾向，也就是逐漸掩蓋風流浪子的同性戀特徵，在通常情況下，酷愛男風的人物角色被遮蔽，他們迅速被從故事裡抹除，在最極端的情況下，則是被斬首。將被插入的風流浪子從小說的敘事中刪除，以及在這些作品中發現的對同性戀普遍更加嚴厲的態度，這都可以被視為一種妥協的標誌，從而迎合清代中期新的道德和法律標準。

馬克夢（Keith McMahon）是最早研究明清小說中男性氣質演變的學者之一，他注意到，在晚明的小說裡，男性角色越來越出現嚴重的女性化傾向，這導致在歷史和武俠的敘事裡，「風流」壓倒「好漢」。[23]儘管存在這種趨勢，但是在晚明時期，我們已經能夠察覺到對這種「柔弱」的男性氣質模式作出的批判性回應。明朝的統治最終被外來的滿族推翻，這似乎進一步加強了這種批判性的回應。如《紅樓夢》所表明，到了十八世紀，儘管「柔弱男性」還是很流行，但是這種男性人物的形象引起了越來越多的爭論。結果，小說中出現了代表著更強有力的男性氣質的人物角色，他們有時近乎表現為大男人主義。在消極評價同性戀關係方面，十八世紀末的小說《野叟曝言》可能代表了這種趨勢的頂點，它是批判儒家男性氣質的組成部分。[24] 在第四章，我探討了此類十八世紀的小說對儒家男性氣質的批判，認為它們透過將其與其他男性氣質模式進行比較，諸如由武俠和聖僧代表的男性氣質，從而試圖挽救這種缺陷。十九世紀進一步強化了這種批判的趨勢，這無疑是對內部政治動亂和外部殖民攻擊作出的反應，這時的知識精英開始在中國新的國際困境下重新思考性別，並且理論化了文武雙全的理想男性，以矯治在他們的文化中盛行的「女人氣」。

我認為，這種融合型的性別模式在晚明出現、逐漸發展成形，並在整個清代繼續發揮作用，有時它呈現出更加複雜的形式。就此而言，本書的假設之一是透過仔細辨識明清小說中那些最著名的男性角色——武俠、才子和風流浪子——以及他們的歷史演化，我們能夠以獨特的視角看到男性氣質之典範和迷戀，以及它們如何激發了帝國晚期讀者的文化想像。這些人物角色以及他們的性別模式被證明極具彈性，即使經歷各種轉換和相互混雜化的過程，亦是如此。可以說，直到二十世紀乃至今天，晚期帝國的某些性別模式（可能）

依然存在。例如，俠義英雄的男性氣質很可能在共產主義革命者的性別人格構成中發揮著重要作用。換言之，探索前現代的性別模式也是理解現代性別模式的關鍵。

† † †

誠然，對男人之間的性進行道德批判確實一直存在，並且廣為流傳；競爭性的話語是男同性戀在晚期帝國的文學表達和文化想像中位置不斷發生變動的原因。即使在晚明，當我們目睹了專門以男性愛情為核心的小說以及男妓市場的繁盛時，我們偶爾還會聽到道德譴責的聲音，警告男風過於興盛，將其視為道德和政治普遍衰敗之症狀。早在十七世紀，被稱為「功過格」的道教和佛教作品已經表達過同樣的道德批判，正如張在舟所指出的，這些作品將違反常規的同性戀關係與異性戀的通姦行為相提並論，它們僅在很少的情況下將雞姦行為的罪孽程度定得比異性戀通姦還要深重。[25]在法律方面也是一樣，蘇成捷和張在舟的研究都表明，法律基本上與這種對同性戀關係相對溫和的宗教觀念相一致，從來不會對雞姦行為作出懲罰，除非它伴有更嚴重的罪行。

即使考慮到這些批評以及存在這樣的法律，在明清時期，同性戀仍然被普遍接受為男人性態之不可分割的組成部分，它處於其規範性的邊界之內，而不是之外。在撰寫古羅馬的同性戀現象時，克雷格・威廉姆斯（Craig Williams）如此評論道：「喜好與男人發生插入性性行為的男人不需要亞文化，因為他們本身就構成了主流文化。」隱含著某種意識形態的連續性，他繼而援引邁克爾・羅克（Michael Rocke）關於十五世紀佛羅倫斯的論述，即「雞姦是男同性社交文化不可或缺的方面」。[26]這些觀點可以毫不費力地用來描述十九、二十世紀之交在引入歐洲的性態／同性戀醫學模式之前，男人之間的性在中華文化中的地位。撇開可以預料的文化和意識形態的差異，可以說在中華帝國晚期，少年被認為是男性慾望的自然對象，這與古希臘或古羅馬、近代早期的日本或鄂圖曼阿拉伯伊斯蘭世界的情況大致相同。在中國的情境裡，限制這種慾望的原因主要是結婚生育的盡孝義務，這是男人對他們的父母和祖先必須要做的事情。反正沉迷於同性戀被認為是該受譴責的，這與異性戀一樣，在道德倫理層面，它們都破壞了履行家庭職責，而在醫學層面，它們又都威脅到耗盡男人有限的精液。因此，對同性戀行為很少（即使曾經有過）有任何明確的道德控訴或醫學病理化，或者任何強烈的法律或宗教迫害。這一態度與同時期在歐亞大陸另一端基督教歐洲文化盛行的反雞姦狂熱形成鮮明的對比。

†††

既然談及歐洲的同性戀，這裡有必要簡略地探討一下術語問題，這個問題在關於同性戀史的學術研究中經常出現，因此，讀者也可能希望作者在這裡略加探討。自從米歇爾・傅柯（Michel Foucault）研究了性史之後，學者們在將「同性戀」（homosexuality）這個詞——它最初是一八六九年創造的德語詞彙——運用於這之前的歐洲社會或歐洲之外的文化情境時，變得格外謹慎。其理論根據是該詞標誌著一種「範式轉變」，它產生了全新的概念，即「同性戀者」（homosexual）。[27] 大衛・哈普林（David Halperin）（以及其他人）支持這種立場，在他極具學術影響力的著作《同性戀的一百年》（*One Hundred Years of Homosexuality*）裡，哈普林質疑所謂本質主義的觀點，根據這種觀點，對同性的性偏好以及與之相應的性身分一直存在（約翰・博斯韋爾〔John Boswell〕較為典型地闡述了這種觀點），哈普林認為，「同性戀」的存在不過一百年。[28] 與這種立場相一致，如今的許多學者仍然謹慎地避免使用「同性戀」這個詞，而更喜歡較為中立的「同性性態」（same-sex sexuality）或其他類似的委婉表述（儘管在沒有其他同等抽象的詞彙可用時，這個詞可能會偶爾出現）。例如，格雷戈里・普夫盧格費爾德（Gregory Pflugfelder）和卡勒德・艾爾—羅亞赫伯（Khaled El-Rouayheb）分別撰寫了關於日本和鄂圖曼阿拉伯伊斯蘭世界的同性戀專著，他們從一開始便聲明反對使用「同性戀」這個術語。[29]另一方面，克雷格·威廉姆斯和桑梓蘭（Tze-lan Sang）分別研究了古羅馬的男同性戀和現代中國的女同性戀，儘管他們承認其歷史起源，但仍然使用這個充滿爭議的詞。克雷格·威廉姆斯甚至認為無法摒棄「同性戀」和「異性戀」這樣的術語，並建議「探索性」地使用它們。桑梓蘭貼切地指出，諸如「同性戀」和「同性慾望」之類的表述具有歷史特殊性，因此，原則上它們與「同性戀」的用法一樣，也是存在問題的。[30]我們必須慎重地將當下的思想範疇回溯性地運用於我們的先祖，更不必說將它們運用於其他文化中的人們以及他們的先祖，這一告誡必須嚴肅加以對待。鑑於其起源上的文化和歷史特殊性，嚴格來講，「同性戀」這個詞不應該用於描述前現代中國的同性關係，正如古羅馬的情況一樣。但是，從更加嚴格的意義上來講，這個詞甚至不應該用於大多數同性愛慾形式，不僅僅是十九世紀後半葉誕生「同性戀」這個詞之前，即使在這之後，亦是如此。確實，正如性態研究者不斷表明的，在假定這個詞存在的「一百年間」，歐洲和北美社會同性之間的愛慾關係發生了急劇的演變，更不必提在同一時期的不同文化和社會背景中，它們也發生了改變。鑑於此，雖然我認為確實需要意識到所使用術語的歷史性，但我仍然認為，以「同性戀」這個術語普遍性地指涉一種在所有文化裡已經存在並將繼續存在的性實踐是有用的。在不同的文化以及每一種文化的不同時間階段，這種實踐呈現出各自不同的形式，並進行不同的闡釋。在早期的研究階段，關於這些差異的描述和分析成為研究性態的歷史學者的主要任務。[31]在本書中，我是在最基本和最一般的意義上使用「同性戀」這個詞，即指兩個具有相同生理性別的人之間的性慾望和性實踐。與我從普遍意義上使用「婚姻」這個詞一樣，我也以同樣的方式使用「同性戀」這個詞。我用「婚姻」指兩個人之間的結合，這種結合被承認為一種社會單元，無論這種婚姻是在古埃及、中國明代還是如今的瑞典，但同時意識到，它們都是極為不同的「婚姻」形式。一個不爭的事實是，儘管語義的增長和轉化千變萬化，但詞彙本身的更新並不是如此頻繁。我將「同性戀」作為一個方便的（和權宜性的）囊括性詞彙，並提請讀者注意，如同所有詞彙一樣，「同性戀」這個詞有其自身的歷史。它的意義必然會變得越來越複雜和微妙，並且隨著更多的研究展示其獨特的文化表達和闡釋，甚至可能被徹底改變。

作為對這個進程的貢獻，本研究主要關注在一種獨特的文化空間和歷史時間裡，即大致從十六世紀中期到十九世紀中期的中國，男同性戀關係是如何被評估和呈現的。

第一章

男色

Male Beauty

在中華帝國晚期的文獻裡，諸多因素相互結合，使理想的少年有別於他的成年追求者。這些因素包括年齡、社會地位、社會性別角色以及性角色等，它們從根本上確定了本書〈前言〉部分評述的前帝國時期的文獻在涉及同性愛慾關係和慾望時，男人與少年之間存在的差距。在這一時期規範性的同性戀關係中，其中一方是青少年，他們的年齡大概在十二歲至二十歲之間，比較理想的年齡是十六歲。[1]年齡差距與社會地位方面的不平等相一致，少年通常屬於「賤人」階層，諸如奴僕、戲子或男妓等，而他的追求者則屬於「良民」階層。年齡與階級會對社會性別產生作用，少年通常有些女性化，與之相應的是性角色的分配，少年在肛交行為中完全扮演著接受者的角色。在中華帝國晚期（或古代中國），不存在既包含男人對少年的慾望，又包含少年對男人的慾望的範疇，如今我們將這種類似的範疇稱作「男同性戀慾望」。除了古代中國的文學詞彙之外，在明代和清代的文獻裡，我們發現了關於男男關係的新的、有些地方性色彩的詞彙，它們反映了不同社會階層的性文化。對其中某些關鍵性的術語進行評述，有助於闡明明清時期同性戀慾望的觀念化以及關於男色的鑑賞標準。

男性慾望

中國古代性文化中流行的基本觀念，即男人像被女色吸引一樣，也會被男色吸引，這種觀念到了明清時期依然存在。也就是說，青春期的少年，如同女性一樣，是男人性慾的正當對象。這種關係也在句法層面得到了例證，「男色」和「女色」的表述都可以「好」、「貪」、「慕」、「喜」諸如此類的動詞作為先導，以描述男人性慾的兩個潛在方向（這些動詞唯一可想像的主語是男性）。最常用於表達喜好與少年發生性行為的方式是「好男色」這一短語，與之對應的是「好女色」。「男色」的常用同義詞是「男風」，其中「男」也經常被諧音的「南」代替，我將在本章後面探討這種普遍存在的雙關語含義。這兩個術語分別可以組成「男色一道」和「南風一道」，它們概括了男同性戀慾望和性實踐。[2]這些表達的同義詞是「龍陽一道」，與前者一樣，它也可以被翻譯成「與少年發生性行為的風俗」（the way of sex with boys）。[3]最後，對於性行為方式更為文學化的描述是諸如「旱路」和「水路」這樣的術語，它們分別指與少年的肛交和與女性的陰道性交。[4]

男人對女人的性慾和對少年的性慾的表達之間存在著類似性，它隱含著從成年男性主體的視角看來，這兩種美的形式之間存在根本性的等價。而且，男人慾望的兩個維度被普遍認為既不是相互排斥的，也不是固定於某種特定的性身分。換言之，所有男人都被認為潛在地對男色很敏感，事實上，豔情小說裡的風流浪子也普遍受女性和少年吸引，並與兩者發生性關係。因此，發現這樣的人物並不罕見，例如，十七世紀中期的小說《肉蒲團》的主角被描述為「女色也好男色也好」。[5]在稍微早一些的《別有香》裡，其中有則故事描述了一幅紈褲子弟的肖像，以極為對稱的方式，他們整日「遍搜極標名婢」和「充滿『後庭』」。[6]在接下去一個世紀的豔情小說裡，此類情節沒有發生變化。在《姑妄言》裡，我們讀到一個男人「既貪女色，又慕男風」，而另一個男人雖然擁有一個妻子兩個妾，但是「又酷好男風」。[7]

該清單還可以繼續羅列。帝國晚期的文學作品（不一定是豔情小說，甚至也不一定是小說）中有無數這樣的例子，其特徵表現為男人同時受女性和少年吸引。正如我們將會看到，某些特定地理區域的男人被普遍認為對男女的各種感官刺激尤其敏感，而有些區域的男人則以偏好男色聞名遐邇。但是，儘管存在地方性的不同性風俗，男性的雙性戀慾望普遍被理所當然地認為是自然的性衝動。雙性戀有時被隱喻性地描述為「南北兼通」，這裡的兩個方向分別對應著男性和女性，它不僅是「男」和「南」之間諧音雙關語的發揮，而且超越了同音異義，根據對稱性，在「北」和女性之間也確立了對應關係。[8]類似地，關於娛樂行業的話語也強調作為替代性選擇的男色，同時與女色形成互補關係。例如，在清初的豔情小說《杏花天》裡，我們讀到在端午節，也就是賽龍舟的這一天，人們「有載妓而傳杯，有攜童以侑觴」。[9]張岱在他的回憶錄《陶庵夢憶》裡寫了一份絕妙的〈自為墓誌銘〉，平靜而自豪地列出了他秉性中對貌美男侍的喜愛，並且談到在遠足出遊時，攜帶女子和少年作為陪伴者。[10]無論是小說還是其他文獻形式，除了稍微有些差異之外，這些文獻都在男色與女色之間確立了等價性，以及它們作為男性性慾對象的合法性。尤其是風流浪子，他們沒有必要因選擇其一，而不得不拋棄另一個。事實上，作為符合資格的風流浪子，他根本不需要這樣做。在王驥德創作於十六世紀末的雜劇《男王后》裡，有一處眉如此寫道：「狐媚龍陽爭相為帝久矣。不辨雌雄才是風流千古。」[11]

在中華帝國晚期，男人對女人和少年產生性慾的自然性遠不僅僅是停留於小說裡的觀念。西元前四世紀的儒家經典《孟子》講道「食色性也」。注意，這裡的「色」是個中性詞，它沒有規定慾望對象的性別（也沒有規定這種慾望主體的性別，雖然在大多數情況下是指男性）。更確切而言，這話是告子說的，在與孟子辯論人性和道德時，他扮演著對立方的角色。為此，孟子不得不反駁他的觀點，即一切自然的慾望在倫理上都是合乎體統的。然而，在同一章裡，孟子為了證明自己的論點——即美和性吸引都是客觀的，他提到了古代傳奇式美男馮子都，說：「不知子都之姣者，無目者也。」[12]大約兩千年後，李漁結合了這兩句話，彷彿一句是另一句的評注，在另一處探討戀人可以成為治療相思病之良藥時，他提到了三種類型：妻妾、孌童和男寵，以及密友。[13]類似地，帝國晚期的那些用於道德說教的小冊子，即所謂的「功過格」，也不斷地告誡男人警惕他們身邊的美男，這明顯與《孟子》裡所說的相一致，即當「子都」在場時，根本無法抵制他的誘惑，「誰能蔽目？」[14]

同性戀本性

因此，異性戀慾望和同性戀慾望並不被視為相互矛盾的，它們可能出現在同一個人身上。可以想像，男人的性慾望可能「專」於少年或女性，但這更多地是一個程度問題——男人可能「極」好少年或女性，也可能是「酷」好少年或女性。[15]對兩者之中各色美人極其明顯的瘋狂通常被描述為一種「病」（或「毛病」），或者是輕度入迷的「癖愛／癖性／癖好／癖病」。雖然這些術語用來形容過度沉溺於少年，但這並不意味著它們隱含著對同性戀慾望的病理性評價。[16]事實上，它們也可以用來描述同樣瘋狂的和單向度的異性戀傾向，或者一般意義上對性的沉溺。在十七世紀的小說《載花船》裡，其中有個故事裡的人物極為貪戀美色，就用「毛病」這個詞來形容他。[17]類似地，在十八世紀的豔情小說《株林野史》裡，有位貴族也被認為有一種「毛病」，即「貪淫好色」。[18]關於這一點，我們不禁回想起，尤其在晚明的士人文化裡，痴情即使不是文人騷客的必備條件，它也被視為一種令人期望的品質，這些文人騷客被期待著能夠理解並尊重他人任何獨特的品味。[19]其中一個例子是張岱為迷戀孌童的好友祁止祥進行的辯護。作為真正的鑑賞家，張岱讚賞祁止祥的家優阿寶，將他比作食橄欖——吞嚥下去澀而無味，但於回味之中卻有始料未及的獨特味道——並對他的朋友表達了欽佩之情，因為祁止祥如「脫屣」一樣拋棄妻子，只為能與他的孌童在一起。[20]

對少年顯著的性傾向，它常常隱含著一個人品性中的自然特徵。這種「毛病」即使不是從個體出生之前就有的話，那麼它也是成長發育最開始階段的基本要素。正如我們在第三章會更詳細探討的那樣，豔情小說的常備角色是有一位只對少年感興趣的男人，他家有嬌妻，然而卻願意用她來換取同性戀的性。這樣的人物通常意識到自己一直具有同樣的性品味，並對此進行反思，他（以及其他人）將這一事實理解為身分的一部分。[21]在《姑妄言》裡，我們讀到有個男人為了追求少年，拋棄了他的全部財產；他被認為「自幼酷好小官」。[22]有時，我們還會碰到這樣的觀念，即認為對孌童的癖好甚至在一個人出生之前就已經存在，因而它被定義為一種「胎裡病」，按照字面意思理解，就是從他娘胎裡就已經存在這種癖好。[23]在晚明的同性戀小說《龍陽逸史》裡，我們看到一個遺傳學上的奇特案例，即行為資訊從異裝癖的母親那裡傳遞給她性別模糊的兒子。[24]另一部晚明小說《石點頭》也同樣使用「先天的毛病」這樣的表述，用以解釋少年出塵脫凡的美貌，他長得「九分像母，一分像父」。[25]同樣（雖然幾乎完全是想像的），某個地方出現繁盛的同性戀現象被歸因於風水問題。[26]《姑妄言》裡的重要略記解釋了昆山地區為何出現男妓高度聚集的現象，認為當地人對「旱路」的性傾向是由於他們的祖先被埋葬在水裡。[27]

然而，儘管性偏好根源於一個人的本性，但它亦被認為是流動的，而不是固定的，即使它無法被顛倒，也是可以被改變的。出現這種極端情況的事例是《載花船》裡描述的一位男子，他「生平極喜龍陽」。儘管如此，他最後愛上了一個偽裝成太監的女人，本來以為他是少年，然後（遵循某種既定的修辭）打算某一天趁「他」喝醉時將其雞姦。[28]在他發現「太監」真正的性別之後，敘述者便不再提及他的排他性同性戀癖性；顯然，即使是強烈的「自然傾向」，也並非不可逆轉。大多數色情敘述顯現出這樣一種觀念，即對女人的喜好並不排斥被少年性吸引，這些少年主要因其陰柔之美而被欣賞。這解釋了風流浪子的雙性戀傾向，以及當男性（暫時）無法獲得女人時，以少年作為性替代者的情況。因此，除了相對罕見的對少年產生單向的性傾向之外，在大多數情況下，我們在小說中遇到的人物都是受女性吸引的，但出於性慾方面的獵奇心理或由於權宜之需，他們會與少年發生性關係。風流浪子通常與年輕的「弄臣」或「弄童」結伴出行，當他們的異性戀活動偶爾受挫時，這些人能夠起到撫慰和解憂的作用。例如，《肉蒲團》中的主要人物，以及《別有香》

裡的一則故事，它們都解釋了何謂「家童」。[29]在這些情況下，與少年發生性關係具有這樣的功能，即替代更渴望卻無法得到的女人的性；根據這一原則，同樣可以預見同性戀行為與寺院之間普遍存在的聯繫。例如，在凌濛初寫於一六二八年的小說《拍案驚奇》裡，關於烹飪的隱喻有助於我們理解性態的階序觀念，它建立在慾望對象的性別基礎之上。在這個充滿偵探色彩的故事情節裡，處於核心的是一位有罪的僧侶，他能夠「南北齊來」，而少年只是滿足性飢渴的方式之一，他們就像是「饅頭」，但無法跟真正的「飯」相媲美。這種觀點明顯地賦予異性戀以特權，它凸顯出男人之間的性缺乏共同的歡愉，暗示只有那些精力不大旺盛的男人才會訴諸少年，因為他們無法滿足女人更多的要求，由此，敘述者進一步強化異性戀的優越性。[30]在稍晚些李漁的《無聲戲》裡，它透過比較「南風一事」和「男女一道」，呼應了類似的說法，根據陰陽互補、交互愉悅和生殖能力等，將後者確立為是自然的，認為前者只有在迫不得已的情況下才是正當的，確切而言，它僅是作為一種替代物。對敘述者而言，男人更渴望少年而非女人，這是令人費解的謎。[31]在這數十年之前，晚明的文人沈德符，儘管描述了他生活的年代空前地流行男色和男妓，並承認其歷史根源，但他仍然認為這種現象是無法解釋的。在沈德符看來，只有在囚犯、僧侶、旅行者或海盜等群體中才能理解為何與少年發生性行為，換言之，人們只有在別無選擇的情況下才會利用少年來替代唯一真正適當的性伴侶，即女性。與這種觀念相吻合，沈德符認為廢除「官妓」、禁止官員與都城的名妓交往，這是他們在北京不得不讓男妓提供服務的原因。與沈德符同時代的謝肇淛，同樣被男性的性娛樂之盛行感到震驚不已。儘管謝肇淛也知曉男性相愛的歷史起源以及它在地理分布上的普遍性，而且充分了解關於男色的鑑賞標準，但他還是感到精英對少年的狂熱已經到了放縱無度的荒唐境地；誠如他所言：「舉國若狂矣！」[32]

這裡必須強調一點，所有這些十七世紀的作者反對的不是同性戀慾望或與少年的性本身，而是它在文人精英中的盛行狀態，也即同性愛慾作為一種文化現象。事實上，與將痴迷於少年視為先天性傾向的病因學話語同時出現的還有這樣的觀點，即認為它是一種文化上可習得的品味。在這種背景下，男色成為鑑賞能力的場域和性審美的分支。對它的欣賞不僅取決於一個人自然的癖性，而且也取決於一個人在性愛方面的專門知識，即「知趣」。

鑑賞話語：味與香

無論是先天（自然）決定的還是後天（文化）獲得的，對女性或少年顯著的性傾向被認為是主觀的品味問題，就其本身而論，它在根本上是無可爭議的。相應地，在性鑑賞的修辭裡，關於各種競爭性要素的優點，大體上是在尊重任何偏好、狂熱或幻想之正當性的前提下進行評價的。在這種鑑賞模式下，它的目標是清晰地表明支持其中一種或另一種，而未必是一種對另一種確立客觀的優勢。十七世紀張潮的筆記體小說《幽夢影》裡有一段對話，有人認為女人比男人更美，雄鳥比雌鳥更美，但在長著四條腿的動物中則沒有這種區別，對此，其中一位對話者表示反對，堅持認為男人可以比女人更美麗，其他人認為這是一種極端的觀點。[33]結果，這場對話以擱置分歧宣告結束。

小說裡的某些重要評注也採用同樣的鑑賞語氣。在《姑妄言》裡，有位僕人自從還是小男孩時，就是男主人的「家童」，但他發現了異性戀的性，並且更加喜歡，對此，評論者議論道：「好男風者則非此想。」[34]由於性吸引被理解為一種主觀的品味，因此鑑賞者之間可能沒完沒了地為這兩種不同類型的美進行爭辯，而且經常沒有定論，因為他們的對手不會改變立場，也別指望他們自己改變觀點。[35]這種事情沒有客觀的答案，它完全取決於一個人的自然傾向以及與性有關的知識。偶爾，鑑賞者也會明確地表達立場，確證究竟是與女人發生性關係還是與男人發生性關係更具有優越性。因此，之前我們提到凌濛初確立了一種階序性，它賦予異性戀以特權，然而另一方面，我們在其他地方發現，有的觀點則稱讚少年的自然之美勝過女人的矯飾之美。對愉悅的追捧以及相關的知識，選擇性地需要女性在某些時候被少年取代，《別有香》裡一則故事的前言表明了這一點，它斷言無論女人的愛有多麼甜蜜，終將產生對少年的激情。[36]這種觀點認為，少年是慾望的對象，根據性慾的序列觀，一旦異性戀慾望發生枯竭，對少年的慾望就會出現。就這個故事本身而言，它講述了一個男人痴迷於鄰居家的兒子，為了吸引他，這個男人招了一位妓女作為誘餌，為了消除後者的疑慮，他說「人各有喜」，妓女聽了之後不禁笑出聲來，打消了最初的不情願。[37]如同前文引述的文獻一樣，我們在此同樣看到了這樣一種傾向，即由於性慾之主觀特性的緣故，故而懸置判定哪一種美和性態具有客觀上的優越性。

帝國晚期的文獻經常採用烹飪和植物的隱喻，表明將性吸引看作如同「味道」和「氣味」那樣的感官體驗，而性本身則被視為「味」或「香」的一種類型。一個常用的隱喻性對比是「家食／家常飯」和「野菜／野味」，它們分別表示與女性和男性發生性關係。在探討食物以及「野味」、「家味」的相對價值時，李漁評論道：如若論「肥」，前者不如後者，而如若論「香」，則後者不如前者。[38]李漁在分享他的鑑賞智慧時，很可能是在把玩這些術語在性方面的細微差異，在小說《肉蒲團》裡，我們發現他是這麼說的（這次明確是在性的背景下）：「家雞味淡，不如野鶩新鮮。」[39]後半句實際上說的是通姦的吸引力，因為這裡的「野鶩」是指男人妻妾之外的女人，而不是男人。[40]然而，它卻強烈地表明，前半句的表述也隱含著性意義。倘若確實如此，那麼這種讚美之詞的重要性在於，它沒有認為哪一種肉是絕對好的，每一種肉都有它自身的優缺點。這再次符合了鑑賞的方法，在關於性愉悅的問題上，它完全是自然產生的品味和／或後天獲得的專門知識。在《姑妄言》裡有一場關於「男色一道」的對話，有人認為女人也有肛門，它的「味」應該跟男人的一樣，而其痴迷於少年的朋友卻詭辯道，雖然「香」可能一樣，但是「趣」卻不同。[41]

關於性態的植物隱喻也被廣泛使用，「花」是用來表示感官美的標準方式，「後庭花」更是明確指肛門。[42]雞姦通常被形容為「別有香」，在《姑妄言》的一個段落裡，有位妓女偏好雞姦，她的綽號正是「別有香」。[43]在李漁的《無聲戲》裡，被男人喜歡而遭女人痛恨的主角寫了一首讚美詩，稱頌男色一道，它褒揚少年的純潔，同時又沒有女人的矯揉造作。當別人對此提出批評時，他回應道：「不好此者，以為不潔。那好此道的，聞來別有一種異香，嘗來也有一種異味。」[44]從不同尋常、非凡和稀有的意義上而言，與少年發生性關係別具一番「異香」，因而，在李漁《十二樓》裡的一則同性戀故事裡，「異香」——它的字面意思是指古玩店裡賣的香，店主也會跟他們俊俏的店員上床——也暗指同性戀樂趣本身。[45]有時候，也可能反諷性地使用這種對應關係。例如，在十八世紀的小說《野叟曝言》裡，有位朋友告訴故事的主角，在福建，與少年發生性關係被視為「家常茶飯」，暗示著在那裡，異性戀被視為「野味」。[46]在前文已經提到的凌濛初的小說中，也暗示過這種顛倒，它將寺院裡的同性戀稱為「家食」，也就是說，作為主要的性。[47]值得注意的是，在不同類型的評價中，這兩種要素之間從來不是相互排斥的，它們總是以相對的關係結構的形式共存著——家食對應於野味，寺院對應於世俗世界；福建則對應於中國其他地方。其推論是，沒有一個地方的人們只喜歡吃家禽而不食野味，反之亦然——也就是說，到處都在實踐同性戀，只是在寺院裡或在福建，它成為了規範，而不再僅是例外。

到目前為止，我已探討的描述同性戀慾望的表達無一例外地將男色置於客體的位置，它含蓄而清楚地表明，這種慾望與成年男性自身的慾望是相一致的。但是，少年以及他們的慾望又是怎樣的呢？

男人與少年：雞姦與社會身分

有豐富的表達可以用來形容男人對少年的慾望，相比之下，卻沒有專門的表達用於表示少年對男人的慾望。確實，大多數小說似乎將有關少年的性慾與快感的觀念視為一種矛盾修飾法。事實上，在帝國晚期的小說裡，唯一呈現的同性戀行為是肛交，其中較年輕的一方扮演著受的角色；很少出現雞姦之外的性實踐，偶爾涉及親吻和口交（「品簫」、「吹簫」）。關於從雞姦行為中獲得的快感，通常被認為是單向性的，而不是交互性的——也就是說，它是男人的特權，而少年被認為僅僅是忍受它。換言之，在大多數情況下，我們發現這樣一種廣泛認同的觀念，即男人的性快感總是需要一種插入性的姿勢。[48]正如我們所看到的，凌濛初與李漁之所以貶抑男人之間的性，正是由於它缺乏交互性，而豔情小說裡都是些經驗老道的男妓，他們巧妙地發出呻吟，假裝很享受被插入。[49]兩個男人（通常是僕人）之間輪流雞姦的情節設置進一步肯定了被插入的姿勢原則上被認為是沒有快感的，其背後的觀念假設是，他們同意忍受一種沒有快感的行為，僅是為了有機會轉換位置而獲得快感。他們的快感只能是序列性的，無法是共時性的。[50]我們被告知，少年屈從於雞姦不是因為他們的性取向，或因為他們感到它是令人愉悅的，而是為了獲得物質報酬，因此，這是由於他們窮困潦倒的社會境遇使然。要不然，他們被迫這樣做是由於年少無知，經常受水果或核桃等禮物的誘惑而被「騙」。這背後的假定是，沒有一位少年會自願甘受雞姦；與之相反，普遍隱含的現象是，向主人提供性服務的貼身男侍和僕役更願意與主人的妻、妾或女僕睡覺。在很多小說裡，由於孌童在家庭裡的角色，他們不可避免地親近主人的女人，結果，他們從異性戀的性中嘗到了無與倫比的快樂。儘管在豔情小說裡，這種困境也被含糊地用作撩人的場景，但在關於男性放浪形骸的道德話語內，它實際上構成了名副其實的隱喻。

考慮到主顧與男妓或主人與男僕之間司空見慣的社會差距，這是目前為止我們探討的文學作品裡呈現的同性戀關係中最典型的階級分布，那麼在這裡，將性慾和快感視為少年尚不具備之特權的觀念也就尤為合適。應該注意的是，這裡討論的少年是職業男妓和貼身僕役或侍者，他們屬於更低級、被汙名化的階級成員。正是由於他們屬於「賤人」的社會身分，自動地使他們處於性屈從的地位。少年通常扮演著與他自身性慾無關的性角色，而男人總是扮演著脫離於他的性取向的角色，或者是受異想天開的慾望驅動。此外，在性行為中被插入具有性別含義，由於它涉及扮演類似女人的角色，而男性氣質的減弱又進一步確證了少年屬於被汙名化的階級。關於雞姦的法律話語（無可否認地，它們大多出現於清代的文獻）確實隱含著將成人男性和年輕男性分成兩種社會性別範疇，並且將少年的性角色比作被插入的女人的性角色，而扮演插入者角色的一方不會令他的男性氣質受損。[51]從這種意義上而言，在性行為中插入少年意味著施行一個人的男性氣質，根據克雷格・威廉姆斯提出的「男性氣質的普里阿普斯（Priapic）模型」，這在很大程度上與古羅馬時期的做法是相似的。[52]雖然奴僕身分或受契約約束的地位在一定程度上總是意味著性的可獲得性，即可插入性，但作為「良民」（少年的主人或主顧幾乎都屬於該類別），無論是少年還是男人，在任何情況下絕不應該屈從雞姦，這對於古羅馬的公民而言，亦是如此。換句話說，同性戀慾望的問題必須根據階級以及（在某種程度上）性別而區別加以對待——它對「好男風者」具有的意義並不同於對「龍陽」具有的意義。正如我們將會看到，儘管文學作品也會出現違反階級界限的同性戀關係，但在男人之間的性行為中，位置被認為是固定的，而且它準確地反映出階級地位。也就是說，同性戀慾望和性快感是男人（「良民」）的特權，它不能賜予少年（「賤人」）。對此，人們可能會提出質疑，因為男人可能招男妓，然後被對方插入，但這種情況在中國的文獻裡幾乎不可能發生，這與西方古典時期或鄂圖曼阿拉伯伊斯蘭世界形成鮮明對比。在後者的文獻裡，普遍暗示著一個男人在表面上對雞姦少年感興趣，但事實上背後卻隱藏著被少年雞姦的慾望。[53]

關於這一點，《姑妄言》裡有一個情節很能說明問題。有個叫牛耕的男人，由於小時候的陋習（與被插入的雞姦無關），導致肛門奇癢無比，他嘗試過用木槌兒來緩解，然而並沒有用，最後他決定僱用一位男妓。最初，這位男妓不敢按照他的意思去做，經過再三要求之後，他才勉強順從。[54]自從這以後，每個晚上牛耕讓七、八個長相姣好而精壯的男僕雞姦他（雖然有時他也扮演插入的角色），敘述者意味深長地補充說道，人們以為他迷戀於雞姦少年，但實際上是讓他們來雞姦他，這在帝國晚期的性文化背景中幾乎是難以想像的。[55]

男妓、男侍和情夫

當男人被認為是「酷好男風」之人時，有豐富的詞彙可用於指稱作為他們年輕伴侶的少年。這些年輕的伴侶被稱為「孌童」、「男寵」、「男優」、「契弟」、「朋友」、「小唱」、「兔子」，或者簡單地稱之為「男童」。這些專有詞彙經常含糊地用於描述不同的情境和關係類型；有時不是很清楚少年究竟是職業男妓還是男朋友。但是，在明清時期的人們看來，這些差異微不足道，並且認為在男人與少年之間的關係中，利益是最主要的。少年可能公開或私下為男人提供性服務，如堂子裡的男妓、家中的貼身男侍等，倘若少年有著不錯的社會地位，則與之維持私密的關係。這些文獻隱晦地指出，男人與少年之間一旦捲入經濟交易，便會使這種關係變得惡俗。不管怎樣，現有的絕大多數文獻主要涉及的是職業男妓。

晚明時期關於這方面的文獻尤為豐富，因為明末明顯見證了男妓作為一種真正風尚的興起，這在江南地區尤為如此。吳存存和郭安瑞指出，隨著京劇以及男旦的興起，男妓之風可能在十八世紀末十九世紀初的北京就已經達到頂峰。[56]無論如何，我們沒有理由相信在這兩個鼎盛時期之間不存在男妓現象，或者這種現象出現了實質性地衰敗。關於晚明時期的男妓現象，記載最豐富的文獻可能是前文已經提及的《龍陽逸史》。透過它裡面講述的二十個故事，我們了解到貪得無厭和薄情寡義的男妓，他們整日沉迷於自己的外表和永保青春之術。我們也得以獲悉他們的主顧：吝嗇的徽州商人和嫉妒心極強的紹興男人，這些富有之人都痴迷於小官，在他們身上將所有家財都揮霍殆盡，這些男人「行也想小官，坐也想小官，夢裡也想小官，醒來也想小官」。[57]最後，我們還知道男妓院的主人和少年的老鴇，甚至還有整容匠。[58]簡而言之，該小說向我們介紹了男妓世界和男色鑑賞術，它以比較的方式加以評論，也即在大多數情況下，它是透過呈現矯飾的美和盲目的迷戀進行評論。正如敘述者不止一次地表明，在他生活的年代，男人「見個小官，無論標緻不標緻，就似見血的蒼蠅，攢個不了」。[59]

在整個明清時期的文學作品裡，男妓最經常被稱為「龍陽」（源自傳說中古代男寵的頭銜：「龍陽君」），雖然這個稱呼也普遍用來指任何屈從於被年長男人雞姦的少年。[60]類似的意義含糊性也出現於另一個常用的術語：「小官」，它通常指職業男妓，但也可能指青少年。[61]同樣含糊的表述還有「𡝤」，該字可能起源於杭州，但它經常與東南部的福建聯繫在一起。[62]在它的字體結構中，「男」字下半部分被「女」字取代，明確表明性別和性的模棱兩可，它涉及的同性戀關係類型在某種程度上仍然是含糊的。沈德符的描述涉及另一個關於晚明同性戀的專有術語：「契兄弟」，它顯然是指福建地區特有的同性戀結交類型。根據沈德符和李漁等人的描述，這種結交包含男人之間的「婚約」，它受契弟父母的約束，他們接受聘禮，將「契兄」以「女婿」待之。[63]沈德符還告訴我們，契兄將承擔「契弟」的所有費用，包括婚禮的花銷，而結婚並不會阻止他們之間的性關係，它會一直持續到遠遠超過人們普遍接受的對男性愛人的年齡限制（甚至在後者的年齡超過三十歲之後！）。由於這種結合很好地得到了社會認可（至少在福建如此），因此，有些學者稱之為「同性婚姻」。[64]然而，即使晚明時期的福建地區確實存在男性的同性結合，它們也不是異性戀婚姻的替代性選擇。

在描述「契兄弟」關係時，沈德符注意到，倘若發生通姦（我認為應該理解為「契弟」發生通姦），契兄會以「要姦」的罪名向法庭提請訴訟。在前文提及的《石點頭》裡，有一段話可以佐證沈德符所說的福建審理「要姦」案，它還指出在福建，長得清秀的孩子「十二三歲，便有人下聘」，而且說漳州的訴訟案件十有八九與「雞姦」有關。[65]這裡使用的術語與意為「男女通姦」的「要姦」諧音，但「要」這個詞被「雞」取而代之，從而形成「雞姦」這個標準的複合詞進入清代刑法典，並且在現代語言裡仍然具有同樣的含義。這種有趣的同音異義表明了兩個法律術語之間的詞源學關係，也就是說，「雞姦」這個詞源自「要姦」，它極有可能是透過委婉地取代這個複合詞的前一個字形成的。「要」這個字較為罕見，沈德符本人說，這個字在字典裡是無法找到的。至於「要姦」就更加罕見；的確，在其寥寥數次的出現頻率中，最早可能就是出現在沈德符的文本裡。或許正是因為這個原因，導致袁書菲（Sophie Volpp）認為沈德符「開玩笑」地編造了「要」這個字。[66] 然而，袁書菲的這種假設沒有解釋為何在晚明（以及清代），除了《石點頭》之外，還有多種文獻使用該字，也沒有解釋為何清初的詞典《字彙補》收錄該字，《字彙補》對它的注解是「將男作女」，而且還提及「要姦」，稱它可以在明代的法典裡找到。[67] 這種角色顛倒明顯發生在多個層面，不僅僅是性的層面，在這裡，我將居於語義核心的「要」翻譯成「男女」（boy-girl）。

沈德符將「要」這個詞與男性結合相關聯，這種結合至少在福建地區廣泛得到社會認可（如果不是法律認可的話），它甚至在契弟結婚、到了三十歲之後仍然會持續存在，這一事實表明，該字更可能普遍指年輕的男性愛人，而不是職業男妓。類似地，《龍陽逸史》裡有一個事例是將「要」與「婆娘」相對照（因而含蓄地進行比較），並援引當時流行的說法，即若要引誘後者，必須迅速採取行動；而若要引誘前者，則需要在求愛方面付出更多的努力。[68] 類似地，在同一時期的同性戀小說《弁而釵》裡，「做要」與「養漢」同時出現，後者表達的意思是「擁有情人」（針對女人而言）；「做要」由一位憤怒的父親說出口，因為他發現兒子（原以為是品性正直、有操守之人）在尋師讀書期間與書生通姦。[69] 這種並置可以確證這樣的觀念，即在晚明時期，「要」是男人的情夫，而非專職的男妓——少年是被選擇和接受，經過求愛之後，男人方得以成為他的情人。李漁的《無聲戲》裡確實發生這樣的事情，雖然這筆交易也包含向少年的父親支付巨額的報酬作為聘禮。而「契哥」則成為他的經濟擔保人，對少年而言，這種結合包含著承受類似於女性的、在性行為中作為受的角色；從這種意義上而言，這種「兄弟般」的結交也可以被理解為一種賣淫的形式。沈德符在其他地方似乎將「契弟」（明確將它與「耍」相聯繫）視為「小唱」（北京地區對男妓的指稱）的同義詞，這表明他也將這種結交理解為類似於娼妓的關係。[70]但是，這個證據顯然不足以使我們對該詞的含義得出確鑿無疑的結論，因為一旦脫離原初的背景，它的含義就會發生變化。另一方面，無論「契弟」在福建人的社會背景中具有何種特定的含義，在福建之外的地區也使用這個詞，而且被理解為「男友」。在晚明的《石點頭》裡，我們讀到有位翩翩少年來到私塾之後，令所有弟子都產生了結成「契兄契弟念頭」。[71]在同時期的《別有香》裡，我們讀到有位男子對鄰家兒子如痴如醉，還給他寫了封情書，表示意欲成為其「契弟」。[72]在這兩個個案裡，賣淫顯然並非題中之意，類似於前文某些例子提及的「耍」，「契弟」指代的是男人的年輕情侶。十八世紀的經典小說《紅樓夢》也從這種意義上使用該詞，它裡面講到薛蟠在學堂幽會「契弟」。[73]

兄弟是第四種儒家人倫關係，而第五種、也是最後一種人倫關係，即朋友，它為同性戀關係提供了一種模式，我們將在下一章詳細進行探討。諸如「朋友」、「小朋友」、「情友」、「狎友」以及「後庭朋友」等詞，都是帝國晚期同性戀詞彙的一部分。[74]第一個術語又有些含糊，因為它可以同時指男朋友（男妓）和他年長的伴侶（主顧）。[75]另一方面，「兔子」是一個明確指代男妓的俚語。至少在十八世紀初開始使用這個詞，到了二十世紀三〇年代，在老舍以之為題的短篇小說〈兔〉裡，仍然保留了這種含義。[76]其他形容男妓的術語限於特定的地理區域（至少在它們的起源上如此），這一點我會在後文繼續討論。我們提到的北京地區的術語「小唱」，便屬此類情形。後者亦指表演技能，在整個中華帝國晚期，吟唱和表演是對男優的核心要求。尤其是十八世紀中後期，隨著京劇的興起，扮演年輕旦角的演員很可能也是男妓。在當時，作為演員的男妓被稱為「相公」，這個尊稱在十九世紀的某些時候獲得了這種新的含義。[77]

但是，除了演唱或表演技能之外，究竟是什麼原因使少年變得如此令人渴望？《龍陽逸史》的主題之一是，它認為男人對少年的迷戀導致他們被蒙蔽了雙眼，無法認識到何謂真正的美少年，而使他們沉迷於欺騙性偽裝、陰險和早熟的少年。那麼，關於少年的鑑賞標準是什麼呢？正是由於這種標準產生了對理想少年的獨特迷戀。

理想少年：年齡、髮式和妝扮

不言而喻，當涉及男色時，年齡是基本的要求——也就是說，理想的少年首先是一位少年。就伴侶的年齡而言，帝國晚期的文獻極少出現偏離常規的情形。[78]例如，當遇到年長者喜歡被年輕者插入的情況時，它們大多保持緘默；相比之下，在羅馬人的同性戀話語裡，對這種行為是充滿鄙夷的。[79]在帝國晚期的文獻所呈現的同性戀關係中，伴侶之間的年齡差距各不相同。它可以小到幾歲之差，但通常而言，豔情文學裡的風流浪子往往是二十多歲的未婚男性，也就是說，比他潛在的男愛人年長十歲左右。[80]儘管男人的年齡會有差異，但少年卻是理想男優（或男友）的必要條件。《龍陽逸史》裡有個故事講到，隨著少年逐漸長大，失去了他的「小官氣」，男人也就對他失去了興趣。而且我們被告知，那些職業男妓，即「做小官的」，通常是十四、五歲。[81]這被認為是少年美貌的巔峰期，它會繁盛大約三年左右，之後便開始凋謝。在《龍陽逸史》裡，普遍採用的「小官」的同義詞是「未冠」，它涉及一種加冠儀式。雖然這種儀式在帝國晚期已經被淘汰，但在傳統上，它標誌著少年在十九歲左右成為成年男性，該儀式用他穿戴「網巾」來表示。[82]因此，在整部短篇故事集裡，有一種發自肺腑的不滿，它經常說那些青春不在的男妓，他們已經二十歲（如果不是二十五歲的話！）卻仍然跟一群少年消磨時光，拒絕戴「網巾」；有傳言說，在這種情況下，杭州沒有一家網巾店還能招攬生意。[83]此處的要點在於，這種不負責任的行為嚴重毀壞了男色的名譽。該譴責也隱含著對少年主顧的批評，認為他們缺乏鑑別能力，太容易被矯飾之美欺騙，因此，他們不是合格的鑑賞者。《龍陽逸史》裡還有個故事，講述了有個村莊（敘述者認為是由於風水不好的原因）一百戶人家竟然產生了二、三十位男妓。[84]因此，競爭變得極為激烈，尤其是那些必須「已冠」的男人卻仍然偽裝成少年的模樣。為了揭露冒充者，最年輕的男妓決定將他們的行會成員分為三類：上等，在十三、四歲左右，正值開始蓄髮之時；中等，十五、六歲，長髮披肩；下等，十七、八歲，用髮簪將他們的頭髮紮起來。[85]它講述的故事是關於這二十多位不幸者中的其中一位。這位大齡小官一如既往地頗為注重化妝，具有諷刺意味的是，這恰好被一個肥胖的賣胭脂的小販欺騙，他推銷的商品故意迎合他的嗜好。商販設法引誘「小官」，大肆吹噓他的「本錢」（關於性的俏皮話），然而在第二天早上，他未付帳就偷偷地溜號。後來被抓住之後（為了展示行會的團結，來自三個不同類別惱羞成怒的男妓狠狠地揍了他一頓），小販還被受害者的父親帶到州衙，指控他雞姦。有趣的是，這位州官的立場表明他是一位無可挑剔的男色鑑賞者。他認為所謂的受害者，已經年近三十歲，因此不再是小官，而是「竊小官之名色」——難不成到了六、七十歲還想當男妓？[86]因此，州官宣判他遭打三十大板和一年的強制勞役，而胖小販則被驅逐出境，不得再回來。州衙的裁決對當地的小官群體產生了強烈的影響，數日之後，許多屬於下等類的男妓不願再偽裝成「未冠」，他們買來「網巾」，各自經營其他事情。這個故事表達的主旨是——這也是《龍陽逸史》這部小說集裡反覆出現的主旨，過了加冠年齡的男妓是冒充者，他們破壞男色和男妓唯一合法的群體——少年——的聲譽，雖然州官也擔憂小官賣淫的現象會過於盛行，但他憤怒主要原因是年齡的偽造者，即男人偽裝成少年。

從上文關於男妓的三種細分中可以明顯地看到，髮式作為少年年齡的標誌，在定義少年的性吸引力時發揮著重要作用。在《別有香》的一則故事裡，有位學生已經十七歲，他去參加科舉考試時，獲悉考官對年輕考生更加寬厚，就將他的頭髮放下來，垂到肩上。[87]至於其他身體部位的毛髮，與它在西方——希臘、羅馬和鄂圖曼阿拉伯伊斯蘭世界——同性戀話語裡所處的中心性形成鮮明的對比，在中國，這個問題相對而言不重要，儘管有鬍鬚的男人，或者明顯有其他類型體毛的人，從任何標準看都不會被認為是吸引人的，但這個問題不可避免地與年齡聯繫在一起。例如，在《姑妄言》裡，有個男人因沒有能力負擔得起「時興的兔子」，只好寵幸一位超齡的「小兔子」，他的臉上已經長出了鬍鬚，肛門周圍也長滿了毛。[88]當涉及男色的審美時，掩飾年齡的問題遠比濫用胭脂的問題更為常見，而這又與矯揉造作和過度女性化相關。

少年與少女

溫柔嫵媚無疑是少年吸引人的重要特質，然而，即使美少女和美少年的標準部分是一致的，它們仍具有各自的獨特性。雖然少年可能被讚賞擁有白皙的肌膚，既「嬌」又「嫩」——這些特徵經常被視為女性美的標誌。但是這兩個範疇之間絕不會出現徹底的審美同化，《龍陽逸史》裡的情況便是如此。通常而言，過度女性化的少年不會被認為是吸引人的；相應地，在《龍陽逸史》裡，小官濫用胭脂成為主要的怨言之一。[89]《情史》裡有一卷專門講述關於男同性戀的故事，其附言的主題也涉及女性的做作美和男人的自然美之間的比較。《情史》的編撰者認為，少年的優點在於其青春活力和未經修飾的天然美，而且還提出支持男色的「自然」證據，他援引孔雀的羽毛和犬馬的毛絲作為無可辯駁的佐證。[90]類似地，《龍陽逸史》的敘述者抱怨在他生活的年代，真正的鑑賞家很稀少，許多男人喜歡濃妝豔抹的小官，

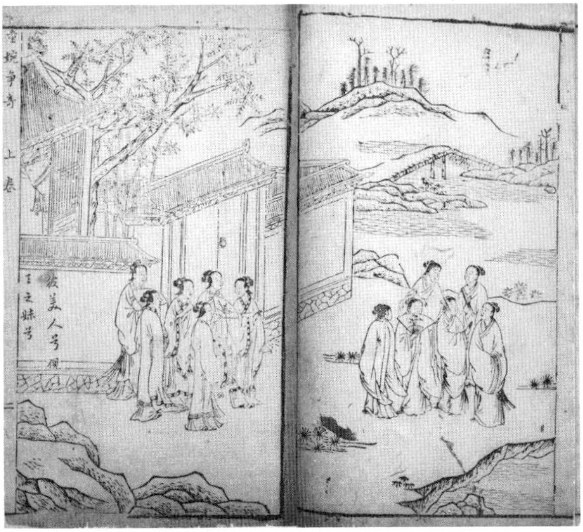

《童婉爭奇》（序寫於1624年）版畫插圖，再現了男妓（右邊）和妓女之間的競爭。中國國家圖書館善本特藏部，北京。

看不到衣衫襤褸的小官的好。我們被告知，小官可以在裝扮上花些工夫，但是他們美的虛飾成分不應該超過三成。[91]

鑑於他們的性角色，男妓無疑傾向於被比作女人，認為他們在性行為中總是扮演著受的角色。在少年的身體中，最充滿色慾的部位是臀部。尤為明顯的是，人們經常以那些用於描述女性身體的詞彙來形容它令人讚嘆不已的白皙（猶如「銀盤」）和膚質，例如，用「凝脂」來形容乳白色的肌膚。[92]另一方面，有關男人之間性的文學呈現對年輕男人的陽物沒有大多興趣。根據大約出版於十七世紀二〇年代的豔情小說《海陵佚史》，少年與男人面對面交媾時，會在腰間纏著紬綾手帕汗巾之類的物品，以遮擋他們的生殖器，這樣不至於「殊不雅觀」。[93]當然，不是每個人都會產生同樣的困擾。例如，在同時期的小說《浪史》裡，它的主角被正在裸睡的家童驚豔到，見他「雪白樣好個柄兒」，還有「雪白樣好個臀兒」，不禁激起了情慾。[94]在大約同時期的另一部小說《繡榻野史》裡，東門生為了激怒他的妻子，大肆吹捧男友的雄武精壯，說道：「看了大里這根大屌兒甚是有趣，不要說婦人家歡喜，便是我也是喝采的，長八寸三分，周圍大四寸多些，硬似鐵棍，又火熱一般的！」[95]後來，大里自己跟主人的妻子回憶，第一次跟他在一起時是十五歲，說「我興動前，頭精也流出，他將一半吃在口裡，一半抿在我臀裡，就一發滑通通的了」。[96]如之前我注意到的那樣，雖然在雞姦行為中，受的一方被普遍認為缺乏快感，但有些同性戀色情作品，諸如晚明的《宜春香質》，它們則認為被插入者有肛門快感。反過來，關於雞姦的描述揭示出少年性別狀態的混合本質。例如，它很少以射精來表達少年產生性快感的高潮，少年的性高潮被構想成一種內爆（implosion），其外在的表現形式是生成一股股的肛門體液。從這種意義上而言，少年的性態被視為與女人一樣的。另一方面，在性行為中，插入一方產生性快感的工具被等同於他的陽具，它可以說是這一時期大部分豔情小說的主角，其射精的過程經常給予色情化的描述。

男妓的衣著打扮也反映出其社會性別和生理性別的兩重性。他經常被描述為一位時髦的少年，一絲不苟地抹上頭油，將每一根頭髮都捋得服服貼貼地，嫵媚地在髮簪旁邊別著一朵茉莉花或牡丹花，穿著光鮮漂亮的「蜘蛛絲」（可能是雪紡綢），照例配著紅褲子。[97]《弁而釵》的最後一則中篇故事趣味盎然地描述了一家男妓院以及小官的著裝。燕老官的妓院叫「南院」（這裡「南」與「男」雙關），除了臥

《童婉爭奇》（序寫於1624年）版畫插圖。中國國家圖書館善本特藏部，北京。

室之外，還有中央大廳和後花園。每位少年都接受過吟詩、彈唱的訓練，以取悅於他們的賓客。這些賓客通常都是官員，由於政府禁止京城的官員與妓女交往，因此他們只好找男妓陪伴。少年每夜的價格從三錢、五錢到一兩白銀不等；他們中的佼佼者集外貌與才能於一身。燕老官向故事的主角交代完留宿的規則——每晚的主顧、每個清晨飲酒、極力順從——之後，說現在要帶新人去見他的「姊妹」，這令不諳世故的少年大為困惑。當發現自己出現在一群少年面前時，他們「人人都帶些脂粉氣」，他更加感到困惑不解。一句押韻的詩概括了當時整個場景：「男女竟模糊」。當燕老官將衣服交給他時，少年發現都是些女人的東西，於是羞怯地說這肯定弄錯了。但是燕老官回答道：「不差，不差。」敘述者解釋說，當被要求去招待官員時，少年「內穿女服，外罩男衣」，又說「酒後留宿，便去了罩服，內衣紅紫，一如妓女也」。[98]作為男妓之重要條件的性別兩重性在一個複層結構中得到了明確地表達：男人在長袍裡面穿著女人的衣服，這意味著少年在更私密的領域如女性般的接受性性態。因此，即使晚明的男妓明確涉及生理和心理的異裝癖形式，而且在某種程度上採取女性的人格特徵，但是這種同化沒有導致過度隱瞞，更沒有抹除少年的男性氣質。男妓的審美標準是社會性別的兩重性，而不是簡單的女性氣質。[99]

然而，更確切地說，正是由於理想少年的性別兩重性，我們在小說裡經常發現男妓與妓女之間出現競爭。在晚明的小說中，這個反覆出現的主題尤為明顯，《龍陽逸史》

裡的若干故事以及其他同時期的作品都出現過這個主題。[100]此類敘事的起始點總是有些相似——男妓如此之受歡迎，以至於妓女面臨失業，有時甚至被迫易裝成少年才能保住飯碗。在其中一則故事裡，有位蘇州的男妓，長得極為嫵媚動人，他來到杭州之後，令當地的男妓和妓女紛紛自愧弗如。這則故事在蘇州／杭州、男妓／妓女之間進行了雙重比較，在鑑賞家眼裡（敘述者顯然認同他們的觀點），前者更勝一籌。杭州的男人一看見這位穿著充滿魅力、具有蘇州風情服飾的少年，盯著他「個個都把舌頭伸出幾寸」。還有個男人，雖然有兩位美豔的名妓陪伴，卻仍然喜歡上了這位少年，邀請他去船上相聚；當少年啟唇吟唱時，那兩位名妓心悅誠服，央求教教她們。[101]接下去的故事也圍繞著男妓與妓女之間的競爭展開，甚至進一步擴展至男色與女色、同性戀與異性戀之間的競爭。這個故事的背景被設定在「南林縣」（這裡「南」與「男」之間又是明顯的雙關），當地有一家男妓院的生意很興隆，它僅在一條街上就開設有五十餘間賓房。在女人們的爭鬥導致整個行業蕭條之前，這個地方曾經是女性賣淫業的中心。在男妓激烈競爭的逼迫之下，妓女還在城裡訴諸法律手段捍衛自身的利益。由於法官關切的是日益盛行的同性戀現象，因此，他的判決結果是支持妓女。在這之後，少年們相繼離開了城裡。然而，女人們並沒有取得最終的勝利，因為我們被告知，那些顧客也跟隨著少年一起離開了。[102]最後，《龍陽逸史》的第十一個故事講述了一個男人深深地愛上了一位妓女，隨後卻迷戀上了她的弟弟，後者也是男妓，因而導致他們之間產生嫉妒。在這個故事裡，最終，男色與女色之間的競逐得到了恰當的解決——這個男人娶了女子為妻，而繼續與她弟弟保持了十多年的同性戀關係。

男妓與妓女之間的競爭關係也成為極為罕見的晚明作品《童婉爭奇》的核心主題。《童婉爭奇》這一善本的文學體裁可以追溯至唐代（六一八—九〇七），它展現了相似物之間的競爭性比較。[103]就我們探討的話題而言，它表現為「孌童」（「男寵」的另一個經典稱謂）和「少女」之間的競爭。雖然它強調兩者在各自的領域都身懷絕技，可謂旗鼓相當，但是孌童與少女之間的競爭很殘酷，因為更多的顧客青睞於孌童，他們的妓院也比妓女的更有吸引力，後者都被擱置荒廢了。[104]兩者之間發生論戰的起因是有位姑娘寫了首歌詞，辱罵其中一位少年，這之後，兩個群體便擺開陣勢迎戰，以淫猥的言語相互對答。下面是一段摘錄：

賽施曰：我一女一男方是陰陽交媾。

少都曰：我一童一冠另是風月機關。

賽施曰：你有的我也有，我有的你卻無。雜種，你與我爭什？

少龍曰：你有的人所棄，我有的人所取。花娘，你與我較何？[105]

當兩位孌童用手指甲抓傷兩個女孩的臉頰時，兩者之間的爭鬥變得白熱化，後者迅速摑了攻擊者一個耳光作為回應。[106]最後，如同前文提到的《龍陽逸史》裡的故事一樣，雙方決定對簿公堂。由於無法使雙方冷靜下來，明智的地方法官說道，他作為雙方的顧客，建議他們以文學創作的形式進行爭辯，這就是為什麼該書剩餘的兩個章回以不同形式包含戲劇和詩歌的原因。[107]與該作品所屬文類的鑑賞模式相一致，它也沒有提出最終的解決辦法，沒有一方被認為更具合理性，或更重要。然而，這種表面上的均衡隱隱遮掩著這樣的觀念，即無論法官作出怎樣的裁決，都無法阻止市場對男妓的追逐。

在聚焦於家庭空間的故事裡，兩性之間相互競爭的主題再次浮出水面，它通常與脾氣暴躁的悍婦聯繫在一起，她嫉妒丈夫的侍童。事實上，有錢人家的男人不需要藉由逛窯子來滿足對少年的性嗜好。在家裡，他就可以依靠貼身男侍，即「書僮」，他們表面上的職責是負責管理主人的書房。倘若男主人有一官半職，那麼也會在衙門選擇面貌姣好的少年作為「門子」來服侍他。因此，除了妓院——十八世紀末以後，它逐漸與戲院合併——的公共空間之外，私人家庭中作為內部空間的書房，甚至衙門的辦公地點，都成為同性愛慾故事的合適場景。

外部關係

由於職責的緣故，「書僮」必須具備一定的文化水準，當然還要有長相，因為分配給他們的任務中也隱含著提供性服務。正是由於書僮具有相對較高的文化水準，使他們區別於「門子」。晚明小說《醒世恆言》裡有一則故事，提供了關於門子這一職業的暗示性素描。這個故事講述了一位妖嬈的少年，他令當地的一位官員如痴如醉，以至於不務正業，這解釋了該書充滿道德意涵的序言裡的勸誡，即不僅需要警惕女人，而且也要提防男人。在故事的開始，敘述者將這類社會群體定義為由未受過教育卻聰慧漂亮的少年構成，他們的職責是協助官員的工作。緊接著又講述了一個關於菜販兒子的故事，他在十五歲時父母雙亡。敘述者充滿憐憫地表明，他活下去的唯一方式是依靠與「光棍」——未婚的無用之人——和其他需要其性服務的人進行交換，以獲得他們的友好款待和資助。由於他投靠的第一位朋友給了很好的待遇，他無法拒絕（敘述者又原諒了他），直到這個男人的妻子發現這一切後大吵大鬧，提出索性她回娘家，以成全他們兩個男人「一巢一塊」。後來有位地方官員召喚少年到衙門工作，在被他玷汙之前，這位少年又曾住進了一座寺院，可以推斷的是，它的住持亦酷好男色。有意思的是，這位官員姓何，它意指「任何」，暗示著他代表了這樣一類官員，他們都對英俊助手有著普遍的嗜好。[108]

很顯然，門子的社會地位遠遠低於書僮，他們的地位更接近於妓女。[109]在李漁寫於十七世紀中期的小說集《十二樓》裡有這樣一則故事，裡面這樣描述兩位北京古董商共同的愛人：他「不是跟官的門子、獻曲的小唱」。[110]這位少年不僅容貌出眾，還能寫歌賦，而且通曉古董，總之，他是一位理想的書僮。這也使他危險地引起位高權重的太監注意，後者謀劃著對他施行閹割，最終成為自己的書僮。但是，只要門子具備適當的技能，顯然無法阻止他們向上攀升。十六世紀末的經典小說《金瓶梅》中就有這樣的事例，西門慶的書僮據說最初是門子，是一位縣令送給他的禮物（這合乎情理）。西門慶得知縣令送的「禮物」能寫會唱，甚為高興。由於他的才藝，自不必言，還有他作為南方人的美貌，西門慶恰當地稱呼他為書僮，決定將他留在家裡，在書房內提供服侍。[111]他們發生同性戀關係的場所也是書房，在明清小說裡，《金瓶梅》開創了書房這種空間和同性戀之間的特殊聯繫。

作為居住建築內部的男性空間，書房性別化的地位強化了這種聯繫。書房確實位於家的「外」部——這是男性的活動領域，對應於「內」（「洞房」或「房」），它被認為是女人的區域——由於這個原因，它經常被稱作「外房」，或簡單地稱為「外邊」。這種空間的區隔反映出一種歷史悠久的性別觀念，根據這種觀念，男女應該在家庭內部各自的支配領域保持嚴格的分離，這在建築上被分成屬於女人的「內」和屬於男人的「外」，而圍牆之外更「外」的領域——也即整個社會——僅屬於男人。在古代中國，「內」和「外」

分別與女人和男人相聯繫，由此引申開來，分別與同性戀和異性戀相聯繫。[112]在明清時期的小說作品裡，書房尤其象徵著典範性的「外部」空間，在那裡，男人可以滿足他的「外好」——也就是說，他對少年的性偏好。

因此，《金瓶梅》中西門慶和書僮之間的浪蕩行為正是發生於隱蔽的花園書房內，以及時間上稍晚些的小說《繡榻野史》的主角，即虛構的西門慶之後裔東門生，經常由男友大里陪伴著在「外邊書房」過夜，也就不足為奇了。[113]這樣的例子將不斷增多，因為《金瓶梅》在這方面確立了一種敘述性的困境，尤其在隨後的豔情小說以及更普遍意義上的「世情／人情小說」裡，它將成為一種隱喻。正如相關章回的事例表明，圍繞著西門慶的書房吸引了大量好奇和嫉妒的目光，不僅他的配偶，而且還有其他家丁。其中有位家丁向潘金蓮——西門慶最有野心的妾——彙報正在書房裡發生著的「骯髒的事情」，而且帶著輕蔑之意特別強調，這位書僮以前是門

明代春宮圖，轉引自高羅佩《明代以來的彩色春宮圖》（1951 年）。

子，暗示他是老練的誘惑者和家童。[114]結果，潘金蓮當眾大吵大鬧，指責丈夫與「臭屁股門子」發生性關係，而晚上與她睡覺時，卻疲軟地拒絕做「那種事」。[115]後來潘金蓮將這件事告訴另一位妾孟玉樓，她抱怨道，西門慶只關心兩個人，「一個在**裡**，一個在**外**」，明顯分別指另一位妾李瓶兒和書房裡的男書僮。[116]與該小說齊名的批評家張竹坡認為，這種廣泛的嫉妒網絡很有趣。[117]在介紹我們這裡討論的這一章回時，張竹坡明顯淡化家庭內部和外部空間的性化觀念，他說書僮作為「外庭之奴」能夠自由出入於「內室」，這為通姦創造了條件。[118]張竹坡的意思是，無論在家庭空間裡還是在性關係中，都應該關注「內」和「外」之間存在著的滲透性邊界，並暗示這樣一種危險，即孌童利用他特殊的地位勾引主人的女人。我在前文已經說過，這種困境構成了明清小說作品裡的隱喻，在這個意義上，張竹坡確實預言了後來小說敘事的發展。但是更確切地說，他這樣做也確證了「內」和「外」作為性態以及性別之標識的地位。在後來的小說裡，經常出現書房與男人之間的性相聯結以及將這一配對與洞房和異性戀呈現出來的配對進行比照的敘事。若要枚舉這樣的事例，我們可以再次援引《姑妄言》裡關於牛耕的故事，這個男人專門僱用少年，讓他們雞姦自己。有一天晚上，他喝得酩酊大醉回到臥室，強烈地渴望著被插入，一把將屁股推向（最初）一無所知的妻子。幸虧他的妻子奇姐具有非同尋常的天賦——她長著一段「奇肉」，可以硬上半個月，因此能夠滿足他的性慾。這令牛耕大為驚訝，因為有人竟然在閨房裡——也即「內」的區域——插他，而做這種事情的適當區域應該是外部的書房。[119]同一部小說裡還有另一則故事，有個男人試圖與他的書僮發生性關係，但是被他潑婦般的妻子在書房裡逮了個正著，因此，他妻子經常罵他自私，由於「懼內」，結果他不敢實施他的計畫。[120]作為專橫跋扈的妻子之受害者，書房經常成為這個男人的庇護所，儘管在那裡，他仍可能被出其不意地前去找他的妻子當場抓住，並用雷鳴般的令人害怕的嗓門大聲嚷嚷，使之蒙羞。值得注意的是，激起她暴怒的原因之一是他將臥室裡的一張春宮圖拿到了書房，這個細節表明，整個故事情節是以臥室和書房之間的區隔為基礎的，並確證了這些空間之間的競爭，因為它們分別是異性戀和同性戀的性場域。類似地，這部小說還有一則關於兩位堂兄戀人之間的故事，堂弟結婚之後，不願意與妻子行房事，盡可能地睡在書房，直到被他的妻子發現，在這之後，他不得不白天在書房裡進行同性戀行為。[121]

必須強調的一點是，這裡以及許多與男同性戀有關的複合詞都使用「外」這個術語，在這些語境裡，它僅是指「男性」，在語義上不具有任何「越軌」的含義，也就是說，「外在於」規範。[122]後一種觀念由袁書菲提出，她推測這個術語與同性戀和南方之間的聯繫有關，並據此認為，在帝國晚期的文化裡，男同性戀處於「外部的」、邊緣性的地位。雖然「外部的」無疑是「外」這個詞的基本含義，但它用於指「男性」這一點，也可以在古代和帝國晚期的文獻裡很好地得到證明。從這個意義上而言，《情史》中關於「情外類」那一卷的名稱不能被翻譯成「情之外」（Beyond Qing），也即愛情的領域之外。[123]這種翻譯之所以值得商榷，其理由至少有二。倘若查閱一下該小說集裡二十四卷的名稱，它們全部由對稱性語法關係組成的雙字複合詞構成，我們就可以明顯排除以這個字作為後置詞的可能性。更重要的是，在邏輯上我們不得不承認，如果《情史》包含了關於男性愛情這一卷（卷二十二），那麼由此可見，男性愛情在觀念上處於愛情的領域之內，而不是外在於愛情的領域。[124]換句話說，倘若小說的彙編者相信男性愛情處於「愛情之外」，那麼他不會將其包含在文集裡。然而他卻將它收錄在文集裡，並透過適當地組織文本，賦予它特殊的地位，從而呼應整個文集的分類，關於這一點，我會在下一章繼續討論。正是基於此，我們很難得出這樣的結論，即認為在該文集裡以及更普遍意義上的十七世紀，「男性愛情是邊緣的，處於情乃至社會的範圍之外」，或者「男性愛情是離經叛道的領域，甚至是與情不相干的」。[125]袁書菲的觀點實際上與男人之間的愛情問題相去甚遠，她的立場是：邊緣性構成了十七世紀中國整個男男性態現象的特徵。她反對認為這一時期對男人之間性的態度是「普遍寬容的」，並且處於流行的地位。袁書菲在關於男男關係的話語中發現了始終如一的兩重性，並不忘提醒我們，話語的強化不是表明寬容，相反地，是日益增長的監控和壓制——十七世紀同性戀話語的激增很可能是為了達到這樣的意圖，即確證異性戀作為規範。[126]為了實現這一目標，它運用的重要修辭策略之一是在同性戀和南方之間確立一致的關聯性。有關這些假設的討論為進一步探討中華帝國晚期的同性戀地理學提供了契機。

南方式的性

袁書菲對已有的解讀方式感到不滿，最近她重新檢驗了十七世紀以來某些廣為人知的男同性戀文獻（本書前文已經提及這些文獻），抱怨它們的修辭語境以及它們的含義都遭誤解。她認為甚至連沈德符和謝肇淛的「筆記」，也必須同小說一樣，以修辭學的方式加以解讀，更具體而言，它們必須根據晚明的敘事美學加以理解，這種敘事美學注重新奇怪異，而不是事物的表象，如同性戀的普遍呈現以及對它的容忍所表明的那樣。[127] 因此，她建議將他們的作品理解為「空想人類學」的形式，認為他們將男性愛情置於異常／陌生的領域，表明在他們眼裡以及從他們的文化視角看來，這種愛情的奇特存在狀態。由於男同性戀與南方之間存在一致性的關聯，尤其是與東南部的福建省相關聯，因此，男同性戀被隱喻性地歸入「帝國的疆域內」，這正如「南風」這一表述所表明的，它與「男風」諧音，我們在前文已論及這種無所不在的現象。袁書菲認為，選擇「南」這個同音異義字「暗示著同性戀是一種南方的習俗」，這反過來又隱喻性地表明在帝國晚期的文化想像中，同性戀處於華夏文明的邊緣。[128]

對於任何文本的解讀，無論是小說還是其他類型，我都同意應該意識到它內在的修辭策略和約定俗成，而不是將其作為「客觀的」文本。就我們這裡探討的問題而言，確實存在將男同性戀與南方聯繫起來的話語，這是無可爭辯的，對這種修辭關係及其文化意義的正確闡釋無疑是核心的議題之一。由於「南」具體指東南省份福建，因而意味著邊緣性（雖然福建被認為是邊緣的這種觀點值得商榷），確實有許多作者將這個南方的省份視為同性戀文化盛行的區域。我們已經談及，福建被描述為是這樣的地方，即男人和少年之間結交——「契兄弟」——成為地方性社會組織的一部分。李漁的《無聲戲》裡有一則故事發生在福建，作者描述了整個社會從文人墨客到護衛侍從、從教書先生到文職官吏，都迷戀於男色，並以超現實主義的手法宣稱，甚至連菩提樹也有著類似的情慾觀，以至於它們被稱作「南風樹」。[129] 儘管如此，福建與「南方」之間的密切關聯並不真正符合帝國晚期的文獻中有關男同性戀或其他事物的修辭，這些文獻將「南方」相聯繫的區域主要是江南地區，尤其是蘇州、南京、杭州以及（文化上，而不是地理上的）揚州。眾所周知，在帝國時期，這個地理區域在經濟上是最發達的。它培養了許多文人和官員；由於其無與倫比的出版業，產生了大量書籍；此外還有琳琅滿目的奢侈品。[130] 換言之，在帝國晚期，江南地區被普遍認為是文化生產的中心。在集體想像中，它幾乎代表了一切領域裡出類拔萃的高標準。在涉及性娛樂時，無論是男性還是女性，情況亦是如此。江南的都市既以名妓的美貌和技藝聞名遐邇，也以興旺和高雅的男妓行業聲名在外。在帝國晚期的文獻裡（無論是小說作品還是其他類型的作品），最迷人、技藝精湛的男妓總是來自於這些城市。根據晚明小說，蘇州的虎丘和南京的秦淮地區可以尋覓到最高級的男妓，這些地區是南方娛樂文化的核心。男妓除了美貌之外還應該有拿得出手的技藝，尤其是唱功，這種專業技能代表著十七世紀的南方、特別是蘇州娛樂文化的巔峰。據稱，技藝精湛又貌美的小唱通常來自揚州（它也是妓女和妾最重要的市場），在張潮的《幽夢影》裡，我們被告知，那個城市有許多「麗友」。[131]在《龍陽逸史》中，杭州城裡的男人「南北兼通」，而且最痴迷於孌童。因此，那裡的孌童也是為數眾多，儘管有些故事暗示，蘇州的男妓跟杭州的同行相比顯得技高一籌。[132]顯然，這些杭州男妓的顧客也可能來自遙遠的他鄉，雖然他們不總是受歡迎。根據《別有香》裡的一則故事，杭州有個地方叫做「回回墳頭」，商船啟程開往蘇州之前，一般會在那裡停靠逗留，到達蘇州之後，他們將繼續前往北京。在聚集於那裡的穆斯林商人中，有個男人酷愛孌童，而後者因為懼怕他的大「工具」而紛紛躲避。[133]關於南京的男妓，余懷的回憶錄《板橋雜記》告訴我們，最負盛名的藝妓文化中心秦淮地區，同樣也是高端的男妓聚集地。[134]《載花船》裡的一則故事講述說，有位書生喜愛美酒和美男，他定居在那裡，打算探訪漂亮的龍陽。[135]晚明另一部小說集《鼓掌絕塵》提供了進一步的證據，在其中一則故事裡，有位風流書生來自北方的洛陽城，他抵達南京之後，向朋友詢問當地有名的交際花，因為他不去這個地方已經有些年頭。但是，他的朋友回答道：「張大哥，你還不知道，近來世情顛倒，人都好了小官，勾欄裡幾個絕色名妓，見沒有生意，盡搬到別處去賺錢過活。」幸虧這位張先生是「南北兼通的」，聽到這個消息之後，也沒有過於失望，當即詢問「哪裡有好小官麼」。[136]

該證據表明，「南風」這一雙關語證明了這樣一個觀點，即在來自江南地區的少年中，可以找到極品男色（這與女色的情況一樣）。值得注意的是，這些文獻的作者大多生活在江南的都市（即使他們不是出生在那裡），而且他們的作品也通常在那裡出版。因此，當他們談論南方時，最經常談論的自然是他們當地以及當地的文化，而不是地處華夏文明邊緣的偏遠社會。另一方面，即使江南的南方地區與男妓的愛情有關聯，相關文獻也強調，無論它在地理上的起源如何，這種習俗是全國性的。雖然沈德符曾經評論說「閩人酷重男色」，但他在其他地方同時談及北京的「小唱」和福建的「契兄弟」，也對南京知名的風月場所讚賞有加。他總結道，這種習俗「盛於江南，而漸染於中原」。[137]因此，作者給予福建與北京同等的重視，明確認為酷愛男色的發源地是江南，它的文化首府是蘇州。類似地，謝肇淛認為，專門談論福建和（更加南方的）廣東男性人口裡的同性戀傾向是有失公允的，因為全國各地都有悖常理地流行同性戀；誠如他所言，「未有不知此好者也」。謝肇淛還說，最初，所有「小唱」都是從寧波和紹興（位於東南部的浙江省）來到北京，但在他生活的年代，他們中有一半來自臨清（東北部的山東省），「故有南北小唱之分」。最後，在談到陪護官員的「門子」以及官員對他們的痴迷時，他重申這樣一種鑑賞理念，即「西北非東南敵矣」。[138]在文化上，南方經常與不那麼精緻的北方進行比照，性文化也不例外。[139]儘管在晚明的文獻裡，北京已經被認為是男妓繁榮的中心，它主要集中在（新舊）「蓮子胡同」周圍。例如，在《繡榻野史》裡，東門生的男侍餘桃（該名字源自「分桃」的典故）據說就來自那裡；又如，在李漁的《十二樓》裡，有個故事發生在北京，作者提到這是尋覓孌童之地。[140]類似地，與李漁同時代的呂種玉談及明法典包括雞姦行為，並且說儘管有這樣的法律，但仍然存在蓮子胡同，我們還知道，北京的「小唱」在蘇州被喚作「小手」，作者補充道：「遍天下皆然，非法之所能禁矣。」[141]

最後，帝國晚期性文化的圖景（以及發生同性戀的場所）也被那個時期到訪中國的外國人所證實，諸如義大利的耶酥會傳教士利瑪竇（Matteo Ricci）和衛匡國（Martino Martini），這在下一章我們會繼續探討。他們關於同性戀的描述是基於在中國各地廣泛遊歷期間進行的觀察。利瑪竇更是生活在福建，但他一生中大部分時光是在北京度過的。衛匡國非常熟悉浙江，在他的《中國新圖志》（*Novus Atlas Sinensis*）裡，指出溫州和福建的漳州是這種「反常的性慾」最為顯著的地方。[142]這些親歷的觀察者和批評家表達的觀點，即男妓和男同性戀是廣為分布的，而不僅僅是局限於某個特定的（邊緣的）地理區域，它非常符合同性愛慾的小說故事以全國各地為背景這一事實，雖然江南的都市中心無疑是最普遍的情節背景。[143]

有關同性戀豐富的地域性詞彙本身進一步表明，男男性態是普遍存在的。正如我在前文談及的，呂種玉注意到，像北京的「小唱」、蘇州的「小手」之類的術語，它們是語義上等價的不同地區的變體。《龍陽逸史》裡的一則故事提供了不同地區男妓的術語表，而在《石點頭》的一則同性愛慾故事裡，敘述者透過列出雞姦實踐在「鄉語」以及其他專用俗語裡的不同表達，從而以這種形式提供了詞彙證據。[144]他解釋道，文人墨客稱之為「翰林風月」，雖然明代的刑法典將它定義為「將一個人的陽具插入另一個人的肛門，以獲取淫樂」，但是全國各地的人們對它有著各種各樣的叫法。敘述者得出結論說，儘管採用的詞彙有所不同，然而它們表達的含義是相同的。由此，他確證了這樣的事實，即男同性戀無所不在，並且跨越不同的社會階層。這些專有術語在帝國晚期文獻裡的一致性以及它們各自不同的地域起源，駁斥了袁書菲的結論，即認為這些術語是某種「模仿的詞典編纂」，是「不切實際的人類學家」的副產品，不應該過於嚴肅地待之。[145]另一方面，這些地方性術語具有文學流通性，雖然它們的地方味兒可能服務於某種娛樂性的目的，但是它們顯然得到普通讀者的理解。事實上，這個故事中羅列了豐富多彩（通常是擬聲）的關於雞姦行為的俚語，雖然敘述者猜測普通讀者難以理解這些術語，因而需要他進一步的解釋，然而，在明清時期的其他小說裡，它們經常再次出現，而沒有必要作出任何解釋。更為重要的是，至少其中有些詞，它們在起源地之外的其他地方也同樣能夠被理解。「契弟」便屬於這種情況。倘若這個詞源自福建，那麼到了晚明時期，顯而易見的是，普通受眾對它已經非常了解，以至於成為《石點頭》裡的一個術語（它不在前文討論的地方性術語之列）。很可能在這個時期，該詞已經進入標準的官話，這在下一個世紀無疑是如此，當《紅樓夢》裡使用這個術語時，便不需要任何解釋。

所有這些證據都令人信服地表明，在十七世紀的中國，同性戀是一種與非主流文化相關的特殊現象。很顯然，即使當同性戀在南方尤其是福建的普遍盛行狀態被證實時，人們也總是以相對的、非絕對的術語對它進行評價。在同性戀的修辭中，福建無疑占據著特殊的位置，因為在該省份，「男性結合」獲得了非同尋常的社會認可和社會整合。乃至在《無聲戲》的一個故事裡，李漁以超現實主義的手法描繪了福建人的雞姦世界，說男風「各處俱尚」。[146]雖然福建在地理上屬於南方省份，但它並不與中華帝國晚期文化話語和鑑賞修辭（包括它的性變體形式）裡的「南方」相一致。它是「南方」的南方，而前者是指江南地區。[147]

話語的兩重性

某種程度的話語兩重性，它在形式上表現為對男性愛情既讚賞又擯棄，這確實描繪了十七世紀的小說對男同性戀態度的特徵。[148]在我看來，這種兩重性與它們的反諷修辭密切相關，而且它們的主要目標不是同性愛慾本身，而是兩個男人之間排他性的情感結合，我們可以稱之為「男性婚姻」——這種一夫一妻式情感依戀，與異性戀愛情和異性戀婚姻構成了競爭關係。

從這種意義上而言，很難說在《石點頭》之類的故事中發現的這種兩重性足以徹底否定男男性態乃至男人之間愛情的正當性。誠然，它的敘事者有時會表達出類似於沈德符或謝肇淛（雖然後者帶有娛樂消遣的意味）那樣的憤慨之情，但是我們也不應該忘記，如他們一樣，《石點頭》的敘述者也提供了很多典型的先例和典故，透過在他的故事和追溯至古代的文學話語之間確立聯繫，從而正當化同性戀關係。如其所言：「那男色一道，從來原有這事。」鑑於《石點頭》的敘述者也提供了關於雞姦行為的一系列地方性表達和行話，我們可以得出這樣的結論，即認為他確證了男同性戀在時間和空間上的適應力，如同它的跨階級分布一樣。無可否認地，《石點頭》的敘述者也在天與地、陰與陽以及丈夫與妻子等配對之間確立了直接的聯結，從而以一種形而上的合法性使異性戀關係神聖化，在這種形而上的合法性裡，同性戀關係是缺失的。同樣地，他在通姦與同性戀之間加以區別，對前者表示更能理解，因為它是男女情慾的結果。[149]從這個意義上而言，《石點頭》的敘述者確實好像是將異性戀確立為正統的規範。然而，他也塑造了一個人物角色，宣稱同性戀關係（不像異性戀通姦行為）「不傷天理」，而在十八世紀急切反同性戀的小說《野叟曝言》裡，這個觀點將被顛覆，我們會在第四章探討這一點。[150]敘述者確實認真思量故事裡的兩個學生情侶是否犯法，他們為了「後庭花的恩愛」，逃離、背棄家庭和包辦婚姻，也即他們應遵守的孝道，這一點他覺得是不合常規的。[151]敘述者認為他們做出了極不尋常——倘若不是荒誕——的選擇，藉由暗示這兩個男人陷入某種瘋狂的各種細節，又進一步加強了這種看法。然而，這種瘋狂再次雙關地表明是他們精神覺醒的標誌——他們像隱士和神祕主義者那樣入迷，並且一旦辭世（奇蹟般地雙雙同逝），如同道家的不朽者那樣，他們的外貌不會發生任何變化。[152]只有在他們死後，敘述者才讓他們的父母和未婚妻與他們在九泉之下相見；他們的探尋如今已經結束，沒有其他選擇，唯有敬畏地祈禱。後來，從他們的墳墓裡長出兩棵連理大樹，樹的枝葉相互纏繞，彷彿是他們愛情結合之明證。

在凌濛初和李漁等作者那裡，作為他們獨特的反諷性敘事風格之重要構成，這種兩重性表現得尤為典型。例如，像李漁的《無聲戲》那樣，凌濛初在《拍案驚奇》的一則故事裡也詆毀同性戀，說男人之間的性在產生快感時缺乏交互性，因此，只有那些缺乏充沛精力、無法滿足女人的男人才會訴諸少年。[153] 然而，頗具諷刺意味的是，作者本人提醒我們，正是男色之好成為破解故事中核心刑事案件的關鍵。這個故事序言的結尾處有一首詩，它說倘若不是因為同性戀慾望，罪犯可能不會被設計陷害，也不會為敘述者提供託辭，以告誡讀者性慾具有的危險。[154] 值得注意的是，這裡的「性慾」沒有明確的指涉，然而故事中的罪行是由異性戀而不是同性戀的性慾引發的。[155] 因此，儘管敘述者最初對同性戀不予理會，但是男色以及對它的狂熱（包括僧侶、地方官員和平民百姓）卻反諷性地成為刑事調查的主要工具和破案的關鍵，更別提敘述者顯而易見的說教意圖。

至於李漁的故事，也典型地充斥著譏諷以及由此產生的兩重性。例如，在《十二樓》的一則故事裡，古董店的店主與最英俊的夥計同床共寢，這位店主被描繪為既是文人、又是商人——也即是高雅的公斷者與奢侈品和享樂的鑑賞者，但從根本上而言，他是商人。這種雙重社會身分似乎是對其（同性戀）性態的間接評價——暗示裡面多少包含些粗鄙的成分。李漁告訴我們，與古董店裡其他久經世故的商人一起，人們能夠購買「異香」。我在前文已經指出，它表面上是指香，但也可以指雞姦。就此而言，我們可以認為，與少年發生性關係被瑣碎化為一種奇異的（即使是非凡的）商品。然而，隨即李漁總結這兩個男人的愛慾配置，強調它遭致每個人的嫉妒：「日間趁錢，夜間行樂。你說普天之下哪有這兩位神仙？合京師的少年，沒有一個不慕，沒有一個不妒。慕者慕其清福，妒者妒其奇歡。」[156]因而，城裡的人們都像這兩個男人那樣，文人墨客尤為如此，就像李漁告訴我們的，所有經常光顧這個地方的官員「沒有迂腐之人，個個有龍陽之好」。[157]李漁嘲諷性的暗喻是，若說這兩個商人的品味有些粗俗，那麼這種粗俗也是他們那些高雅的文人顧客所共有的。

倘若李漁在這個問題上沒有任何異議，即承認男色被所有人欣賞，甚至認為是一種尤為精妙、奇異的愉悅，那麼他無疑不會放過任何機會嘲弄維繫某種三角關係的情感。因此，他難以抑制地取笑有位少年獻身於他的兩個情人。譬如，當有權有勢的官員想要霸占他時，後者抗議道：「烈女不更二夫，貞男豈易三主。除你二位之外，決不再去濫交一人。」[158]然而，這兩個男人後來卻出於實際考量而屈服，他們認為縱然少年被他人玷汙，也即「器皿」有些受損，但照樣可以使用，由此，他們對少年所謂的愛也就昭然若揭。這些人物與誓死捍衛自身貞潔的英勇少年以及與下一章探討的同性戀小說集《弁而釵》裡從一而終的少年相比，委實相去甚遠。在這裡，男人之間的浪漫激情無疑被視為一種荒誕的行徑，因而成為諷刺和嘲弄的對象。但是，整個敘事都彌漫著反諷意味。小說最後反諷性的對比是，被強迫閹割的店夥計明確打算報復，要在皇帝面前揭發施虐者的病態行為。在這種補償性的逆轉中，少年從作為「奇異美味」和「珍器」的被動地位轉變成道德行為的英雄，完全不像前文討論的凌濛初小說裡的門子，後者由於其同性戀慾望的多重介入，最終得以將罪犯繩之以法。

在李漁《無聲戲》的一則故事裡，男人之間的愛情更加明顯地成為諷刺的對象，如預料的那樣，這個故事發生在同性戀的極樂世界福建，這一場景設置很適合描繪諷刺性的、有時是超現實的男男關係。它講述了關於許季芳的故事，這位酷愛少年的才子最終「嫁給」了城裡最令人羨慕的少年尤瑞郎，因而不可避免地遭致所有人的嫉妒和敵意。[159]與前面的故事一樣，對少年的酷愛成為對文人的道德風俗進行更廣泛的嘲諷的緣由，例如，關於文人製作「男風冊」的情節就表明了這一點，「男風冊」是對科舉考試的一種毫不掩飾的模仿，它很可能對第四章探討的十八世紀經典小說《儒林外史》裡男旦之間的競爭起到典範作用。[160]隨後的劇情幾乎包含所有社會階層的人們，從而進一步擴大對文人風俗的批判。當地方上的文人聚集在法庭裡，享受著他們憎恨的對手——他設法保護所有人都渴望的少年——遭受懲罰而帶來的快意時，顯然，沒有人——在眾多看客中，從酷愛門子的官員到喜愛男色的護衛、再到痴迷少年的文人——能夠眼睜睜地看著「珍寶」——少年的屁股——遭到毒打。[161]當我們被告知，許季芳兒子的同學也向他奉送水果，希望以性歡愉作為報答時，作者最終完成了對酷愛男色的社會進行的嘲諷式描述。當有學生膽敢與自己的兒子發生性行為時，這位老師懲罰了他；但後來正是這位老師以水果作為手段，設法引誘少年。結果，少年的「母親」——原本是他父親的男友，但現在已經透過自行閹割改變了性別——帶他離開了學校。然而，這無濟於事，因為不久之後，這位少年又被正在物色英俊門子的官員（進士出身）給玷汙了。[162]為了保護「她」兒子的清白，這位母親別無他法，唯有選擇離開，並且換了三個地方，這就像儒家思想裡為母之道的典範孟子母親所做的那樣，也正因如此，這則故事的標題被稱作「男孟母」。

這則故事發生在福建，這一點無疑很重要，在這個地方，如李漁告訴他的讀者，透過支付一筆彩禮就可以獲得少年（就像許季芳為了得到尤瑞郎而做的那樣，但這需要徵得少年父親的同意）。這一習俗在當地廣為流傳，也不被認為是可恥的（該描述極為符合前文涉及的沈德符的論述）。[163]這裡人人酷愛男色，包括從其他地方來到福建的兩位官員（一位主持開庭，另一位就是想要許季芳的兒子成為他門子的官員）。或許更為重要的是，這個故事關注「男性婚姻」，在李漁看來，這構成了真正的矛盾修辭法。實際上，這種超現實主義諷喻的主要目標不是針對少年的性吸引本身，而是貌似合理的男性愛情觀念，他認為這種浪漫情感能夠代替異性戀婚姻。因此，在故事結尾部分的自我批判中，李漁說，若使世上所有的龍陽都像尤瑞郎一樣守節，而他們的朋友也都像許季芳那樣全心全意地愛他們，那麼好男風和成為「小官」都將是值得的。然而，李漁懷疑是否真的存在這樣的人，也就是說，他懷疑男人之間存在那樣的愛情，故而只能對這種「白白的損了精神，壞了行止」的行為深感遺憾。[164]最後，鑑於這個故事中普遍存在的諷刺模式，我們不應該忘記，儘管在表面上，男性愛情和對少年偏執的狂熱是談論的對象，但這則關於「男孟母」的故事其實是對儒家母性以及異性戀婚姻的戲謔式模仿。

在整個帝國晚期的文獻裡，我們不僅應該承認存在一種雙重的、反諷的同性戀話語，而且還應該承認存在一種道德說教的話語。在接下去的各章裡，我們將會看到對放蕩縱慾的批評以及儒家思想的男性氣質對呈現男性之間性關係的影響，這在十八世紀的小說裡尤為顯著。但是總體而言，尤其在十七世紀，同性戀很少成為一種先驗的道德譴責的對象。更具體而言，在前文討論的各個故事裡，對少年的情感迷戀和它超現實主義的潛在後果，即與異性戀婚姻構成競爭關係的一夫一妻式愛慾結合，才是敘述者諷刺或嘲弄的真正對象。這表明，並非所有十七世紀的作者都認為男人之間的愛情是荒誕不經的，或是滑稽可笑的，他們中的許多人事實上都熱衷於在小說裡探索這種愛情。

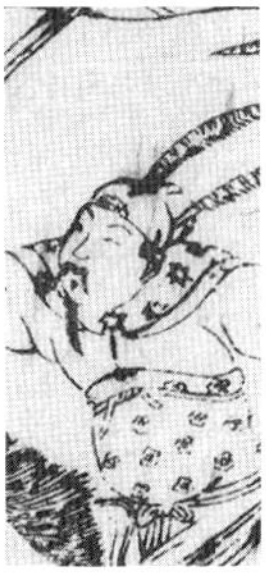

第二章

友誼與情愛

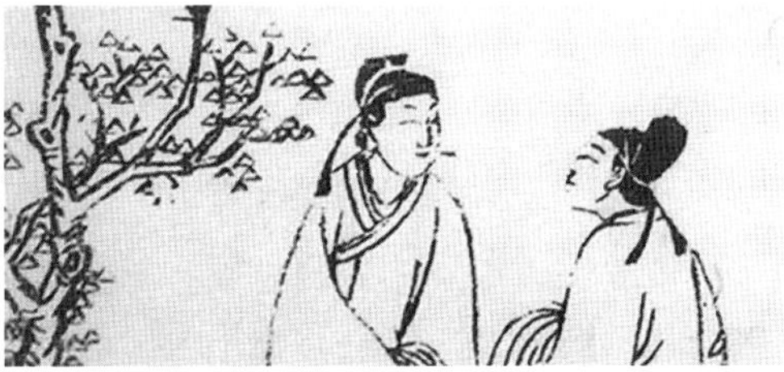

Friendship and Love

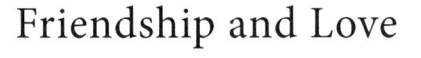

因此，我們必須轉向這樣的主題，即男人之間情愛以及它在晚明文化更廣泛的愛情話語中所處的地位，這將對後來的晚期帝國產生深遠的影響。為此目的，本章將設法弄清楚這種情愛話語在意識形態上的支持者，依我之見，這種話語影響了異性戀愛情和同性戀愛情的觀念化過程。我的主要觀點是，支配著晚明文學景觀的情愛觀主要受以平等主義為特徵的俠客情誼的同性社交價值觀影響。我還進一步認為，這種意識形態上的協商具有性別後果，因為俠客情誼明確涉及男人之間的情誼，所以它已經是一種性別化的觀念。正是從這種意義上，本章詳細闡述了晚明「情教」興起的知識背景，這主要是透過將它與同時期的俠客情誼話語相聯繫而實現的。我聚焦於俠有兩個目的，因為除了俠的愛情觀念之外，我還希望探討儒俠——這類男性兼具兩種男性氣質模式的性別特質——並在人倫關係的儒教秩序內重新評估（俠的）友誼。在本章乃至整本書裡，我尤為感興趣的是闡明男性氣質的混雜形式，我將它視為對文人男性氣質危機作出的重要反應。本章詳細探討的主要觀念——情俠和儒俠，都是混雜的形式，也就是說，它們是一種融合進程的產物。正是基於這個原因，在引入（男性）愛情這個話題之後，以及在深入探討俠客情誼之前，我認為有必要簡單論述一下融合。儘管存在一種與晚明思想相關的心智模式，但在我看來，融合在這之外的時期也扮演著重要角色，而且不僅在哲學領域如此，它也與性別歷史密切相關。我希望接下去各章能夠充分表明，在整個帝國晚期乃至在這之後的時期，都能夠看到性別融合的趨勢以及俠的意識形態起到的核心作用，這在男性氣質的演化過程中尤為明顯。

男性之情

在晚明，當「情」成為文化關鍵詞之一時，也就更廣泛地證實了男人之間情的呈現。[1]雖然很大部分晚明的同性戀小說將少年的性視為一種娛樂形式，但是仍有些敘述探討了男男關係的情感維度。如果說《龍陽逸史》是最能代表第一類旨趣的文學作品，那麼與它同時代醉西湖心月主人的作品集《弁而釵》和《宜春香質》，則是最明顯地聚焦於男男情感結合的例子。這些結合建立在情的觀念基礎上，它與性別無關。如此一來，關於男性情感的話語類似於男色話語，它同樣隱含著一種絕對美的觀念，能夠由任何性別體現出來。換言之，就像男色與女色構成了不同類別的美，異性戀的情與同性戀的情也被視為情的等價形式，即使它們之間不是平等的。

在《宜春香質》中，最後一個離奇的短篇故事想像性地闡明了異性戀情感與同性戀情感之間的關係。故事的主角做了一場夢，他在夢裡交了桃花運，由於他外貌醜陋，這在現實生活裡是不可能的事情，這場夢之旅將他帶到了奇異的色情王國，即如意國。[2]敘述者描述了如意國的科層制體系，這為我們提供了一些能夠揭示晚明情感觀念的線索。如意國的最高統治者——「三界提情教主」、「風流廣化天尊」——不是僅有一位，而是有兩位繼任者，其中一位掌管著男女關係，另一位掌管著男男關係。儘管存在這種分治，但為了強化人世間的情慾，國王憑藉十位天尊領導的軍隊，用愛情之箭打動凡人，用情慾之網使之誘陷，彌補因愛情帶來的傷痛，並神奇地使已分手卻仍然懷恨在心的情侶復合。此外，國王還根據情愛的等級和真摯程度，對死後的情侶施以獎懲，但不區分戀人的性別以及他們的情慾對象。

誠然，這種敘述也暗示著兩種潛在的男性情愛形式之間存在某些差異。「男情教主」扮演著第二位法定繼承者的角色，他還有另一個頭銜叫「別情奇愛真君」。第一位法定繼承者，即「煙花主盟」，他執掌著異性戀情慾，也被稱作「宣情弘愛真君」。這些頭銜表明，相比於更加普遍的男女之間的愛情，男人之間的情是相對稀有的。這裡討論的是情愛，而不是強烈的性慾——也即這裡說的是男人之間相對稀缺的情，並且正是由於這種罕見而引發讚嘆。對少年的性慾則被認為遠遠沒有那麼非同尋常。

也就是說，即使對兩種情愛形式之間的不平衡性作出事實的、量化的評估，也沒有阻止敘述者透過構想兩位法定繼承者以及根據嚴格中立的、建立在情愛基礎上的標準來評價所有情侶，從而將它們置於平等的社會關係中，而不管他們的性別如何。因此，異性戀的情和同性戀的情在同一個整體裡被安置於等價的領域，儘管一種形式比另一種形式發生得更為頻繁。這種結構證實了晚期帝國愛慾意識形態的基本假定，它已存在於前帝國時期關於男同性戀最早的文獻裡——即一種根本性的等價，它不僅是男色與女色之間以及與之伴隨的男性性態之間的等價，而且也是男人對女人的情和對少年的情之間的等價。這種論點可能會遭到反駁，認為將異性戀的情和同性戀的情描繪成等價的愛慾領域可能有失偏頗，因為它畢竟僅是根據一位作者的作品得出來的結論，而且這位作者還是自晚明以來僅知的三部同性戀作品集中其中兩部的作者。然而，醉西湖心月主人關於情的理論似乎同樣表明，不僅其他同時代的小說作品，而且其他類型的文學作品，例如情書集，也可以發現類似的基本主張；張在舟已指出，在異性戀人之間的書信中，可以零散地發現男性愛人之間的書信往來。[3]最後，男人之間的情被觀念化為情的形式之一，這種觀點解釋了為何在情愛故事集《豔異編》和《情史》裡包含致力於探討該主題的章節。

有意思的是，《情史》裡關於男性情愛的那一卷（「情外類」）進一步細分為很多節，它似乎是整部選集結構的鏡像。[4]袁書菲認為，由於該書專門探討異性戀愛情，因此，這種鏡像效果真正要表達的意圖是這兩種情愛形式是平等的，編撰者應該將異性戀愛情的內容置於男性情愛章節的最後。這種「不完美的」、類似於鏡像的結構揭露了編撰者的意圖，即將關於男性情愛的章節呈現為整個選集的「扭曲的鏡像」，從而將男性之間的愛情與男女之間的愛情進行比照，其潛在意圖是強化（異性戀）性的正統性。[5]然而，這種推測似乎建立在這樣的假設基礎上，即《情史》裡的愛情先天是一種異性戀愛情。然而，馮夢龍在序言裡明確強調愛情的先驗本質，認為人類的愛情僅僅是宇宙之愛（cosmic love）的一種表達。馮夢龍將男女之間的結合看作是終極的愛情模式，後來十六世紀的哲學家李贄將這種結合歸因於宇宙論的維度，即透過天地的原始交配，象徵性地重現萬物生靈的創造。但在馮夢龍的序乃至整個選集裡，沒有一個地方暗示男人之間的情從本體論上不同於男女之間的情。它也不認為這兩種形式的情與一棵樹上同一根樹枝兩個萌芽之間的情有任何本質的不同，有關這樣的情況確有記載。[6]

換言之，我們有理由相信，編撰者認為男同性戀的情（相比之下）與（男）異性戀的情是等量齊觀的，儘管在他的選集裡，後者無疑是普遍的情愛形式。而且，我們可以合乎邏輯地得出結論，「情外類」這一卷的結構被設計成整個選集的鏡像，是為了賦予男人之間的情以特殊的位置。該卷由三十九個條目構成，被分成十四個部分，其中較大部分（十一個條目）致力於討論「情愛」。[7]當它與最相似的經典——十六世紀末出版的王世貞的《豔異編》——進行比較時，該卷的分部確實體現出一種新穎性。[8]另一方面，在對男性情愛進行分類時，《情史》並不是孤立的個案；十七世紀三〇年代心月主人的《弁而釵》，也清晰地表達了對男性情愛不同的分類。事實上，它以及姊妹篇《宜春香質》，兩者分別聚焦於男人之間的情及其令人遺憾的缺失。豔情小說往往避開愛情話題，但這些同性戀文集卻是例外，《弁而釵》可能是晚明唯一一部以情和慾之間的徹底整合為特徵的色情文學作品。[9]還值得注意的是，《情史》裡「情外類」這一卷的條目與其模仿作品《豔異編》中類似的章節幾乎是雙重對應的，許多新的條目由當時的記載構成，其中很多是關於同等社會地位者之間的愛情故事。更確切地說，這些愛情故事的明顯特徵是它涉及的雙方都是作為「良民」的男人，儘管他們中的其中一位在性行為中處於受的位置。換言之，愛情可能使同時管控著男性氣質和（同性）性態的傳統原則作廢。

情愛平等主義及其違犯

明清小說確實證實了前一章論述的關於男色和性關係的規範性準則。然而，它們也提供了一些忽視或徹底打破這些規範的個案。蘇成捷就持這樣的觀點，他認為小說在很大程度上確證了附著在男人身上的與接受肛交有關的社會汙名。這一時期偶爾會出現一些敘述，情愛在這些劇本的情節裡始終扮演著破壞性角色，它違反道德傳統和社會慣例，但也正因如此，這種情愛受到稱頌。在此類敘述裡，情具有感染性的力量，它能感化被愛者，使之屈從於愛者對性親密關係的要求，擺脫「良民」少年被性插入導致的社會汙名。在這些情況下，情愛甚至改變了運用於性愉悅的普遍原則，這種性愉悅被形容為交互性的。這與我在前一章論述的同性戀愉悅的「規範性」觀念形成鮮明對比。

這樣的事例俯拾即是。在《弁而釵》的第一個故事裡，正是由於情，學生決定順從追求者的慾望，對他施行性插入。在《石點頭》裡，另一位學生接受了同窗的追求，因為他也是人——他也是有感情的。《別有香》裡的第六則故事，有個男人想寫情書給鄰居的兒子，他對後者已經痴迷不已，想讓他成為自己的「契弟」。這位男人的理由是，畢竟人非石頭；他們有感情，而且會對感情作出反應。《情史》的「情外類」那一卷包含了很多條目，它們也提供了一些有悖常理的故事情節，但均以情的名義被合理化。有些條目透過呈現同齡人——諸如兩個學生——之間的平等關係，忽略伴侶之間的階級溝壑。[10] 其中有則故事，它裡面講述的年輕少年算不上標準的美人，對普通人而言，他的伴侶對他的情感依戀，即使不令人困惑，也是異乎尋常的。因此，這個故事駁斥了少年鑑賞的另一條鐵律——被追求的少年必定具有公認的美。[11] 另一部晚明小說裡的故事也以「良民」之間的平等主義關係為特徵，儘管存在與性插入相關的社會汙名。前文提及的《石點頭》裡的那則故事便屬這種情況。《弁而釵》的四則中篇小說也遵循同樣的路徑，雖然在其中兩則短篇小說裡，原本是「良民」的少年受契約束縛，被迫淪為「賤人」——當然，這僅僅是從普通的法律與道德標準來看，因為若從平等主義的情感視角（作者認同這種視角）來看，儘管他們的社會地位下降，但他們仍然是「良民」。

晚明以降，此類逾越性的同性愛慾敘述並沒有消失。我們在後面的章節中將會看到，諸如十八世紀的小說《姑妄言》和《紅樓夢》也包含了「良民」之間「不合常規」的同性戀關係，而且他們是上層階級家庭的親戚。很有可能的是，同性愛慾的情感故事傾向於兩個男性「良民」之間更加戲劇性的——如果不是矛盾的——結合。戀人之間的階級差距強烈地反襯出愛情的平等主義本質，這可以從俠的意識形態對晚明愛情典範的重要形塑作用中得到解釋。這方面很明顯的是，在《弁而釵》的中篇故事裡，被插入的男性「良民」通常被描述為情愛英雄和俠客。男人之間的情自然地與卓爾不群的同性社交不謀而合，但它沒有撇除性的內容。在明清小說裡，諸如情色作品的敘事以及像《品花寶鑑》裡男性才子佳人貞潔的愛情故事那樣，經常出現此類崇高的同性社交觀念，無論它是否被色情化。

因此，我們必須將注意力轉向晚明文化中詳細闡述的情愛話語以及它根本性的意識形態原則。我的論點是：對戀人之間諸如平等和忠誠等觀念的強調，表明俠的意識形態在晚明情愛典範的精細化過程中起到核心的作用。如前文已指出，我還認為，俠和情價值觀念的融合反過來也對性別產生影響，只要俠客之間的這種同性社交結合——它構成了任何情愛結合的典範，無論是同性愛慾還是異性愛慾——指涉男人之間的情誼。在我們繼續探討晚明文化中的情和俠以及它們的意識形態結合之前，應對作為一種智識和文化模式的融合進行綜述。

融合模式

長期以來，融合——不同信仰或實踐形式的結合——被視為晚明知識景觀的典型特徵。它最顯著的表現形式是林兆恩在中國東南部發起的宗教運動，它宣稱儒教、佛教和道教三種教義三教歸一。[12]然而，融合表現為一種極為廣泛的文化現象。許多沒有參與林兆恩宗教運動的思想家對他們自身傳統之外的其他傳統也深感興趣；這一時期，佛教和道教內部都可以辨別出融合的趨勢，但在儒教領域尤為明顯。[13]在努力復興傳統並抵制其令人窒息的正統性時，儒家知識分子自然將注意力聚焦於他們的傳統競爭者，即佛教與道教。而其他人則試圖結合儒教和基督教的教義；甚至俠的傳統，雖然它本身不是一種「教」，但對於晚明的某些儒家學者而言，它也具有意識形態上的啟迪性。[14]總之，融合成為一種模式，相關術語的類型和數量可能有所不同；它不一定是三體合一，也未必是組合體的形式。

「融合」這個詞本身存在問題。白居惕（Judith Berling）在探討林兆恩之前，她需要對使用該詞進行合法性的論證，這絕非出於偶然。[15] 在西方知識分子的話語裡，「融合」通常具有詆毀性的含義；它與頹廢、墮落相關，以及與非理性、隨意性而不是體系相關。白居惕在為自己辯護時，強調融會、調和過程中的選擇性，從而將融合與較為任意的折衷主義相區別。最近，卜正民（Timothy Brook）重新探討了融合與折衷主義之間的關係問題，他提供了另一種選擇性的評價。他提醒我們，不要用「融合」來描述三教歸一的觀念，而更傾向於談論晚明（主要是儒教）的折衷主義：這是一種普遍性的和包容性的傾向，但它不要求混合或調和。卜正民認為，在大眾崇拜的層面以及在宗派運動內部，這種混合的可能性更大。[16]

「融合問題」（以及對它的各種偏見）似乎存在於混合觀念本身，它又隱晦地與智識怠惰和理論混淆聯繫在一起。[17] 也許，我們需要改變這種探討融合的路徑。近些年來，人類學家在應對我們日益文化多元的社會時，已經開始重新評估這一範疇，在多元文化的社會裡，文化的互動、和解與綜合越來越占據著中心舞臺。[18] 這也可能是重新思考以融合作為一個範疇研究晚明文化及其優點之時，而這種反思不僅限於哲學和宗教範圍的討論。我們不是將晚明的融合視為一種通向清代理性主義的目的論敘事暫時陷入智識上的混亂狀態，而是將它看作一種重新調和被廣泛接受的知識和重塑傳統的努力，將它視為一種反證和校核的知識性實驗，從而為十七世紀末和整個十八世紀的「考證」運動從文獻學上逐漸廢除古典研究鋪平道路。[19]

從更正面的角度來看，我們可以將融合視為邊界侵蝕（若非消除）的建設性對應物，這些邊界被許多學者視為明代文化的標誌。[20]晚明文化的協商和轉變過程具有的獨特密度與不同層面的邊界模糊相一致，哲學與宗教層面的邊界模糊自不必言，但它也涉及社會邊界（最明顯的是文人與商人之間）和文學邊界的模糊，無論從語言還是體裁（古典的、地方性的／精英的以及大眾的文學）而言，莫不如此。[21]我們甚至可以將這種視角運用於性別，從而幫助解釋晚明時期盛行的「陰陽合一的典範」以及男性氣質的混雜模型。我認為，正如「三教歸一」是不同教義融合進程的結果，《弁而釵》裡的典範性角色也是融合性意識形態協商的產物。他們之所以是英雄，正是由於他們能夠跨越不同層次的邊界，包括性別邊界。《弁而釵》的主角既是文人，又是俠客；既是「良民」社會的成員，又是「賤民」社會的成員；既是人，又是鬼；既是男人，又是女人。正是由於這種混合的屬性，以及掌控多重體系和進入多重人格的能力，方使他們成為典範。

遵循著這種闡釋路徑，本章尤為關注衝突與合併、協商與調和的問題，並關注可以從形式上重新進行引導的各種進程，從而進入以融合模式為標誌的文化背景。在選擇聚焦於某種獨特的融合式協商的個案時，兩百多年前，十八世紀的學術大師錢大昕提出了一種假設，我從中獲得了靈感。他注意到明代出現了一種新「教」，它在民眾中的流行度能夠與儒教、佛教和道教這三種傳統宗教比肩而立，甚至有所超越，這便是小說。[22] 錢大昕對出現這種新「教」悲痛地表示遺憾，尤其是它美化其中兩種最為墮落和流行的（男性）典範：武俠小說裡的「好漢」和情慾傳統中的「享樂主義者」，即「風流」。我將這兩者挑選出來，作為錢大昕設想的「小說教」內部意識形態倒錯的標準，並聚焦於它們之間的交叉點——俠與情在此處匯合。

俠和情

俠及其在中華文化中的角色吸引了眾多學術關注；在晚清時期，它尤為受到密切關注，這是由於當時湧現出大量武俠小說，以及由於主要的知識分子對俠的傳統表現出意識形態上的意氣相投。陳平原、龔鵬程等學者探討了這樣一些問題，諸如重估譚嗣同思想中俠義精神具有的顛覆性意義；而作為社會理想的「義」，它處於章太炎倡導的「儒俠」之核心；梁啟超的「武士」觀念則是中國日益興盛的「女人氣」的解毒劑。[23] 王德威描述了一位虛構的俠客英雄波瀾壯闊的人生——他具有意氣用事、自我決斷、非傳統以及平等主義的人格特質，來自《水滸傳》裡的水泊梁山，歷經晚清各種敘事變遷，最終將自己轉世化身為「五四」革命作家乃至共產主義同志。[24]同樣被注意的是，除了促成儒俠的混合觀念，在晚清的思想和文學作品裡，俠也與情配對出現，從而產生了同樣混合的「情俠」觀念。在探討嚴復和夏曾佑發表宣言支持體現這兩種典型的新小說時，王德威寫道：「如龔鵬程令人信服地指出，晚清對俠和情的重新闡釋預示著英雄和情感的要素對二十世紀中國革命話語是不可或缺的。」因而，在閱讀十九世紀末的小說《兒女英雄傳》時，他強調這兩種傳統之間的敘述性綜合是中國小說現代化進程中的劃時代事件。[25]

透過聚焦於較早期階段（即晚明）小說裡俠與情的綜合，該時期這兩者已是特別受關注的範疇，我探討了將新鮮的、具有陽剛氣的血液輸入儒士身體以重振華夏雄風的計畫被一種「女人氣」的支配性狀態所淹沒而產生的性別意涵。在關於行動主義（activism）的哲學重估以及在與清初前後相繼的背景下關於忠義的反思中，已經論述了晚明英雄氣質的流行。[26]雖然章太炎在晚清重新提出「儒俠」這一術語，但是它傳達的觀念無疑在晚明已經流傳，當時這種混合的具身化被稱作「俠士」或「豪傑之士」。類似地，文與武之間保持平衡的典範——它不約而同地與古代和男性氣質聯繫起來，也被李贄理論化。[27]至於情，或者更普遍意義上的情感，晚明的文學和哲學也已經廣泛認可其重要地位。《牡丹亭》——當時最具象徵性的戲劇——的作者湯顯祖是泰州學派思想家羅汝芳的門徒，如他的老師顏鈞一樣，據說羅汝芳也宣揚情。馮夢龍甚至宣稱，情可以成為一種新教——確切而言是「情教」——的基礎，它能夠囊括性地包含儒教和佛教。[28] 在哲學界也可以發現對情感與情的興趣，以此重新評估俠之典範。我在這裡的意圖是，透過聚焦於俠與情之間的性別意涵，進一步探討晚明文化中俠與情之間在意識形態上的耦合關係。

俠與情的意識形態在根本上共享的是強調平等而非階序。在義的指導原則下，俠的共同體成員之間確立了平等意識，摒棄他們的階級出身，甚至性別。類似地，「情」的觀念是基於抹除所有邊界——甚至是生死界限（如在湯顯祖極富感染力的表述裡那樣），更不必說更加世俗的階級與性別邊界。正因如此，高彥頤（Dorothy Ko）將情視為「性別均衡器」，認為這種男女之間可能發生改變的性別關係也適用於當下的愛情文學典範。[29] 在關於晚明「理想的」愛情關係和文學伴侶——關於詩人陳子龍和名妓、女詩人柳如是——的研究中，孫康宜（Kang-I Sun

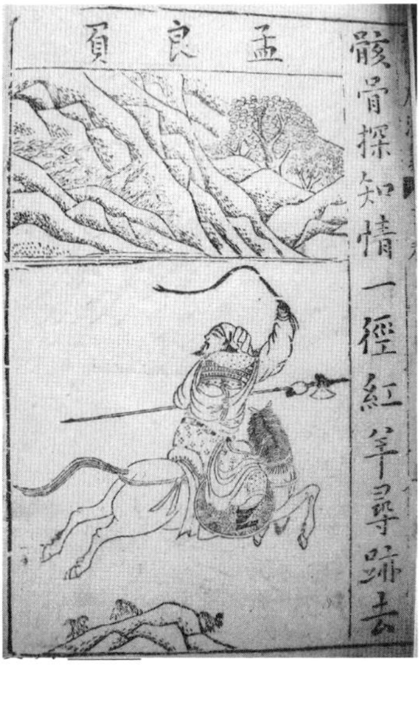

木刻版畫，紀振倫：《楊家府世代忠勇通俗演義》，臥松閣刊本，1606 年。北京大學圖書館善本部，北京。

Chang）發現兩位作者的情詩和政治詩在修辭上具有一致性，由此她也談及性別邊界的消融問題。[30]同時，高彥頤研究的女詩人柳如是和其他名妓、上流社會的女作家以及她們的尊師，據說在她們所處的年代經常被視為「榮譽男人」，並且捲入不同形式的跨性別。[31]在柳如是的傳記裡，也許最令人難忘的場景是她偽裝成男人出現在著名學者錢謙益的門口，將自己送入他的懷抱。[32]在晚明的文獻資料中，這種跨性別的、浪漫多情的女人也經常具有俠的性情；因此，她們被形容為「女中丈夫」，或者「女俠」。蔡九迪（Judith Zeitlin）聚焦於小說裡的女戰士，這類人以代父從軍的花木蘭為典型代表，從而探討晚明時期對女扮男裝的認知轉變，即從「性別怪物」到「女中丈夫」的轉變。蔡九迪注意到，此類女人的英雄本性是基於這樣的事實，即「她遵從崇高的男性氣質的規範，又保留了女性的貞潔」。[33]然而，即使這種解釋完美地符合純潔的花木蘭（以及她清代的女戰士後裔），它仍然需要稍加延伸，

木刻版畫，紀振倫：《楊家府世代忠勇通俗演義》，臥松閣刊本，1606年。北京大學圖書館善本部，北京。

以解釋同一個術語如何被運用於其他晚明小說裡的女性。其中一個例子是名妓杜十娘，她是馮夢龍筆下情感英雄主義極致的具身體現，當她意識到自己錯將一位普通男人當作（愛情）英雄時，她選擇了自殺。[34]晚明可以用「女俠」（或「女中丈夫」）這一稱謂來稱呼真正的女性，諸如柳如是以及其他名妓等。針對這一點，李惠儀（Wai-yee Li）指出，儘管「女俠」具有「男性特質和跨越性別邊界的意涵」，而且與晚明文學裡「雙性化的典範」有關，但在這個事例裡，該術語沒有特指小說與戲劇中的武女。她還注意到，「該術語在這裡不是太確切，它隱含著非傳統的行為、膽魄、慷慨、堅定以及獨立精神」。[35]在這種意義上，我們也可以理解為何該詞會用在「吳賣婆」身上，「吳賣婆」是十六世紀松江地區的知名人物，她向顯赫家庭的婦女出售各種春藥和性玩具，據說她為了替沒有後代的醫生撫養孩子將自己租售，故被冠以這個稱呼。[36]

因而，在晚明的詞彙裡，「女俠」這個詞涵蓋了廣泛的語義範圍。它使小說中的女戰士（因邊緣性地捲入各種情事和性事而引人矚目）、名妓與浪漫女英雄杜十娘、柳如是以及心胸坦蕩的「吳賣婆」合法化。如同「俠」本身，「女俠」的觀念無疑是語義累積過程的頂點。[37]可以肯定地說，除了隱含著慷慨豁達、膽略勇氣和尚武的俠之傳統美德，這個術語在晚明也獲得了情的變調；而且它始終包含著跨性別的成分。柳如是體現了一系列典型，它們構成了情和俠共同的基礎，同時也概括了儒士的美德。我們可以認為，這些語義要素的融會式調和使她同時成為愛情理想主義與政治理想主義的偶像。她作為愛情偶像的地位不能與她的存在割裂開來，用她當代傳記作者陳寅恪的話說，「既是儒士，又是女俠」。[38]換言之，柳如是的符號強度歸因於她同時具身化了「儒俠」和「情俠」。

如前面提到的，本章的主要論點是認為俠之典範在形塑晚明愛情觀念的過程中扮演著重要角色。在性別方面，它導致了這樣的結果，即由於俠的意識形態給予男同性結交以特權，因而兩個男人之間的友誼成為情愛的典型例證。正是由於俠的靈感啟迪，從知識考古學上而言，晚明情愛意識形態裡隱含的性別平等不能不涉及男男關係的模式。在將異性戀愛情重新理想化的過程中，理想的女性與「知己」重合，而這又需要她在一定程度上具有男性人格。兩個男人之間不受約束的結交這種觀念也產生了厭惡女人以及傾向於同性愛慾的選擇，晚明文學充分探討了這兩種選擇（雖然大多以不相干的方式）。儘管它們之間存在差異，但這些新的發展狀況在意識形態上是同質的，而且不斷表明俠之典範在形塑晚明小說的情愛英雄（或「女英雄」）——這樣的人實現了「有情有義」之理想——的過程中具有的作用。

下面我將在回顧大量文獻的基礎上，闡明男俠對性與性別關係的態度，並追溯情俠的起源。就古典小說而言，俠與情——也即作為小說類別的「情俠」——第一次結合出現在《情史》裡。而就通俗小說而言，通常認為俠與情第一次結合發生在清初小說《好逑傳》。

但在晚明同性戀選集《弁而釵》裡，有一則通俗小說已經以俠與情的美好結合作為特徵。這則中篇故事的主角完全例證了俠與情意識形態之間的綜合性協商，同時還展現出對儒家倫理的忠誠。我重新考察了《好逑傳》，凸顯出它對男性關係（友誼）的典範進行調適，以迎合男女之間的情（婚姻）。在本章接下去的部分，我將小說裡關於男性結交的描述與同時期有關（男性）友誼的哲學話語聯繫起來。我還探討了利瑪竇和衛匡國這兩位義大利傳教士在該領域的貢獻，尤其是男人之間友誼與性的關係。最後，我以關於晚明同性愛慾風尚觀念的思考作為結束。

直俠

到了明代，俠不再如漢代史學家司馬遷描述的那類人物那樣構成一種社會類型；透過詩人、劇作家和小說家的作品，俠逐漸脫離原來的歷史與社會背景，成為一種精神和理想。[39]人們普遍認為，《水滸傳》——用劉若愚（James Liu）的話說，它是「最傑出的俠客文學」——裡描繪的英雄在許多方面是這種理想的典範。[40]鑑於此類英雄對女人和性的冷酷態度（至少可以這麼說），顯然情與俠之間的聯姻——也即以多情的俠作為人物角色——

是有問題的，它在某種程度上幾乎是個悖論。那些試圖解釋傳統中文小說裡俠客心理的學者們經常無意中發現，這些俠堅定不移地抵制女性的魅力。司馬虛（Robert Ruhlmann）指出，性和尚武之間存在不相容性：「遵循傳統的陰陽理論和養生論，他們深信習拳與其他需要精力的事情是難以兼容的。」[41]在關於《水滸傳》的一篇經典論文裡，夏志清（C. T. Hsia）反其道而行，將梁山泊英雄的性恐懼，甚至是虐待狂似的厭女症，與他們關於兄弟情誼的倫理聯繫起來，並且在小說中殘暴對待女性的諸種事例裡，象徵性地援引楊雄和石秀聯手處死潘巧雲作為典型。[42]潘巧雲是楊雄的妻子，她出軌後，被騙到翠屏山上，楊雄和石秀這對親密朋友堵死了其他兩條路。最初，潘巧雲成功戳破了這兩個男人之間的友誼，欺騙丈夫說石秀試圖引誘她，然而，最終她遭到石秀的陷害，並被這對朋友處死，最主要的理由（如楊雄在將她剮碎之前說的）是試圖破壞他們的情誼。按照夏志清的說法，《水滸傳》裡的女性「因生而為女性而被懲罰，因是這種無助的慾望生物而被懲罰」，而英雄則「將她們獻祭，以維護他們作為英雄的道德準則」。夏志清還評論道，宋江與李逵之死，以及受傷的宋江毒害「最好的朋友」，令人想到這是兩位戀人共赴黃泉。[43]孫述宇雖然得出了截然不同的結論，但他也指出，梁山好漢的性意識形態取決於朋友之間交互性的「義」這一核心觀念（它與「忠」相對，也就是「對上級的忠誠」，它在小說裡並非是突出的美德）。[44]「義」可謂俠客契約的黏合劑，這一同心同德的、使俠客聯合起來的原則是俠之間惺惺相惜之根本；同樣，它是俠客共同體得以生存的首要和必需的條件。[45]孫述宇認為，如同小說裡英雄的武藝一樣，「不好女色」是構成他們品性的必要條件。因而，捍衛兄弟關係處於俠的「不自然性」——不關注女性和家庭——這一不解之謎的核心。由於俠的同伴能夠在戰場上守護相助，因此，《水滸傳》裡唯一可能的女英雄必定是一位「醜的」、「男性化」的「女俠」：與英雄配美人的自然法則相反，這些可憐的英雄最多被給予一位「女同志」，她肯定長相醜陋，幾乎像個男人。[46]因而，雖然認為將厭女症作為中國社會和文學之傳統的解釋過於簡單化，但孫述宇的觀點是，我們可以將處死潘巧雲（以及其他密切關聯的情節）簡單地視為「儀式」，它標誌著英雄加入兄弟關係。即使孫述宇的重要結論無法對夏志清提出的厭女症問題給出令人滿意的答案，他關於俠的女伴必然男性化的闡述與我的觀點是一致的，即在俠的同性社交中，忠誠居於核心的地位。[47]

馮夢龍的《三言》小說集裡其中有兩則故事，它們一方面象徵性地闡明了俠對男性朋友的態度，另一方面也闡明了對女性與家庭的態度。兩者都提出一種三角結構，它與前文探討的相差無幾。[48]〈吳保安棄家贖友〉從一開始就對當時的愛情觀提出批評，整個故事的頁眉處評論經常反覆強調這一點。[49]在這個故事裡，吳保安為郭仲翔效力，他聽聞過郭仲翔的英雄事蹟，但從未見過他，後來吳保安將郭仲翔從南蠻的囚牢裡解救出來。為了營救郭仲翔，吳保安拋棄自己的妻子和剛出生的兒子長達十年之久。也就是說，由於對同伴的認同，使夫婦身分從屬於朋友身分，同時暴露出它們之間的衝突。[50]當吳保安動身去施救他的朋友時，「他在睡夢中想的都是郭仲翔的名字，甚至連妻子都被遺忘了」。[51]為吳保安贏得官爵的崇高行為，正是他「棄家贖友」。事實上，在將俠的「義」抬高到典範時，已經預示了吳保安對家庭的無視（包括他的兒子，這觸及對祖先的儒家義務），義成為高於一切人倫關係的價值觀。因此，友誼是以犧牲夫婦關係為代價的。

馮夢龍的另一則短篇故事〈趙太祖千里送京娘〉，詳細描述了俠超脫於情與女人。[52]在這個故事的介紹性敘述裡，兩位儒者讓一位隱士（他原是「有本事的英雄」，後來成為隱士）評判漢、唐、宋三個朝代。這位隱士認為，宋代皇帝有德性（因而具有政治上的優越性），因為他「不貪女色」。[53]這是該故事的主旨，從某種意義上而言，趙匡胤作為皇帝的合法性，如馬幼垣（Y. W. Ma）所言，正是被他「不貪女色」所證明的。[54]這位未來的宋代皇帝表現為俠客，只與其他俠客往來。[55]當趙匡胤發現伯父將一個女人藏在道觀裡時，開始認為這是伯父的過錯，與他產生爭執（置親屬關係的等級輩分而不顧，這是俠的缺點）；知道她是被土匪綁架之後，他又全程護送她回家。[56]京娘完全被自己的救星所折服，她聯想到唐代的女俠也由自己選擇伴侶，因此，決意將自身交付於趙匡胤。京娘竭力向他表明心意，還採用了一些小伎倆，諸如在扶她上下馬時，假裝需要將身體緊緊貼著他才放心。然而，趙匡胤是如此之「直性／剛直」，根本沒有注意到這些小心思，這迫使京娘最終向他開口坦承。趙匡胤的第一反應是哈哈大笑，讓她別再提這件事，以免淪為別人的笑柄。但京娘仍然堅持，說即使做他的女僕也心甘情願。趙匡胤非常氣惱，威脅說若她還有這種「邪心」（與形容他本性的「正直」相對立），他將拋棄她。在冷靜了一些之後，趙匡胤解釋說，他乃正派人士，不想被世人恥笑，這下他說得更加明確，即不想被「天下豪傑們」恥笑。趙匡胤將京娘安全地送回家後，她的父母懷疑他們在旅途中已經成為情侶，就希望他倆結婚。這位未來的皇帝又一次感到被侮辱，在作出激烈的反應之後，他離開了。結果，京娘上吊自殺，以還自己和趙匡胤一個清白。[57]

如馬幼垣所言，京娘的感情是「對他正直的一種挑戰，也是對他自己遵守俠的意識形態原則的考驗」。[58] 由於俠關於榮譽的行為規範及其敘事要求，情愛不得不導致一場危機；馬幼垣得出了令人印象深刻的結論，即「俠作為不合格的情人，是不可避免的主題」。[59] 與這種對女性暴力的、有時是歇斯底里的「英雄式」抵制相對應的是，男性友誼在俠的情感關係內部處於最顯著的位置。俠的忠義似乎阻礙了他們的異性戀慾望。對女人的愛不可避免地與對男性朋友或俠的理想共同體的忠誠產生衝突，最終屈服於後者。於是乎，在直俠的心裡，沒有為女人留下任何空間。

敏感的俠

《情史》的意圖之一是解決這種「不自然性」的困境，為這種「不完美」的俠灌輸情感。該小說集將俠置於顯著的位置，第一次明確闡述了俠的價值觀與情的價值觀之間的親和性。如韓南（Patrick Hanan）評論道：「馮夢龍在書裡的評論表明，他聚焦於俠與情的交會點。」[60]在該小說集的序言裡，馮夢龍從一開始就清楚說明了這一點：

情史，余志也。余少負情痴，遇朋儕必傾赤相與，吉凶共患。聞人有奇窮奇枉，雖不相識，求為之地。或力所不及，則嗟嘆累日，中夜輾轉不寐。

為了解釋他的情之秉性，馮夢龍將自己描繪成俠客英雄；事實上，他關於自己的表述幾乎都可以被解讀為對吳保安行為的評論。馮夢龍認為，痴情建立在同樣絕對忠誠的基礎上，這種忠誠處於兄弟關係倫理的核心——這種情的最高標準是「義」。[61]在《情史》裡，「情俠類」那一卷被分成六個部分，其中三個部分探討「俠女子」，另外三個部分探討「俠丈夫」。[62]後者又進一步分為三個類別。第一個類別是「為情犯難」的情俠故事，它是最大的類別，包含二十個條目，與之相對應的是探討「為情露巧」，這一部分包含四個條目，

「為情發憤」的情俠這部分有兩個條目。在這一卷的附言裡，情史氏（很可能就是馮夢龍本人）提出他的觀點，即這些男人並非無情者，「已若無情，何以能體人之情？」[63] 但是在這些故事裡，他們對情感問題的敏感性又如何自我顯現？在這些情俠中，很多人拯救了某位男子的妻妾（她們通常是被惡棍奪去，或被殘酷的命運作弄），然後將她交還給合法的、鍾愛的丈夫。很顯然，這些故事裡展現的英雄主義的類型與前文探討的宋代建立者趙匡胤體現出來的英雄主義是相同的。在有些情況下，俠的高尚精神達到這樣的程度，他向朋友（有時僅是一面之交）奉送最心愛的所有物，即他的寵妾，他曾經對她是那樣的如痴如醉。毫無疑問，這些故事的主角都是能夠愛女人的男人——這裡沒有如我們在《水滸傳》裡看到的那樣存在違反禁忌的悲慘寓意，更為甚者，他們理解競爭者的情感烈度，而透過交換女人相互達成協議。該過程總是涉及情俠與情感鑑賞者之間的賞識，正是這種情感將競爭對手轉變為「知己」。從形式上看，這些俠的行為與《燕丹子》中荊軻的行為並無二致（除了血淋淋的細節之外），《燕丹子》是一部中世紀早期的作品，它通常被視為第一部武俠小說。當荊軻在國王面前對彈奏古箏女孩的漂亮雙手讚不絕口時，國王馬上將她奉送給他；荊軻回答說，他欣賞的僅是她的雙手，國王當即就將女孩的雙手割下來，作為禮物送給他。[64]

在《情史》中，敏感的俠捲入的是稍微沾點邊的異性戀情感。當他們不歸還其他男人的女人，而是將自己的女人贈送給愛上她們的男人時，他們在朋友的情感實現中扮演著支持性的角色。換言之，他們的敏感不是體現於理解女人的情感，而是理解其他男人的異性戀情感。[65]這些故事裡經常出現三角關係，但顯著的情感依戀關係仍然是兩個男人之間的友誼，它又導致友誼與婚姻之間的衝突，我們在前文已經論述過這一點。儘管新獲得了情感的敏感性，但為了更值得追求的事物，俠仍然準備放棄心愛的女人。情史氏將他的情俠描述為能夠「推甘致美」，我們還可以加一句，這一切都是為了確保（男性）友誼的甜蜜。[66]萬曆年間（一五七三—一六二〇）和天啟年間（一六二一—一六二八），作家們付出了很多努力，諸如湯顯祖與馮夢龍等「情教」追隨者，他們在俠的內心輸入了情感，對這些俠而言，這種異性戀慾望可以轉換成男性友誼的敏感細膩。直到清初的小說《好逑傳》，才出現情侶俠客處於核心的愛情故事。也就是說，只有在清代的小說裡，俠才能夠找到他的愛情伴侶——雖然這樣的伴侶通常具有某種男性氣質，卻是漂亮的女性（不像《水滸傳》裡諸英雄們「醜陋的」、「男性化」的伴侶）。她們最終轉變成賢妻良母和好媳婦的典範了嗎？答案並非如此。

情俠

《弁而釵》裡塑造的人物角色在多個層次上是混合的。這部小說集裡四則中篇小說的主角都是俠，而且同時是性別混合體，他們是男女以及各自性別化的道德倫理協商與調和的產物。在這些故事裡，性別與道德的混雜狀態被認為是典範性的，它們對應於四個由情組成的子範疇，即「情貞」、「情俠」、「情烈」以及超自然的「情奇」。[67] 由於這些人物與「列女」崇高的道德標準相匹配，因此，他們是「列男子」——像「女中丈夫」一樣，他們都是英雄式性別混合體，不同之處在於，這裡的性別發生了顛倒。他們可以被視為由花木蘭和柳如是體現出來的剛柔並濟之典範的表達，而這種組合的推動力成為晚明融合傾向之基礎。[68]

另一方面，儘管小說的書名隱含著性別顛倒模式，但在它的四則中篇故事裡，男女之間的混雜化進行了不同程度的調節。〈情俠記〉裡尤為如此，我主要探討這則故事，它對英雄主義的強調以情侶雙方的男性氣質為基礎，這種英雄主義被視為最大程度地調和了兩類男性文化價值觀——文人的涵養與戰士的勇武、儒家的理念與俠的理念，這使他們成為真正的「儒俠」。換言之，在這種情況下，性別的混雜性主要是內在的，因為它指涉這些人物男性氣質的複合性本質。最後，因為他們也是情愛英雄，這些人物體現了俠與情價值觀念的調和。倘若我們細想一下〈情俠記〉的主角張機在天分上具有的那種全能性——故事一開始就說「文武全才」，當他破解新的關於情感的道德準則時，暗示著達到了更高階的全能性，故而能對男人的情作出反應——如同男人戲弄女人那樣。在性別與性人格的層面上，他的融合倫理找到了內在一致的表達。在這種意義上，張機成為一種雙重典範：作為儒俠，能夠在文人與武士的美德之間達成平衡；而作為情俠，又能夠理解情的微妙。他既是英勇的武士，亦是遵循儒家孝道的兒子，他認為男人被雞姦是「失身」，但認為自己為了愛情這樣做不是失身。在這些倫理體系之間融合性的協調，使張機成為非傳統的英雄和例外——由於他過度的教化。

《弁而釵》裡〈情俠記〉開篇的一首詩談到美酒和美色的危險，認為酒和性甚至能使「鐵漢」無所作為。但是，敘述者隨即說：「就如楚重瞳殺人如麻，到垓下之敗，也不免虞兮虞兮之嘆。可見兒女之情，雖英雄亦不能免。」然後繼續說道，他要為我們講述一個關於「國朝一個英雄」的故事，他是卓爾不群的男人，文魁天下，武冠三軍，卻「也被酒色二字失了身」，但他足供「千載奇觀，為有情者榜樣」。[69] 敘述者含糊地以一種聽起來像道德說教的立場進行貶抑，隨即卻否定了它的正當性，因為情甚至可以穿透萬夫莫敵的武士之心，而且當發生此種情形時，這個男人未必不再是英雄；從情的標準來看，他仍然能夠成為英雄。

張機出身於習武世家，從小精通各般武藝，到了十三歲，他已經成為武藝高超的勇士；在學校，他成為有修養的人，通曉各類古典名著，可謂琴棋書畫，樣樣精通。總之，張機是一位「全才」；他代表著年輕人的典範，仍然堅守著武藝的價值觀，這與當時武藝出現頹敗趨勢形成鮮明對照，當時人們普遍認為，一個人的涵養只能以他的筆墨來衡量。張機自然意識到自己的長處，他發誓要娶與他同樣優秀的女子為妻。他的誓言很快就被實現——在戰場上，他遇見了敵方兩個驍勇善戰的女兒，她們的父親由於被冤枉，不得不像《水滸傳》裡的英雄那樣，被迫與山裡的土匪為伍。這兩個女子繼承了父親能文能武的本領，她們既受過良好的教育，又能夠參加激烈的戰鬥。無巧不成書，她們的父親也明確聲明：只會將女兒許配給具有同樣的文才與武藝的男人——也即，同樣的全才。顯然，人人都認為張機與官匪的兩個女兒極為般配。皆大歡喜的是，他們結為了夫妻。

故事到這裡剛好講了一半；前半個故事以張機的異性戀婚姻為主要內容，後半個故事則涉及他接下去面臨的挑戰——與男人之間的情感。如張機一樣，鍾圖南既是英俊瀟灑的飽學之士，又是驍勇善戰的武士。他的名字可以被解讀為「強烈地渴望南方」，而「南」與「男」之間隱含著諧音雙關。張機的武藝才華令鍾圖南神魂顛倒，這促使他策劃了一場誘姦計畫。[70]他將張機邀請到家裡，還安排了天津最著名的高級妓女到場。但是，鍾圖南在酒裡下了蒙汗藥。那天晚上鍾圖南對張機做愛時，張機緊閉著眼睛，他的反應好像是在與其中一位妓女做愛。當最終醒來後意識到發生的一切時，張機從床上跳下來，手裡奪了一把劍，決意要砍下冒犯者的頭顱。然而他猶豫了，他被鍾圖南的無所畏懼而震撼，因為鍾圖南以平靜的心態接受因他的侮辱行為導致的必然結果。顯然，在這個關鍵性場景的背後，它隱含的觀念與小說集第一個故事透過翰林向剛被他誘姦的趙生說的話表達出來的觀念有著密切的聯繫，即愛情的力量可以消解男與女、生與死之間的界限。趙生為犯下的「女子之事」感到羞恥不已，要求得到憐憫和最大的自由裁量權；誠如其所言：「感兄情痴，至弟失身。」[71]但是，翰林沒有對他的懊悔產生惻隱之心，相反地，他提出了一種優越的倫理體系，在其中，情是標準，而不是自然之理：

今日之事，論理自是不該；論情則男可女，女亦可男，可以由生而之死，亦可以自死而之生，局於女男生死之說者，皆非情之至也。我常道：海可枯，石可爛，惟情不可埋滅。[72]

翰林熱情洋溢的說教有助於我們理解《弁而釵》的道德複雜性，以及在性別混合化進程中情具有的催化劑作用，並由此產生這類獨特的英雄。如同第一個故事的主角那樣，張機也面臨著這樣一種觀念體系，它基於情之故而不畏死亡，被對方深深地內化這種觀念而打動。張機承認鍾圖南的優點是「真情人」，並宣稱雖然身為男人，但願意成為他的女人。[73]這部小說集的名稱隱含著這樣的假設，即它試圖塑造一位集各種男性美德於一身的英雄，然而，由於他內化了情的理想，卻甘願扮演女性的性角色。換句話說，關於情的意識形態提供了支配一切的結構，它允許同性社交關係成為同性戀關係。

對小說第三回最後的評論進行比較頗有意思，這些評論將情節引到此處。第一個評論是作者本人提出的，他透過聚焦於鍾圖南，認為無所畏懼一直是忠孝的標誌，與之相對，對生活的貪婪則是不道德者的特徵。也就是說，作者暗示了這樣的事實，即情感是同一種倫理本質的表達，忠孝的美德也源自於它。相反地，另一位評論者不那麼精通情感倫理與修辭的微妙性，他基於這樣的判斷嚴厲駁斥張機，「人生好酒貪花，未有為此君所迷者。張君是酒色的榜樣」。[74]但是在故事裡，張機無疑呈現為最忠實、本分的儒家青年。當父親辭世之後，他謹慎地守了三年孝，這之後進京趕考，通過了殿試，得到皇帝恩准去援救正在忙於平定叛亂的鍾圖南。兩人在戰場上再次相遇，在那裡，如小說的小標題所言，張機「為朋情提軍破賊」。在驅逐土匪之後，這對朋友終於有機會在晚上單獨相處，他們彼此都清楚第二天將再次分離。當鍾圖南開始撫弄他時，張機阻止了他，因為他倆如今擔任著要職。但是，鍾圖南再一次說服了他，認為真正的男人會為情而動容。那一夜之後，他們分開了。張機與鍾圖南的英勇行為受到朝廷嘉獎，而蒼天則賜福兩位情人分別有了聰慧的兒子和貞潔的女兒，我們被告知，他們將世世代代通婚。但是兩位英雄不會目睹這一切：當鍾圖南失寵時，張機主動要求解除職務，與他的朋友一起隱退。[75]

該故事聚焦的情俠與《情史》裡同名章節描繪的情俠以及《水滸傳》裡的英雄有關聯。但是在這裡，基本的意識形態前提被推向極端，並且進一步拓展了關於男性結交的俠客觀念，使之適應（並正當化）身體的結合。透過以愛慾術語重新闡釋男性結交的觀念，《弁而釵》裡的故事形成的關於同性社交的意識形態隱含著《水滸傳》虛構出來的備受推崇的、厭惡女人的俠。在這裡，英勇和愛慾——也即同性社交和同性戀——是完全交融的範疇。正如我前面所說的，故事裡張機鄭重宣告只娶受過教育的女俠，也就是說，雖然她是女子，但有著與他一樣的文才武略，就像作為同道中人的（男性）俠客與士人。由於她們是「女中丈夫」，因此張機的妻妾是性別混合體，至少她們部分的生命呈現出男性人格。在這種意義上，這位英雄與《水滸傳》裡的英雄之間顯然存在親和關係，儘管他們之間有著顯著的差異，即這裡的女俠被描繪為漂亮的和有文化的女子，並且最終恢復了傳統的女性角色，因而，我們可以預期在《好逑傳》和《兒女英雄傳》出現後一種傳統，即「才子佳人」式愛情故事裡文武雙全的「美人」。張機娶兩位女子為妻，與她們之間有著和諧愉悅的性關係（如關於他們洞房花燭夜的詳細描寫所表明的），這一事實最終打破了俠對女人缺乏慾望的傳統。[76]另一方面，為了同性戀友誼最終放棄異性戀婚姻，這一事實表明，雖然情與俠之間的結合對異性戀夫婦而言是一種選擇，但是只有在同性戀關係中，這種結局才得到圓滿的實現。

《弁而釵》對英雄男子氣的強調，雖然在「情俠類」裡尤為強烈，但也可以在該小說的其他故事裡找到，包括那些男旦處於更為核心的故事。由於在小說的情感修辭中，關於俠的語調發生了明顯的變化，有關平等的男同性社交理念占據著中心位置，而這種平等本身是基於性別平等，因此，男性氣質被視為定義英雄主義的必要條件。[77]例如，在另一則故事裡，李又仙原本是一位風度翩翩的貴族少年，但因他父親經濟破產，結果淪為男妓，他被俠骨熱腸的匡時救了出來。李又仙最後成了他的妾，後來還像一位母親那樣，營救和養育他唯一的孩子。[78]匡時的俠氣體現在始終將李又仙視為平等的人，甚至在沒有見過他之前，藉由讀他的詩就如此認為。當他們第一次見面時，少年正要行大禮，匡時阻止了他，說「你我俱是南人」。[79]這句話很可能隱含著常見的雙關語：匡時還說「我們都是男兒」。倘若我們認為，李又仙被形容為類似於西施和楊貴妃那樣的傳奇美人，那麼透過在女性的偽裝下辨識出李又仙的男性特徵，匡時的話似乎為了強調他們之間的平等性。匡時的看法得到了故事評論者的認同。後來，扮演妾這一角色的李又仙偽裝成（女）鄰居，潛入關押他的情人及其妻兒的監獄，將後者解救出來，評論者稱讚他對孩子母親說的一番話是「丈夫語」。在評論者看來，具有獻身精神的妾被認為是「好俠義丈夫」，就像俠客匡時，他對後者使用了同樣的稱呼。[80]作為「好俠義丈夫」，李又仙表現出來的英勇行為確實與匡時曾經做過的相似——從監獄裡救出他的兒子，就像匡時將他從妓院裡救出來。當他們第一次做愛時，再次強調了他們之間的平等性；與之前的場景形成對比，當這位少年被妓院老闆挑逗時，他表現得很痛苦，而與匡時的性行為則被形容為「各有所樂」。[81]

《弁而釵》的俠客是典範性的，他們既有柔情，亦有俠骨。同時，他們的典範性還在於體現出理想的男性氣質，它結合了儒家的價值觀與俠的價值觀——也就是說，成為「儒俠」。他們是儒雅之士，但也能夠以英武和戰略智慧保衛帝國；對他們的讚譽與對同時代青年的批評交織在一起，後者在內憂外患的政治危機年代，表現得墮落無能。[82]《宜春香質》描繪了《弁而釵》裡的英雄鏡像，它的主角是無情無義的。這一反主角最後被慘烈處死，正如前文所說，在《情史》關於「情俠類」這一卷裡，該隱喻已經被範疇化。在《宜春香質》的第二則故事裡，聲名狼藉、吸血鬼般的單秀言與他的「淫婦」（女）情人被雙雙處死，這與帝國軍隊鎮壓白蓮教反叛遙相呼應。被單秀言背叛的情人（我們遇到他是在遼陽落入滿族人之手後，他開始往山東撤離）和殺死兩個罪犯（包括他的受害者）的男人，他們顯然都屬同一類型的俠，致力於幫助恢復帝國秩序。[83]

張機的故事和作為整體的《弁而釵》強調這樣一種理想觀念，即俠與情在意識形態上的共同點成為朋輩之間形成絕對聯盟的基礎。倘若在《水滸傳》裡，俠之間結交所要求的平等性與俠的（異性戀）情感實現達成了妥協，那麼在這裡，男男之情充分表達了俠的休戚與共和情的敏感細膩。從某種意義上而言，這個故事裡同性情慾的情節設定是俠客意識形態之親和性基礎的自然發展，它使張機與《水滸傳》裡性恐懼和厭惡女人的英雄以及《好逑傳》裡的異性戀情俠——「鐵中玉」——建立了自然的聯繫。鐵鞘已經融化，展露出玉的內核。

誹謗性的結合

現在讓我們稍微深入探討一下《好逑傳》，這部清初小說也被稱作《俠義風月傳》，它通常被認為開創了俠與情混雜化的小說傳統之先例。[84] 前文已經闡明，在這部小說之前，就已存在俠與情混雜化的變化，儘管它是在同性戀的背景下產生的。就此而言，小說集《好逑傳》更多地以異性戀的方式調和俠與情，它透過努力調和「朋友」與「夫婦」這對衝突性的人倫關係來實現。這一過程同時隱含著友誼作為婚姻的終極模式：由於友誼是性別化的觀念，「知己」模式指向男人之間的友誼，這種敘述性挑戰主要在於建構了像「（男）朋友」的女性——只有透過將女人男性化，小說最終才能成功地克服俠的異性戀恥辱。借用馬幼垣的話說，這似乎是一種「主題的必然性」，它有助於解釋為何如此多清代才子佳人愛情故事核心闡述「知己」觀念，如馬克夢觀察到，情侶經常被形容為「一對文人朋友」。[85]

《好逑傳》裡的某些例子能夠證明我的觀點。在小說第一回，我們遇到男主角鐵中玉，他的首要化身是情俠。鐵中玉襄助一位素不相識的男人，營救他的未婚妻，後者被好色的親王擄掠走。現在我們已經對這種俠的人格很熟悉，如我們已看到，它是《情史》裡「情俠類」這一卷的顯著特徵。由於這位朋友的報恩心理，小說的結尾實現了異性戀的幸福結合，彷彿為了肯定這種聯姻的基礎性作用。[86]馬克夢說，大多數才子佳人愛情故事裡的「美人」僅僅是女兒，她們沒有母親，而且受大男人主義的父親掌控。[87]水冰心展現了所有這些特徵，可以說她為這種小說傳統開闢了重要先例。敘述者第一次描寫水冰心時，說她「有才有膽，賽過鬚眉男子」。很典型地，水冰心沒有母親，而父親將她「當作兒子一般」；當父親不在時，由水冰心操持整個家；十六歲時，水冰心仍然沒有訂婚。這些描述都是很基本的人物構成要素，在此基礎上，才能建構她作為「榮譽男人」的身分。[88]然而，水冰心無疑很清楚自己是個女人；她的這種身分意識在鐵中玉面前變得很敏感，儘管令人意外地懷著幾分遺憾——未能成為男人。在聽到鐵中玉的名字之後，水冰心感到懊悔，因為身為女人，她無法與他結交，也就是說，他們無法成為朋友。將（男人之間的）

友誼視為理想關係，這使水冰心為身為女人感到遺憾，它成為錯誤的性別：「天地間怎有這樣俠烈之人，真令人可敬。只恨我水冰心是個女子，不便與他交結。」[89]在無意識地安撫她的努力中，鐵中玉作出的回應與水冰心的想法出奇地對稱。當鐵中玉臥床不起時，他不知道自己其實被下了慢性毒藥，水冰心差遣僕人讓他搬到她家去住。顯然她預見到，作為「禮義俠烈之人」，鐵中玉會拒絕這種提議，認為它不成體統。因此，她透過僕人勸告他，要表現得像個「英雄」，而不是「腐儒」，還不忘提醒他，孔子由於擔心他的性命，經過宋國時曾隱姓埋名。鐵中玉感覺到水冰心對他誠摯的關愛，而且作為策略家的洞察力也要勝他一籌，因此，他突然改變了念頭，說：「這水小姐也不似個女子，聽他說的話，竟是個大豪傑了，我就去也不妨。」

英雄與「腐儒」之間的對照處於小說意識形態的核心，它描繪了一位理想的男性，他既是合乎正道的儒者，又是行俠仗義的英豪。在這種意義上，該小說和前文討論的《弁而釵》的故事之間沒有任何矛盾。如我們注意到的那樣，張機作為忠心耿耿的臣民，他在保衛帝國方面也是值得稱道的。鐵中玉（以及水冰心的父親）同樣體現出剛健的儒者形象，這種形象與古代聯繫在一起，而與當下的「腐儒」形成對比。從知識考古學而言，作為精通武藝的儒士，張機和鐵中玉都與晚清的「儒俠」理念相聯繫，他們能夠將中國從半殖民地的困境裡拯救出來。對無能的文人充滿爭議的評價和對文武雙全的男性一面倒的讚譽反映出一種關於男性氣質的批評，它在晚明已經清晰地得到了表述，它與強調能動性與實用主義的新儒家取向有關，其追隨者的實踐又強化了這種趨勢。[90]《好逑傳》裡的反主角、「腐儒」的縮影是水冰心的叔叔，他狡詐、貪婪、怯懦、虛偽、諂媚。水冰心從心底裡鄙夷他，絕不錯過任何機會提醒他在道德上的貧弱，而且公開表達對親屬關係的怠慢，這種親屬關係與俠的友誼標準背道而馳。當這位叔叔質疑水冰心無恥地將年輕男人留在自己家裡時，她給他上了一堂道德課。她援引孟子和淹死姑嫂的事例（言下之意是，倘若因男女有別之嫌而不去拯救她，那就是殘忍），從而證明存在「禮外又有禮也」，而且任何儀式實踐的基礎是心的正確性——只要有心，細微的違犯行為並不為過。水冰心言及俠及其職責，也即古今「俠烈之士」尊重的榮譽法則，她還談到一種聯盟關係，從而使鐵中玉比「至親骨肉」還要親密（也即甚於她叔叔）。這種「教」——如她這麼稱呼的，由「知恩報恩」構成。眾所周知，俠信奉的原則是將家庭關係隸屬於俠客關係（即朋友關係），水冰心在涉及人倫關係時，她扮演著擁護俠的意識形態的角色：朋友比家庭、長輩、性別更加重要。[91]

正是由於鐵中玉和水冰心的關係效仿兩個男人之間的關係，這一事實導致他們的婚姻前景出現危機。當她的叔叔向水冰心透露打算將她嫁給鐵中玉時，她斷然拒絕了，因為他們「所遇在感恩知己之間，去婚姻之道甚遠」。這裡可以隱約察覺到因無法挽回的現實而產生的些許遺憾，作為鐵中玉的朋友，水冰心被迫放棄了成為他妻子的可能性。或許是出於對一種現已拒絕她的選擇產生的嚮往之情，她說婚姻是人類關係的基本模式——他們之間發生的一切可以在朋友關係中被合法化，然而「『君子好逑』，當不如是」。她似乎是在說（並且沒有任何遺憾）：我們不能結婚，因為我們是朋友。鐵中玉的反應再次與水冰心不約而同。後來當地方官向鐵中玉建議娶水冰心為妻時，他表示反對，強調友誼與婚姻之間存在不可逾越的鴻溝：「人倫二字，是亂雜不得的，無認君臣，豈能復認朋友？我學生與水小姐，既在患難中已為良友，安可復為夫妻？」[92]鐵中玉心口如一，當水冰心叫僕人告訴他祕密相見，以便能夠親自向他道謝時，鐵中玉拒絕了建議，認為這是不妥當的，說「蓋男女與朋友不同耳」。[93]

很明顯地，在前一章討論的晚明小說《石點頭》裡，它的同性戀故事也是圍繞著友誼與婚姻合併的可能性進行構思的。我們看到，在故事的序言裡，作者堅持夫妻關係的根本性地位；同時他說，自古以來就存在男同性戀，而且存在於任何地方，由此將男同性戀自然化。當後來仲先展開誘惑攻勢時，再次出現友誼與婚姻進行比較的情境。在與年輕朋友文子共同就寢時，他對友誼與婚姻之間是否存在差異進行了哲學性的思辨，認為這兩者可被視為是等價的。文子最初反對這種觀點，認為它是「邪說」，但是當他的朋友半夜打開窗對天發誓，說若文子成為他的情人，他將永生不娶，文子最終屈服了。[94]在這個故事裡，如同《弁而釵》的「情俠類」一樣，友誼被順暢地轉化為婚姻，而在《好逑傳》裡，兩者之間的衝突成為顯著特徵，彰顯出將俠的同性社交關係異性戀化的困難。但最終如《石點頭》裡的故事那樣，透過將男性友誼色情化，它們之間得到了調和：如仲先和文子一樣，鐵中玉與水冰心猶如結了婚的男性朋友。近兩百年來，對歐洲的讀者而言，《好逑傳》是中國小說的代表作，這部小說無疑在情俠小說傳統中造成了斷裂，因為它設法調和友誼與婚姻這兩個不同的範疇，以證明尚待充分證實的——俠客英雄作為異性戀情人的資格。[95]

朋友大鬧五倫

如我之前說的，在晚明關於情的話語裡，俠的

木刻版畫《六合同春》，陳眉公評，蕭騰鴻版（1644年），北京大學圖書館善本部，北京。

同性社交關係占據著特殊位置，它同時包含著小說對同性愛慾的探索及美化，以及在建構異性戀情感過程中女性的男性化。然而，它在晚明文化裡的重要性遠不止於此；在同時代的哲學著作裡，我們也可以見到在小說裡觀察到的對男人之間友誼的特別關注。在晚明的新儒家哲學裡，「五倫」的秩序和將它們合併甚至重構的可能性似乎成為一個試驗性的領域。在這種重新配置和組合的嘗試中，友誼扮演著重要角色。[96]

前文已經指出，俠的倫理在晚明時期獲得了新一波的流行，而且儒家哲學思想與顏鈞、何心隱等人的泰州學派相結合，顯示出對俠的行為準則的接納。[97]在這些哲學家的思想裡，俠的意識形態產生的其中一種影響是重新評估友誼。何心隱認為，五種核心的人倫關係裡最重要的是友誼，它含括了父子關係、夫婦關係、兄弟關係，並且構成君臣關係的基礎。[98]李贄也提出，友誼與忠誠是為君主服務的基礎，他將這些原則與俠相聯繫，預言「俠士」這一理想人物的到來。[99]我們還可以發現，兩位哲學家都將友誼重新闡釋為師生關係，正如「師友」這個詞取代「朋友」所表明的。[100]因而，友誼變得與教育密切相關，它是學習的理想環境，是教化（paideia）之基礎。對友誼的強調還具有政治含義；裴德生（Willard Peterson）寫道：「何心隱的要旨得到文人的歡迎，他們正在致力於自我組織成朋輩群體網絡，在以父子而不是朋友關係作為原型關係的社會和政治體系裡，這些朋輩群體網絡迫切需要得到意識形態上的支持。」換言之，正如周紹明（Joseph McDermott）有力地指出：「對友誼概念的重估可以說是形成了上一個千年儒家對帝國統治第一次進行嚴肅批判的基礎。」[101]由於將平等置於階序之上，友誼具有潛在的顛覆性。因此，更正統的儒家以懷疑的眼光看待它，就像他們對待這種新的政治文化的制度性表達——書院——一樣，它們的意識形態支柱之一正是友誼。[102]

俠客友誼的平等主義觀念與階序性的儒家人倫模式之間的非對稱性以及隨之引發的衝突表明儒與俠之間調和的困境，也即它涉及「儒俠」的問題式生成。前文討論的關於吳保安的故事是很好的事例，它突出友誼對人倫造成的麻煩。故事最後一部分著重講述郭仲翔對吳保安的英雄行為進行報恩，互惠性成為這個成功的俠客友誼故事的基本原則。吳保安以極端的俠客行事方式，為了救他的朋友，當即拋下妻兒，迫使他們窮困潦倒，甚至將他們的性命置於危境之中；為了報恩，郭仲翔為父親服喪三年期滿之後，就急切地去尋找他的恩人。[103]雖然在故事裡郭仲翔也被描述為兼才文武，但他最主要的人格特質是建立在儒家孝道基礎上的效忠，這與吳保安基於絕對忠貞的俠客倫理形成鮮明對比。[104]當郭仲翔啟程去找吳保安時，後者已經辭世，留下兒子天祐。郭仲翔找到了他，將自己身上的衣服脫下來給他穿，並「呼之為弟」；然後在他的安排下，挖掘出朋友（及其妻子）的骨骸，將他們重新安葬在故鄉。值得注意的是，郭仲翔親自主持安葬儀式，彷彿他就是吳保安的兒子；在泣不成聲中，他不讓天祐拿著骨骸，儘管這位合法的兒子要求由他來扮演這正當的儀式角色。[105]郭仲翔將吳保安和他妻子的牌位安放在宗祠之後，又與天祐（猶如他是兄弟）一起服喪三年，這期間（作為師友或父親）教他閱讀經典作品。再後來，他安排天祐與侄女結婚，將一半的財產贈予他，還像一位父親那樣，讓他住在自己家裡。郭仲翔安葬吳保安時，整個場景近乎儀式性的盛典。敘述者指出：「雇匠造墳，凡一切葬具，照依先葬父親一般。」評論家也對這種特殊的方式有所議論，在頁眉處評論說，吳保安的幫助和郭仲翔的回報是聞所未聞的，並認為此事前因後果的獨特性解釋了它在儀式上的混淆。[106]我們也可以說，建立在孝道基礎上階序性的儒家秩序和建立在忠貞基礎上平等性的俠客秩序之間的衝突導致了這種混淆。

巧合的是，正當義大利耶穌會傳教士利瑪竇和衛匡國開始第一次譯介歐洲的「人類關係哲學」並撰寫兩部關於友誼的論著時，友誼也成為中西之間文化交流的肥沃土壤。利瑪竇的《交友論》寫於一五九五年，首次出版於一五九九年；而衛匡國的《逑友篇》寫於一六四七年，出版於一六六一年。[107]這是歐洲人的著作第一次在中國出現；它們引用最多的是古希臘羅馬的經典著作，諸如亞里斯多德、西塞羅、塞內卡等，但也引用像奧古斯丁那樣的基督教思想家和伊拉斯莫斯那樣的文藝復興時期的作家（雖然沒有援引他說邱比特是「一切友誼的創造者」）。[108]透過將他們自身呈現為孔子說的「有朋自遠方來」——此乃公認的歡樂之源泉，兩位耶穌會會士將友誼作為一種策略，以平等的方式接近中國文人。[109]除了數理科學和基督教形而上學，他們還提供了西方關於「人性」的參考指南，而它正是透過友誼來描述人性的。應該指出的是，如同中國話語裡一樣，這裡說的友誼是指男人之間的友誼，尤其是兩個男人之間的友誼。[110]

有朋自遠方來

據傳，利瑪竇在他新的「文化外表」下（一五九五年，他放棄僧侶的裝扮而穿起儒士服裝，以表明自己是儒者），造訪了南昌的建安王。在離別時，他將地圖、自鳴鐘以及各種聖母像等送給主人，同時還有一部關於友誼的著作。[111]這部著作以手稿的形式流傳了若干年，最終得以付梓，並由向利瑪竇學習數學的弟子瞿太素作序。[112]此後該書數次重印；一六七七年，在為利瑪竇與衛匡國的著作所作的序言裡，劉凝告訴我們，泰州的宮偉鏐對利瑪竇的著作增加了標點，「使之廣為流傳」。[113]當地知識界的幫助明顯有助於利瑪竇的努力，與泰州學派相關聯的思想家尤其善於接受。焦竑曾引用過該書的開卷語，一五九九年初，李贄與利瑪竇相見時得到了若干本書，他準備將它們送給湖廣一帶的弟子。[114]龍華民（Nicola Longobardo）說，利瑪竇之所以被稱為「聖人」，正是因為這本關於友誼的著作。

一五九九年八月十四日，在寫給同僚的信裡，利瑪竇自己肯定了這一點：

與我們迄今為止所做的任何事情相比，《交友論》對我本人和我們歐洲都帶來了更多的聲望。這是因為其他東西帶給我們的聲望是機械和工藝技術方面的，可以用我們的雙手和器械來完成，而這本書帶給我們的聲望同時是文學性、聰明才智和美德。由於這個原因，它更多地被人們熱情地閱讀和接受。[115]

毋庸諱言，並非每個人都欣賞耶穌會士以及他們對友誼的理解。鐘鳴旦（Nicolas Standaert）如此寫道：

然而，對耶穌會士最嚴厲的批評是他們沒有進入基本的五倫：他們終身不婚，無視夫婦關係；他們常年離家，打破與父母和兄弟的關係；他們遠離祖國，喪失君臣關係；因此，他們僅剩朋友關係。[116]

但是，仍然有很多人發現，歐洲人的友誼觀非常契合當時中國正在討論的友誼，前者甚至可以使後者變得更加完善。在利瑪竇與衛匡國著作的各類序言裡，其中強調的一個問題是中西友誼觀之間「此心此理的共性」——用瞿太素的話說，它們「若合契符」。[117]將友誼作為一種標準，其他人倫關係以之作為效仿對象，這也是此類著作的序言經常強調的觀念，它們經常抱怨「友道」盡失。[118]在各類序言以及著作本身，忠、信和義普遍得到認同，如「同心志同」，它成為交友的基礎（通常稱為「同志」，其字面意思為「志同道合者」）。如我們所看到的，這些著作裡經常出現有關解救朋友的英雄形象，它們成為描繪中國俠客的主要特徵之一。但是，耶穌會士確實引入了某些新鮮的話語。其中一種與我們探討的內容相關，它涉及同性社交與同性戀之間的關係——也即，「愛」的觀念作為友誼的基本要求。利瑪竇的著作開篇第一句話寫道：「吾友非他，即我之半；乃第二我也，故當視友如己焉。」第二句（出自亞里斯多德）接著說：「友之與我，雖有二身，二身之內，其心一而已。」[119]這一理念可以追溯至柏拉圖的《會飲篇》（主題為尋找失去的另一半，其最高貴的形式是長者與少年之愛），它是以「愛」為基礎的，利瑪竇親自翻譯的義大利文版《交友論》清楚地表明了這一點。[120]在徐爾覺為衛匡國的專著所作的序言裡，交友（「朋友」也被稱作「同志」）根植於「以愛如己之念逑友」。[121]在題為「真交之本」這部分，衛匡國以同樣的方式解釋了關於真正友誼的「一心二身」模式之奧祕——正是愛，奇蹟般地消除了自我與他者之間的界限，使兩者融為一體成為可能。[122]然而，衛匡國告誡讀者，並不是所有的愛都能與友誼共存，從而暴露出愛的模糊性：「有愛我者，有友我者。愛我者，好我之身；友我者，好我之心。」[123]這一悖論將愛確立為友誼的基礎，同時它的威脅已經潛藏在衛匡國著作的第一句話裡：「友者，愛之海，最難遊也。」[124]它的困難涉及辨別好朋友與假朋友——前者是作者珍視的——以及由後者帶來的威脅，因此，他這樣說：「害友之具，莫大於汙俗；敗德之事，莫甚於惡習。」[125]為了說明朋友不會做「兩舌者」，衛匡國引入了索多瑪（Sodom）：

俗多瑪（今通常譯為「索多瑪」），西方之名城也。有果焉，形甚美。熟候，色更秀。剖之，則穰極穢。似於黑塵。稍摸，即穰穢飛散也。是果也，其兩舌者像。[126]

衛匡國似乎是在有針對性地警告某些壞朋友及其特定的威脅，即雞姦。（雖然他的警告有些隱晦；而且令人懷疑他的讀者中究竟有多少人知道「索多瑪」以及與之相關的含義。）利瑪竇也同樣表達了對同性社交與同性戀相混雜的焦慮。關於這一點較為有意思的是，利瑪竇的著作裡有一個條目，德禮賢神父（Pasquale D'Elia）將其視為古諺語的變體，即「若一個人經常與瘸著腿走路的人在一起，他可能也會瘸著腿走路」（也即「近朱者赤、近墨者黑」）。然而，利瑪竇將它轉譯成常與染人在一起。[127]結果，中文產生了有趣的表達效果（其中有些也出現於衛匡國對雞姦的解釋裡），具體而言，它涉及「染人」（這裡的「染」也有「傳染」、「汙染」的含義，並具有性暗示，如「有染」和「染惡習」）之「狎」（也指與「狎友」發生「不正當性關係」），而這將不可避免地導致「身」被「色」（同「性」）「汙穢」（這裡的「汙」也具有「強姦」以及「外汙」之意，後者指「雞姦」）。依我之見，這種翻譯牽涉到性含義的輸入，利瑪竇的翻譯是有針對性地改編古諺語，從而有目的地引入對性的告誡，它使整個語境都具有性意味。[128]在利瑪竇與衛匡國的著作旨在提供的文化轉譯中，性態沒有被遺漏。它們的主題是兩個男人之間的友誼，因而這種性態只能是男同性戀。透過強調男人的友誼與性的鮮明對比——此種對比可能是被它們可感知的毗連關係所觸發，這兩位歐洲人的目的似乎是為了宣揚一種性的意識形態，它隱含著對雞姦的譴責。

利瑪竇與衛匡國將一種關於男性友誼的模式帶到中國，這種理念模式在很大程度上與由地方性的俠客傳統激發的同性社交模式是同聲相應的。處於兩位耶穌會士理念構想之核心的是一對鍾情的男性朋友，他們彼此認同，到了超越身體二元性的程度。這一理念模式符合中國的情境，它亦涉及兩個具有相同理念的男人之間排他性的結交——它可以由「同志」這個術語來概括，該詞在語義上無疑具有令人印象深刻的前因後果。在晚明，它幾乎成為「哲學家」的同義詞，並被基督徒廣為使用，在上世紀的數十年裡被定義為「共產主義公民」之後，最近「同志」一詞又被反諷地賦予「同性戀」的含義。[129]這兩種同性社交理念之間的重要差異正是它們與（同）性（戀）之間的假定關係。確實，性是奇妙的聯結點，它可以使「契符」不合——若採用瞿太素的隱喻。在中國的小說裡，同性社交關係的性化被呈現為自然的選擇，而在哲學層面關於友誼的探討中，它並不會引起關注；相比之下，在歐洲人那裡，它們成為重要的禁忌。因此，這兩位義大利人對於區分男人之間的友情與愛情尤為感到焦慮，也就不足為怪。十六世紀中期的保羅四世時期，雞姦曾是羅馬宗教裁判所最主要的目標，尤其在十五世紀末十六世紀初，它成為佛羅倫斯和威尼斯法律的主要關注對象。[130]我們知道，利瑪竇造訪中國之時，他對同性戀之流行和沒有法律與社會偏見是多麼地感到震驚，就像有些中國評論者對歐洲人將同性戀罪化感到驚訝一樣。[131]正如史景遷所表明的，雞姦在利瑪竇的道德教化中占據著重要位置；在《程氏墨苑》裡，利瑪竇希望複製的其中一幅圖像正是索多瑪的毀滅。[132]很顯然，對於中國人含蓄地將男人之間的友誼與性視為一種連續統（continuum），這兩位耶穌會士比他們的中國讀者更加擔憂。[133]也有可能是，作為晚明社會及其性習俗的觀察者，他們的個人閱歷增加了他們的憂慮，因為當他們抵達中國時，恰好是男妓廣受大眾歡迎之時，以至於據說與少年發生性行為已經蔚然成風。

經典風尚

晚明社會政治的不確定性可以解釋男同性戀的顯著地位，作為一種視情況而異和非一般的壓力下誕生的風尚，它雖不穩定，卻足以影響男性氣質的根基。[134]最近卜正民認為，男妓作為一種風尚，被上層階級欣然接受——它成為區隔的標誌，很多時候表現為對區隔的焦慮。他指出，這種「精英同性戀」可能與「儒家規範的侵蝕」有關，這種頹廢的享樂文化應該被解讀為衰萎的晚明文化的象徵。雖然卜正民評論的對象是男妓，但它們也表明作為整體的中華文化對男同性戀的態度：在晚明時期，庇護男妓獲得特殊的社會聲望，這正是由於它與「中華文化中反對男色的社會和心理壓力」反其道而行。因此，這種風尚被「構想為不同於求愛：它更加大膽、與性規範相牴觸，並且毫不在乎道德修養和忠誠的思想觀念」。[135]如同融合一樣，透過被置於一種頹廢的敘述之中，晚明的同性戀及其風尚產生了它們的意義。然而，我們也可以其他方式來理解這種現象。

正如本書第一章探討的，性在晚明進入時尚的鑑賞行業，確實是如此。在豔情小說蘊含的性美學裡，男色與女色之間的競爭有時以雅致與粗俗的措辭明確地表達出來。相應地，如我們在下一章會更詳細探討的，《金瓶梅》的主角西門慶為了打動尊貴的客人蔡狀元，叫他的書僮和四位小唱晚上助興娛樂。[136]西門慶知道，而且想表明他知道，筵席上的少年比少女更為優雅；他渴望自己被這位高雅的賓客視為仕紳，這些人對男歌姬的熱情，用謝肇淛的話說，已經到了瘋狂的境地。但是，儘管帶著尖酸嘲諷的語調，謝肇淛承認小唱屬於鑑賞領域，並以鑑賞者的身分認為，來自紹興和寧波的少年比來自臨清的少年更加雅致，以此結束他的品鑑。謝肇淛在鑑賞問題上的實事求是與利瑪竇的道德憤怒形成了鮮明對比，後者在同一時期也對該現象進行了評論。[137]

在探討晚明同性愛慾風尚的可能性時，我們也應該注意到，如本章所表明的，很多小說關於同性戀關係的記載是以愛情為基礎的，它們不涉及賣淫。在《弁而釵》收錄的四篇小說裡，其中一篇是關於師生之間的愛情，另一篇是關於武士之間的愛情；《石點頭》裡的故事也涉及兩位學生（貴族少年和自耕農的兒子）之間的愛情，《情史》中「情外類」這一卷搜集了同時期的故事，它們亦是如此。這些文獻表明，晚明的男同性戀不僅僅是墮落精英的標誌，而是整個社會範圍內廣泛流行的性態。至於將晚明的同性戀風尚與社會政治的不穩定性聯繫起來，據此認為它具有變化無常的特徵，那麼西元前一世紀在漢王朝權力的鼎盛時期男同性戀廣受歡迎（如果我們相信司馬遷的觀察，至少在宮廷裡如此），則可以駁斥此類觀點。[138]另一方面，在晚清時期，像《品花寶鑑》（將在第五章探討）之類的小說充分展示了「精英同性戀」極佳的生存狀態，《品花寶鑑》總結了「花譜」傳統（尤其是清代），這是關於戲劇和男旦的專業知識的一種文類。[139]這種文學傳統是社會現實的反映。因而，我們不應該誇大中華文化中男同性戀的不穩定特徵。至少直到帝國晚期，作為一種風尚的同性戀是傾向於經典的。

關於高級妓女與男妓之間存在意識形態上的巨大差距，尤其是認為對男妓的描述不會採用任何有關忠貞和涵養的措辭，這種觀點也是值得商榷的。余懷的《板橋雜記》是關於南京風月場所的回憶錄，從隱喻的角度而言，它也是一位忠孝者對晚明文化的頌詞，某些男妓確實念念不忘昔日輝煌的盛景。[140]我們在本章已經看到，在同性愛慾的小說敘事裡，關於愛情和英雄主義的修辭經常難分難解地交織在一起。作為現實生活中的人物，我們可以回想起張岱對孔四郎的讚譽，這位英勇的孌童用自己的錢財贖回了愛人，後者是位軍官，在大明帝國落入滿人之手前夕，他前往北京，途中被叛軍將領李自成抓住。後來，這位軍官被李自成的部將斬首，但由於孔四郎的美貌，這位部將決定將年輕人留下，作為自己的侍者。而孔四郎企圖趁機刺死部將、替愛人報仇。事敗之後，孔四郎割斷了自己的喉嚨。由於這些英勇行為，張岱在〈義人列傳〉這一卷裡講述了這個故事，史學家鄒漪稱讚孔四郎是男性忠誠的典範，儘管認為其貞潔可被理解為女性的美德，而與之形成鮮明對比的是那些頹廢、柔弱的同齡男人，「他們塗脂抹粉，縱情於男色之歡」。[141]《弁而釵》的作者很好地借鑑了此類關於愛情和忠貞具有教育意義的故事，將它們編成小說（雖然孔四郎現實的英雄事蹟因該小說的出版而改變）。另一方面，這個故事很可能對十八世紀的小說《姑妄言》中的情節起著典範作用，這將在第四章進行探討。或許更為重要的是，從更寬泛意義上而言，鑑於俠客友誼在形塑晚明情愛觀念的過程中扮演著典範性角色，據此我認為，偶像化的、忠貞不二的男妓屬於完全相同的意識形態範疇，正是在這種意識形態裡，孔四郎和《弁而釵》裡的英雄少年採取實際的行動。李惠儀援引柳如是為戀人錢謙益所作的一首詩，這首詩裡提到船夫越人，他為鄂君寫的情歌如此令人動容，後者聽了之後遂將刺繡披肩蓋到船夫肩上。李惠儀敏銳地指出，這個典故表達了「相互欣賞的喜悅，它克服了一切社會障礙」。[142] 然而在晚明時期，這個故事無疑也被解讀為同性戀故事，《情史》中「情外類」那一卷的結尾表明了這一點。[143] 柳如是很可能用同性愛慾的文學典故象徵她與錢謙益的關係，這並不大令人驚訝，因為它畢竟是一個男人與另一個「榮譽男人」之間的愛情。在《好逑傳》裡進一步發展形成的男性氣質及其教化的批判性語境下，用來形容柳如是的忠貞同樣也可用於形容《弁而釵》的英勇主角。就此而言，倘若俠與情被視為二十世紀中國革命話語的刺激性因素，並且是以鍛造新型男性氣質的理想人物——「儒俠」——為目標的煉金術過程的重要元素，那麼我認為，《弁而釵》裡「情俠類」的主角應被視為典範性的，因為它是這種理想人物最早的體現者之一。

本章亦旨在呼籲關注男性友誼與愛情話語之間的聚合，以闡明當將它置於更廣泛的男同性社交的背景中時，可以最恰當地評價晚明文化裡的男同性戀現象。[144] 倘若僅僅將同性戀歸為精英群體，或將它從其他男性關係的話語中孤立出來，強調它的短暫性，那麼我們將無從理解它在晚明及其之後的文化肌理中占據的位置和難以預料的結果。

第三章

風流浪子的男性氣質

Libertine Masculinity

在探討了俠客英雄之後，本章聚焦於明清小說的另一類主角，即情色文學裡的風流浪子。我的主旨是闡明風流浪子在異性戀的忠貞與同性社交的忠誠之間達成的平衡，以及他們的同性社交紐帶與同性戀紐帶之間的關係，這主要是由於在相關敘述中，後者構成了前者的前奏，並且兩者之間普遍存在密切的聯繫。本章還透過梳理有關風流浪子及其（俠）戀人朋友的敘事修辭之興衰，關注從晚明到清代中期不斷變遷的男性氣質標準。為了實現這個目標，我主要依賴情色文學，此類小說在情節上的重複具有獨特的優勢，它能夠凸顯出任何變化，而這種變化很可能蘊含著重要意義。本章的另一個目標是從最寬泛的意義上（即同時包括情愛關係與性關係）指出，在帝國晚期生產涉及愛慾問題的小說作品裡，情色文學具有的重要地位。關於豔情小說裡男性風流浪子的研究可以起到例證作用，它表明如何挖掘此類內容豐富的敘事體裁，以更好地理解中華帝國晚期文化中性別關係與性關係是如何演進的。

事實上，在中文豔情小說的舞臺上，男性風流浪子不是從一開始就扮演主角。最早的一些小說，諸如《如意君傳》、《痴婆子傳》等，它們都是以女風流者作為主角。[1] 第一位男性風流浪子的出現是在《金瓶梅》裡，即它的主角西門慶，這個醜惡的暴發戶有著一副英俊瀟灑的儒士外表，他也假裝自己是這樣的人；他貪得無厭、荒淫無度，既是懦夫，又是狡黠的操控者，他的妻妾、朋友都是些幼稚無知的玩偶。在性行為方面，西門慶主要扮演著插入者的角色，在絕大多數情況下，他的對象是女性，偶爾也會是少年。至於後者，西門慶之所以接受同性戀情感，這與他想要提升自己在精英階層中的地位以及投合精英階層的審美與文化標準直接相關。他最惹人注意的初次嘗試同性戀行為是玩狎書僮，這件事情發生在獨特的故事節點上，此時他父權制的、甚至官僚政治的雄心開始產生欲想的結果。故事裡出現同性戀敘述正好是在蔡狀元到來之前，在他造訪時，西門慶讓小唱陪伴他，以供消遣娛樂，這是對同性社交關係和男同性戀關係的頌揚。鑑於這段情節在小說敘述中的特殊位置，促使我們將與少年發生性關係解讀為精英品位的體現，它成為西門慶在社會競技場上新獲得的榮譽之標誌。西門慶擁有一官半職和一個兒子，更別提家裡還有如此多令人羨慕的美女以及興旺的生意，因此，他的權勢與日俱增。對處於如此地位的西門慶而言，在酷熱書房裡的午休時光，消遣一下小男生顯得再合適不過（縣官贈送給他這樣精美的「禮物」，絕非出於偶然）；誠然，這可能更多的是為了公共展示。這確實有效——蔡狀元完全被書僮和偏來的小唱們吟唱的「南腔曲調」所傾倒。我們也可以這麼說，這些事件見證了西門慶在公共性的「外部」競爭舞臺上的崛起；此時，用來體現他不斷上升的陽的最好方式是與少年發生性關係，以及同性戀的易裝審美。

因此，偶爾與少年發生性插入行為恰恰鞏固而不是削弱了西門慶的男性氣質，另一方面，這是以他在性行為中不被插入為前提的。在後來的豔情文學裡，這種風流浪子的模式被普遍效仿。在《浪史》和《繡榻野史》等晚明小說裡，它們的主角在女人和男朋友之間很持平。若要研究小說裡風流浪子這一角色的歷史演變過程，《繡榻野史》尤為重要。這部小說裡的人物東門生是性能力超強、總是蓄勢待發的西門慶的反面，他深受性無能的折磨，只好允許他的男朋友與自己的妻子睡覺，經常心甘情願地戴綠帽子，並成為窺淫狂。雖然敘述者說，東門生性無能的原因是年少時縱慾過度（包括自慰和同性性行為）導致的惡果，但是更為純粹的修辭性視角可以解釋這位身體有缺陷的風流浪子。[2]風流浪子的這種限度要求擴大性資源，因此，在敏銳而自然的豔情文學的邏輯裡，它們也會引入新的敘述發展。當被招來做風流者妻子的情人時，風流浪子的男朋友也進一步體現了他的價值。透過在探索慾望與性實踐（尤其是窺淫癖）的過程中打開新的視域，小說使性態的呈現變得更為複雜和豐富；有關愛慾的情節變得更加厚重，而在敘述上變得更加簡明，因為已經介紹過風流浪子的男朋友。（確實，敘述者先向我們介紹了兩個男人的風流韻事。）少年同時成為上流社會家庭的男人及其女人的戀人，此類主題是普遍流行的豔情文學的修辭，對於晚明小說《歡喜冤家》裡的故事而言，這一點極為重要，帝國晚期的愛慾小說紛紛效仿這種模式，絕不僅僅是出於巧合。在這個關於放蕩者的故事裡，俊美的男侍提出了一個絕妙的計畫，它使兩位沉溺於肉慾享受的儒士（其中一位是他的主人）能夠與彼此的妻妾睡覺（也包括這位男侍本人，他是這場交易中自願的一方）。[3]但是，這種愉悅的敘事有其陰暗面；這一男性夢想的對立面是懼怕被戴上綠帽子。在該故事裡，少年是主人尋歡作樂的巧妙協調者，在有些情況下，他還是偷偷摸摸的誘惑者，勾引恩客的女人。例如，《痴婆子傳》的主角阿娜正是與父親的男友發生了初次性體驗。[4] 這個問題必定在小說之外的世界產生了影響。因此，在諸如「功過格」之類的道德說教的作品裡，它們的告誡就涉及仕紳家庭撫養與庇護嫵媚的男侍，從不忘提醒這種癖好可能引發通姦的危險，即男人的龍陽會轉變成侵犯性的姦夫。

西門慶展現了「雙性戀，但在性行為中不被插入」這一風流浪子模式，它既被用於前文提及的晚明作品，也同樣出現在清初小說，如《肉蒲團》，儘管它更強調這樣的觀念，即與少年發生性關係是暫時的替代品，而與女人發生性關係更令人滿足。因此，在小說裡，一旦風流浪子做了奇異的陰莖增大術（它長在人身上顯得不那麼靈巧），便馬上打發走一直陪伴他的兩位男侍，而且就在他開始狩獵女人之前。在所有這些敘事裡，與少年發生性行為不會損害風流浪子的男性氣質，只要他在性行為中扮演插入者的角色，並且少年的年齡恰到好處，即未冠，根據鑑賞男色的金科玉律，這樣的少年具有女性化的美。如前文所述，蘇成捷關於清代雞姦法案的著作揭示了一種汙名，它與肛交中被插入的一方聯繫在一起，在明代刑法典第一次公布反對（強制性）雞姦的子法規時，這很可能就已經流行。[5] 更具體地說，恥辱是針對自由的良民被雞姦玷汙而言的，這個問題在《金瓶梅》裡已出現，例如，西門慶的女婿陳經濟墮落到了極點，他先是成為道長的情人，後來又成為乞丐的情人。[6] 另一方面，這種汙名不適於戲子或僕人，從某種意義上說，在性行為中被插入符合他們已經低賤和被汙名化的身分。因此，在同性戀關係裡，被插入的「良民」構成了規範性男性氣質的例外。正如前一章看到的，在明代的小說中，唯一挑戰這種邏輯的是《弁而釵》裡的中篇小說，它將被插入的良民少年的地位問題化。在該小說裡，有為了愛情而甘願被插入的情節，這實際上間接證明了被插入帶來的社會汙名。在《弁而釵》裡，侵犯者出於情感而為他的侵犯行為承擔全部責任，透過擁護同一個情感倫理體系，被插入的少年則使他的社會地位合法化。

但在清代初期至中期——其時間範圍大致從十七世紀中期到十八世紀中期——出版的一系列豔情小說裡，風流浪子及其男性氣質的呈現似乎經歷了多重轉型。透過仔細考察風流浪子性敘述裡的同性愛慾傾向，

1618 年版《金瓶梅詞話》裡的木版刻插圖，描繪了西門慶與書僮做愛的場景。

尤其是有關他最好朋友的情節，可以表明確立和調整關於他的性態和男性氣質的邊界，以及在這個過程中明顯出現改變邊界的情況。無可否認，明清兩代的豔情小說存在效仿甚至相互抄襲的現象，這可能削弱我的觀點，即認為某種既定敘述的重複出現是話語轉型的重要標誌。但是，這種效仿或抄襲也使我們更容易地辨識出敘述性的細微差異以及分歧，而它們可能涉及意識形態的轉變。再者，在抄襲的過程中，某種既定的敘述或想像增強了它的適應力，這本身是它能對帝國晚期讀者的想像力造成影響之明證。本章大致按照時間順序探討這些小說，根據重複出現的次敘述的發展，將它們關於男性氣質與同性戀之間關係的話語分為三個階段。[7]

從整體而言，這些小說好像講述了一個完整的故事，它們描述了一位出身於富裕家庭的英俊青年的生涯，他追求一種雙重的事業：官場仕途和感官享樂，其目標是建立理想的一夫多妻式家庭。透過接踵而至的好運，他實現了這些目標——客棧老闆放任地喝醉，這樣少年可以與他妻子睡覺；丈夫是流動的

《金瓶梅詞話》插圖，源自18世紀中期《清宮珍寶皕美圖》繪本，描繪了西門慶與他的書僮做愛的場景。

商販或酷愛男風，這樣他的女人淪為我們主角的獵物，諸如此類。由於女人主動想要得到他，夢想著成為他的情婦，這更是助長了他的感官享樂。因此，他推開閨房半掩著的門，還經常服用春藥，使自己表現得更令人著迷；總之，沒有人能夠抗拒他。因而，他成功聚集了一群非凡卓越的配偶，數量是西門慶的兩倍之多，卻沒有惹來任何麻煩。儘管在這個過程中，這位新式風流浪子違犯各種規則與禁忌，而且他不道德的享樂行為被數次曝光，但都沒有使他遭到任何譴責，或導致法律制裁。由於與達官顯貴、地方法官之間的同性戀共謀關係，後者被他的魅力與博學所傾倒，每當他有危險時便受到保護，因而，他總是能夠僥倖地逃脫懲罰。在接二連三的風流韻事之間，他還在科舉考試中同樣獲得了成功，經常成為狀元，有時甚至官至兵部尚書！因此，風流浪子是一位享盡各種特權的達人，透過運用這些特權，甚至不惜違反法律，得到了想要的一切。他想方設法同時實現肉慾和當官的夢想，也就是說，魚與熊掌兼得。從《繡榻野史》到《肉蒲團》的很多豔情小說，儘管它們自覺地尊重歷史悠久的文學傳統，而且不乏某種諷刺意味，但都是以風流浪子最終轉變為禁慾者作為結局。然而，在本章詳細探討的小說裡，風流浪子經常處於縱慾放蕩之中，而不是像更傳統的早期敘述裡那樣（可能先閹割自己，如《肉蒲團》的主角），在修身養性和贖罪的道路上踽踽獨行。換言之，這些小說的風流浪子往往呈現出這樣形象，他絕不會遭受任何挫折，無須付出任何代價，便可擁有夢寐以求的一切。於是，我們進入到一個純粹豔情烏托邦的世界，在這個世界裡，沒有痛苦和死亡。

但是，此類情節也會出現不同形式的變體，我們這裡特別關注一種次敘事的轉變，因為它挑戰了成人男性的性活動與女性和少年的被動性之間作出的明確區分，這是到目前為止我們已探討的風流浪子的角色特徵，同時也闡明了風流浪子的同性社交與異性戀忠貞之間的競爭。簡而言之，在第一類清初小說裡，風流浪子具有這樣的能力，即他的違犯行為不會遭致任何後果，包括在性行為中被插入而不會令男性氣質受貶損；它也不會產生連帶汙名，從而對他徹底的自我實現造成負擔。在縱慾生涯的某個時刻，此類新式風流浪子會發現地位低賤的少年，享受由他們帶來的快感（有時甚至認為它比女人產生的快感還要強烈），這正符合由其文學先輩西門慶樹立的關於男性氣質之性標準的典範，但這裡它不是主要關注的問題。在第一類小說裡，新的是一種次敘述，它大致是這樣的：喜好感官享樂的儒士見到貌美的女子，她通常坐在窗戶旁——就像《金瓶梅》裡的潘金蓮——明顯未得到滿足，渴望著能有消遣的事物。她被嫁給某位男子，但可悲的是，這個男子捨棄她的閨房，轉而追求少年。於是，我們的風流浪子將目光落到她身上，然而不知道的是，她的丈夫也將目光落在了他身上。兩人相互結識之後，這位男子邀請他去家裡共進晚餐，趁他醉倒之際與他發生性關係。料想到第二天清晨他會大發雷霆，因此，男子將與他沆瀣一氣的妻子交付於風流浪子，以此作為回報。年輕的風流浪子不僅毫無異議地接受了這筆交易，而且這還出乎意料地成為兩個男人建立堅實聯盟的基礎，它實際上將整部小說的情節串聯起來。如後來的情節發展所表明的，正是這位新的朋友——我們知道他心胸坦蕩，具有俠的性格——將拯救我們的風流儒士，或者在危難之際被他拯救。這兩個男人最終訂立契約，它往往發生於這樣的時刻，即當酷愛男風的男人在長期出遠門之前，將美麗的妻子作為禮物贈送給他的朋友。很久之後，他將再次出現，此時的風流浪子已經加官進爵，身邊聚集了一大堆絕豔佳偶，而那位曾經酷好男色的男子則將他以及他的女人們帶到宛若天堂的隱蔽之地，他在那裡獲得更加完滿的福佑，即使不是永恆的。因此，風流浪子成功地將人間天堂變成了現實，既不會有對他的懲罰，也無須贖罪，來自塵世的判決也不再必要。他的生活是一種完滿的夢想，沒有任何事物會阻礙他滿足慾望，他可以暢通無阻地進入所有深閨、插入作為良民的女子，而不會因此惹禍上身；他也可以既被插入，同時又成為帝國的狀元。顯然在這些敘述裡，與插入有關的汙名即使不是令人愕然地被忽略，也會被調侃地輕描淡寫。或者我們可以說，風流浪子的男性氣質被不同的邊界所定義，它被

木版印刷插圖，源自《眉山秀》，李元玉撰，一笠庵新編（序為 1654 年）。北京大學圖書館善本部，北京。

擴展到這樣的程度，只要對象合適，他可以在性行為中被插入，而不會難以挽回地損害其男性氣質的憑證。

在第二類小說裡，風流浪子的朋友不再與他尋求親密的性關係，但仍然為他提供自己的妻子，而後者不曾引誘過他，此時原來的敘述方式發生了改變。從某種意義上而言，他的角色恢復到更為古典的俠的角色，它涉及交換女人以鞏固男性社交聯盟。現在強調的是，俠客朋友使作為主角的風流浪子在超越世俗愉悅中發揮的作用。在這種新的敘述裡，當風流浪子在俠客朋友以及其他志趣相投者的陪伴下開始遠遊生活時，他一夫多妻的福祉最後將被取消。這種模式將男性的同性社交視為優越於異性戀婚姻的情感方式，事實上超越了它。這些小說的結尾——風流浪子選擇放棄閨房裡成群的妻妾而與朋友相聚——可以被看作是一種敘述的互文性變體，性慾最終被超越，並得到昇華。在從感官享樂的幻覺中拯救出來的目的論敘述裡，超越、修養和男性友道共同反對肉慾、放縱和異性戀。風流浪子最後的行為，通常是神祕地信奉佛、道的貞潔觀，但在第二類小說裡，它被轉化為加入崇高的男性社交聯盟，從而超越世俗的男歡女愛。最後，第三類小說徹底抹除了關於風流浪子的朋友的敘述，主角（風流浪子）甚至表現出厭惡同性戀，它成為奴僕與流氓才幹的事情。

因此，在明清時期的豔情小說裡，關於「異性戀」風流浪子的敘述始終貫穿著一種顯而易見的同性戀傾向。然而，它的進程與型態卻隨著時間而發生變化。本章對一系列豔情小說進行仔細研究，其目的正是為了表明，關於風流浪子的同性戀經驗的敘述如何經歷了實質性的重寫，並思考這些小說的變化和這一時期發生的政治與意識形態轉變之間可能存在的聯繫。

風流浪子的朋友

據我所知，《桃花影》是第一部展現前文所述的被插入的風流浪子的小說。[8]它的故事很典型，敘述者在第一次介紹風流浪子時，就將他與女子相媲美。該「風流話本」的主角魏玉卿是一位外貌出眾的孤兒；他的長相——面白脣紅、神清骨秀——不僅在男人，而且在女人中也很罕見，幾乎沒有人能夠比得上他的「丰姿姣媚」。[9]這一關於美男的標準描述，凸顯出風流浪子在男人眼裡的吸引力，為後文的同性戀敘述埋下鋪墊。他的性歷程從與養母私通開始，在整部小說裡，他不斷地與寡婦、尼姑發生性關係，但他從來不是不道德的人。相反，與同時期才子佳人愛情故事裡端莊矜持的主角一樣，魏玉卿主要體現為一位有天賦的年輕人，他應該得到重要官職，後來他也確實得到，但最終為了感官享受的世俗永福放棄了它。敘述者完全站在魏玉卿一邊，最後使他成為刀槍不入的幻想英雄。

但還是讓我們關注風流浪子與酷愛男風的男子相識以及關於風流浪子的同性戀經歷的敘述。在第六回開篇的一首四行詩裡，敘述者幽默地暗示這個話題，據說該詩由繪畫大師沈周（一四二七—一五〇九）戲謔地寫在一幅為「做龍陽的」而作的畫卷上，「借意詠老少年之作」。敘述者承認，他曾經以為只有男女之間才有慾望，但是現在意識到，偏有男人「僻愛」男人、拋棄女人。然後，他以一種我們所熟悉的措辭方式，為久負盛名的酷愛男色之譜系提供證據，這必然涉及古代最著名的男寵（諸如彌子瑕、鄧通、董賢等）。他總結道，「怪不得今世紛紛此風彌盛也！」[10]這些評述引出魏玉卿與丘慕南（他的名字與「追求和渴望男人」的意思雙關）的相見，以及他第一次作為被插入者的同性戀經歷。我們被告知，丘慕南是富裕的商人，長相精緻，具有俠義之氣。他有一位年方十七、如花似玉的妻子，但是「慕南天生一件毛病，不喜女色，只戀龍陽」。這一描述近乎於將這個人物定義為「同性戀者」——一個男人天生只對男人有慾望（只要他們處於合適的年齡），並有意識地對與女人發生性行為缺乏興趣。魏玉卿的出現以一種前所未有的力量觸動著丘慕南，它是如此之強烈，以至於丘慕南思忖著，他「平昔雖有這件痴興」，但從未被一個年輕人弄得如此神魂顛倒。問題在於，魏玉卿是家庭條件優越和有教養的「良民」，因此很難引誘他，然而，丘慕南想到了一個絕妙的主意，即利用自己的妻子作為誘餌和回報。

所以，丘慕南邀請這位年輕人在雅致的書房裡「知己對酌」，將他灌得酩酊大醉，並趁他熟睡時雞姦。這之後，丘慕南讓自己的妻子去服侍魏玉卿，他妻子開始忸怩作態、佯裝拒絕，但她其實是願意這麼做的。魏玉卿醒來時，肛門裡的疼痛令他意識到發生了什麼，他狂怒不已；但是當丘慕南的妻子告訴他，她意欲補償他所遭受的傷害時，他欣然接受了這筆交易。形勢對我們的風流浪子極為有利，因為第二天，丘慕南就出門遠行。魏玉卿委婉地問丘慕南，當他不在家時，自己是否可以去看望他妻子，丘慕南回答說「大丈夫」一言九鼎，更何況女人根本不足以成為悔恨的緣由。[11] 這場對話意在表明，丘慕南堅守的俠客精神具有不可妥協的特性——他是一個知道如何恪守諾言的男人，並且與女人的性相比，他更看重男人之間的情誼。然而，這裡運用俠的道德倫理似乎有些勉強，不大能令人信服，因為我們已經知道，丘慕南不會被女人（包括他妻子）性吸引，而是被少年吸引。小說的評論者也沒有對丘慕南的英勇奉獻留下深刻印象，在該章回最後的第一個評論裡，評論者以一種傲慢中帶著輕蔑的話說：「丘慕南市井中人。乃能豪宕不羈。因亦吾輩所少。」[12] 評論家的觀點是，不同的階級地位具有不同的道德標準，簡言之，儒者不能或者不會做這樣的事情，只有極少數人敢像小說裡的人物這麼做。評論者對丘慕南將妻子提供給魏玉卿感到震驚，認為這是荒謬的。但諷刺的是，也許是潛意識裡的自我防禦，他似乎未察覺到風流浪子同樣有失體面的立場——雖然平民丘慕南令人驚訝地放棄他的妻子，但是儒士魏玉卿卻沒有把被雞姦太當回事。對評論者而言，這兩件事情是無法相提並論的；他的其他評論都無關痛癢地聚焦於敘述風格之美。

除了強姦的情節之外，丘慕南在其他方面都表現為典型的俠客英雄形象。[13]與這一角色相吻合，他後來解救風流浪子的未婚妻，幫助她免遭親戚卑鄙的陰謀禍害，後者想侵吞她的財產。如同我們在前一章看到的，這是情俠敘事裡的經典困境，俠客經常為了摯愛朋友的女人，不惜將自己的性命置於危境之中。可以預料的是，當該女子因害怕被占便宜而拒絕接受幫助時，丘慕南提醒她說，他乃肝膽俠腸之人，與魏玉卿之間的情誼使他們成為事實上的親戚。[14]丘慕南想方設法消除她的疑慮，透過聲明忠於俠客精神，從而含蓄地告訴她，他具有英雄的（無）性徵。當然，我們知道他是在撒謊，他並不完全如典型的俠客英雄那樣毫無性慾。不管怎樣，這改變了武俠小說裡俠客人物厭惡性的特徵，賦予他們喜歡男人的性取向。

這種改變涉及我在前一章指出的觀點，即俠的意識形態與男同性戀之間存在一種頗為契合的聯繫。確實，在這部小說以及其他以同樣的陪襯情節作為特點的小說裡，始終如一地稱讚風流浪子的朋友體現出來的俠客倫理。對年輕儒士實施約會強姦的男人同時也是俠客英雄，他敢於糾正錯誤，信仰榮譽的崇高原則；他的激情有時涉及不那麼光彩的欺騙，但是我們應該理解，這些都是他的——典型的俠客的——意志與熱情的誠摯表達。評論者或許會懷疑，但是敘述者似乎對丘慕南的名譽深信不疑，讓他完成俠客英雄的主要職責，也就是向朋友歸還合法的未婚妻。當然，這是一種修辭冗餘，因為英雄已願意為朋友保護他的妻子，以換取一夜風流。然而，丘慕南從魏玉卿的強姦者轉變成最好的朋友，這一難以置信的轉變卻預示著更多意想不到的事情。魏玉卿在仕途的鼎盛期，向皇帝請辭，隱退還鄉。他在那裡與丘慕南重逢，後者如今已成為僧侶，他將我們的風流浪子帶到遙遠的人間天堂，能夠更加不受干擾地享受世俗的快樂。[15]因此，酷愛男風的男人不僅從強姦風流浪子那時起就成為他最好的朋友，而且還變成他的精神嚮導，掌舵他的命運。小說的結局是較為傳統敘述的混雜式改寫，這種傳統的敘述是關於懺悔和選擇禁慾的生活。它暗示著一種啟蒙，這正是丘慕南遵循的路徑。風流浪子來到類似於道觀的隱居世界，它成為繼續尋求世俗快樂的理想場所。從這種意義上而言，它最終是一則西門慶式的故事，風流浪子幸運地不會看到幻覺破滅，而是完滿地實現充滿矛盾的幻想——作為隱居者，卻享盡人世間的所有快樂。

因此，根據風流浪子的同性戀經歷，我們見證了抹除接受性雞姦帶來的汙名；更值得注意的是由兩個男人的性關係形成的親密情誼，這兩者之間巧妙地相互促進。除了這種另類的同性戀敘述，我們還發現更加「常規的」敘述——風流浪子發現與少年之間的性，這次他扮演插入者的角色。在前往北京參加殿試途中，魏玉卿遇到年僅十二歲的俊美少年，儘管他年紀輕輕，卻已是老練的孌童。敘述者迫不及待地告訴我們，魏玉卿極其喜歡女人，從未想過與少年發生性關係。根據那些傳統的劇本，它們通常是關於旅行中儒士的性飢渴及其權宜性的滿足，因此，敘述者認為是孤寂使魏玉卿想就此嘗試一番。儘管如此，令魏玉卿感到吃驚的是，他發現與少年發生性關係「比那婦人，更覺有趣」。[16]風流浪子在進京趕考途中第一次遭遇這種新的性態，似乎不是出於偶然的原因。由於他的發現是性旅程的某一站，這與他的仕途並行不悖，因此，可以將它視為通往更高形式性愉悅的階梯。[17]

《桃花影》的姊妹小說《春燈鬧》（又名《桃花影二集》）緊扣地再現了前者的情節，該小說修改了少量卻顯而易見的細節，結果，風流浪子的雙性化特徵和他的同性戀關係的輪廓變得更加鮮明。在小說裡，十六歲的主角真楚玉被描繪為「美得猶如女子」，人人都嘲笑他與兩位長相醜陋的男人在一起，他們隱含的期待是，他應該更多地與俊美男子交往。在元宵節期間，真楚玉遇到一位美豔絕倫的女子，遂跟隨至她家，很快成為她的情人。這位女子叫蕙娘，原來是監生姚子昂的妾，她向真楚玉抱怨姚子昂將其遺棄，「因姚郎所嗜，不在於此」。[18]但是對真楚玉與蕙娘而言，這卻成為有利條件，蕙娘向真楚玉建議，他倆可以利用她丈夫對少年的痴迷，與其合謀串通；而真楚玉正是被急切渴望的獵物。過了一段時間，監生邀請這位年輕人共進晚餐，席間讓他喝了很多酒，當少年喝醉倒身時，姚子昂開始脫他的衣服。這些描述都緊緊效仿《桃花影》的劇本，我們已經知道這個故事的情節。然而，它們之間存在明顯的差別，在《春燈鬧》裡，「強姦」是被事先計畫好的；與《桃花影》裡的情況不同，這位風流浪子確切地知道將會發生什麼，自願使自己受到侵犯。在這種情況下，真楚玉只是假裝失去意識，然後對未遂的侮辱行為大發雷霆，這種「暴怒」的表達絕非意外，它帶著一種禮貌的呵斥，並再次強調他所謂的侵犯者（以及他自己）的顯赫社會地位——「豈是讀書人所為？」監生替自己辯解說（不乏作者的某種嘲諷）：「因為斯文一脈，必須體肉偎貼，深入不毛，方是知已好友。」然後，兩人協商好了一筆「易貨」交易，這之後，我們的風流浪子定期接受監生的求愛。接下去關於性場景的描寫尤為詳細，它確證了這樣的印象，即在這部小說裡，同性戀主題被賦予更多的空間。而少年風流浪子的反應「就如婦人一般的」：他被插入時的快感和呻吟，想要被插得更深，以及類似細節的著重描寫，但沒有任何暗示表明他仍在假裝。[19] 然而，風流浪子不僅沒有因此失去他的完整性，而且甚至被插入的疼痛——在前一部小說裡這是受凌辱的標誌，這裡則被直接抹除。後來監生與他做愛時（既從前面又從後面），問他是否享受，他的回答是肯定的。從這種意義上而言，接受性雞姦不被看作是為了獲得更高階的感官享受而作出的犧牲，它本身就成為一件樂事。無論被插入者的性別角色或性取向怎樣，肛門快感被呈現為是客觀存在的，並且不成任何問題。為了促進這種和諧的三角關係，真楚玉與蕙娘、監生之間產生了雙重婚姻。當真楚玉打扮成女人的模樣時，最令姚子昂高興，並且從這一刻起，我們被告知，他交替變換性別角色，玩起了一會兒是男性一會兒是女性的變裝遊戲。[20]

因此，與《桃花影》不同，《春燈鬧》抹去了強姦意味，風流浪子的同性戀關係不局限於一夜風流，而且不願意為更高階的貪慾而犧牲。風流浪子剛柔並濟的兩重性，即作為異性戀慾望的主體和同性戀慾望的客體，在這裡也得到了關注，因為他同等地享受兩種性別角色與性角色——作為插入者的男人和被插入者的少年。在這部小說裡，關於兩位戀人的情節取代強姦、對風流浪子同性戀快感的強調以及他的易裝打扮等，這些因素都指向更廣泛的同性戀次敘述。《春燈鬧》無疑出版於《桃花影》之後，這種更廣大的表達可被視為一種客觀存在的發展。與這種趨向相一致，在小說後來的情節裡，作者向我們介紹了另一位人物高梧，他是監生的朋友，也是「龍陽一道」的狂熱愛好者，他也想與風流浪子發生關係。[21]但監生反對高梧的謀劃，後者據稱也是具有俠客性情的男人，他與表兄一起加入叛軍李自成的軍隊，並在一位將軍的幫助下，綁架了這位年輕人。他的圖謀顯然只引起了同情。在與表兄的談話中，高梧道出了他的「毛病」，而他表兄對此「向所熟知」；將軍似乎也非常了解他的這一嗜好。[22]因此，與《桃花影》相比，我們也可以說，在《春燈鬧》裡，「同性戀」人物分裂成了兩個，從而在數量上變成了雙倍。現在有兩位男子追求風流浪子——已有備用夫人的高雅監生，以及粗野、酷好男風的俠客。在後來的小說裡，我們將會看到，後一類人物將轉變成徹頭徹尾的惡棍，最被風流浪子所不齒。然而在這裡，情況還並非如此，它仍然處於一種模棱兩可的狀態。畢竟，我們的英雄也沒有抵制高梧提出的性要求；相反地，他對高梧從奇術士那裡學來的「養龜法」頗為享受。[23]與此同時，他似乎也鄙視「強盜」（李自成的軍隊），想儘快逃離他們。諷刺的是，他被李自成的女兒從高梧那裡帶走，她是一位能騎馬、善於使用弓箭的俠女，後來成為他最好的妾。她嘲笑他「不脫腐儒之氣」。[24]俠女的嘲笑和性別角色顛倒隱含著對風流浪子男性氣質的批評，我們在前一章已經觀察到這種話語傾向，而在下一章探討的十八世紀的小說裡，這種話語傾向將變得更加顯著。她輕蔑的話也間接提醒我們，儘管才華橫溢的年輕儒士被兩個男人性插入（至少一次是自願的，但兩次都很享受），卻從來沒有表現出一絲的羞恥感，更別提像《弁而釵》裡疑慮重重的人物那樣，打算以自殺挽回他失去的完整性。

《鬧花叢》大概可追溯至順治年間（一六四四—一六六一），正如其書名所表明，它基於前文探討的兩部小說。如它們一樣，這部小說的特徵是風流浪子同時也是模範書生，他最後透過最高等級的科舉考試成為狀元，甚至官至兵部尚書，然後在最好朋友的指引下，與妻子、四個妾、母親以及岳母，共同隱退到人間仙境。這位最知心的朋友中途出現在故事裡，同我們之前讀到的故事情節一樣，他甘願向風流浪子提供自己的妻子，以換取進入他的身體；他同時也是一位英勇的俠義之士，就這一點而論，被誘姦者對他極其尊重。對龐文英而言，風流主角無疑是充滿誘惑力的美男，他還具有卓越的文學天賦。男女都盯著他看，他的很多同窗，「見他父親去世，哄誘他去做歹事」。（評論者的評論明顯針對當時流行的與少年發生性關係的現象，說「描盡當今醜態」。）[25]由於這個原因，他明智的母親只允許他與兩個樸實的、書呆子氣的朋友交往，無論在智識上還是在官僚政治體系中的成就，他倆都比他低一、兩個層次。[26]儘管存在這種勸誡式介紹，但是讀者很快就意識到，與前兩部小說相比，《鬧花叢》事實上更進一步推進了風流浪子剛柔並濟的美和性別流動性。風流浪子為了拜訪、誘惑表妹，利用他超性別的純粹之美，打扮得宛若女人，確切而言，是像他的妹妹，而後者剛好身體微恙。龐文英對這種易裝興奮不已，說現在除了腳的尺寸不同之外，他和妹妹看上去簡直一模一樣，他還希望能夠永遠變成女人，並傾國傾城。[27]如之前兩部小說的情節一樣，風流浪子在某個時候會經歷被插入的性行為，這段易裝插曲構成了情節主線的開場白。風流浪子透過易裝，最終致使其表妹失身，而後者的丈夫陳次襄，在新婚之夜發現新娘不是處女。[28]起初他很氣惱，但是當他聽說侵犯者的美貌時，憤怒變成了喜悅。他向妻子建議，她可以透過為他做一件事情贖回自己（她一定猜到了是什麼事情，因為她忍不住笑出來），並帶著調侃吐露他的「毛病」。在這裡，除了以第三人稱敘述的那部分變成更強有力的第一人稱敘述，相關段落幾乎逐字逐句地模仿《桃花影》。隨之產生的結果是強調這個男人對其性傾向的強烈認同，敘述者認為，這種特徵是他的自我不可分割的標誌。[29] 因此，這裡我們再次遇到了一位「同性戀」人物，儘管他在將妻子的請柬送給龐文英之後極為興奮，為了表示慶祝，他與妻子喝得酩酊大醉，心懷感激地與她做愛。接下去的情節再次緊密追隨《桃花影》的劇本，龐文英如期造訪之後，陳次襄完全被他傾倒。我們發現，這次的情節與之前稍有不同，陳次襄充滿疑慮地左思右想，他不知道如何排解這種前所未有的痴迷，但是當他想到應該利用妻子去得到龐文英時，便笑逐顏開。陳次襄明白，這將冒著被殺或破壞家庭的風險，但他必須冒這個險，而且也不懼怕這樣做。[30] 正是冒著這種情感風險，他可以說是一位「英勇的」戴綠帽子的人，甘願冒此風險的性情展示出他的俠客特性。從他們初次見面開始，陳次襄就將龐文英看作是「大俠」，而且他們的關係正是兩個英雄男兒之間的關係（陳次襄以此為理由，從而使龐文英當面見自己妻子的理由正當化）。[31] 後來陳次襄鋃鐺入獄，他之所以能免於一死，正由於他是「豪俠」。有一位獄卒，感恩於以前受過陳次襄的慷慨相助，為了報答，在監獄裡悉心照顧他。如評論家指出的，這樣的結果是善因緣問題，它是胸懷坦蕩的陳次襄理所應得的。因此，在這部小說的兩個典型人物裡，酷愛男風的人物不是扮演著惡棍的角色，而是模範性的俠客。但是，不那麼崇高的強姦敘事仍然有它的位置：陳次襄將風流浪子灌醉，在他熟睡時趁機雞姦，而他的妻子以困惑和興奮的眼神看著這一切。我們對這種場景已經很熟悉——龐文英醒來之後感到疼痛不已，明白自己被「汙弄」；然後聽了她的解釋，同意將她作為報償享用。第二天，陳次襄前來請求寬恕，龐文英當即原諒他，並列舉了兩個很好的理由：他妻子的盛情款待以及他們因同為書生而惺惺相惜。次日，龐文英搬進來與他們共同生活。[32]

然而，至於強姦的插曲，《鬧花叢》沒有效仿《春燈鬧》裡風流浪子被誘姦時假裝熟睡的不道德細節。在《鬧花叢》裡，風流浪子避免為得到女人而有意識地選擇被雞姦，雖然騙局敗露之後，他最終仍然接受了交易。在所有其他方面，這部小說強調的是性別與性侵犯以及與之伴隨的愉悅。很可能由於這個原因，風流浪子的年齡進一步降低至十四歲，使他作為男性慾望的對象變得更加可信。按照類似的邏輯，我們可以解釋作者為何更多地敘述風流浪子的易裝冒險，它再次肯定了他雙性化的身體和美以及這樣的事實，即這部小說遵循《春燈鬧》的情節，而沒有像《桃花影》那樣將同性戀通姦簡化為一場性交易。

強調男人之間性的意圖似乎也成為對另一個採借來的情節稍加修改的基礎。就在龐文英與陳次襄第一次做愛的場景之後，陳次襄在街上看到一位俊美少年。他想過去調情，但是克制住了，因為周圍有很多人，而且這位少年顯然來自富裕家庭；陳次襄思忖著，若是少年窮困潦倒，他還可能有機會。陳次襄的深思和謹慎使我們注意到，良民少年被插入會導致恥辱，同時又強調它的刺激感。讀者會立刻想到陳次襄剛與出身良民的年輕人（即書生）發生過性關係，而且在家裡就可以與他發生性關係。他也突然想到這一點，因此趕緊回去，正好發現龐文英與妻子在做愛，他二話不說就爬到龐文英身上，共同進行「三個一串床奇」。從此之後，他們仨經常沉溺於這種性體位。顯然，他們對這種安排都極為滿意，當陳次襄出差回來，兩個男人恢復了他們的親密關係。[33]對縱慾的嗜好成為這部小說的標誌，即使風流浪子在仕途上大獲成功之時，亦是如此。如同前兩部小說裡的情節那樣，在通往仕途的道路上，我們的英雄沒有遇到任何障礙，唯一一次麻煩是與良家婦女通姦的事情敗露，但法官原諒了他們，還命令他們結婚，而這完全是因為他們的詩賦才能。[34]如前文已指出，在這樣的烏托邦幻想裡，風流浪子能夠成功排除萬難是必要條件；成為進士之後，他的仕途也更上一層樓，當成為狀元並任職翰林院時，他的榮耀更是完滿。其他一些情節也跟它效仿的小說很相似。例如，在我們的風流英雄的調解下，陳次襄被釋放，考慮到他們的「舊日情分」，在離開前，他決定將妻子交給龐文英作為酬謝。[35]在最後一個章回，陳次襄以聖人的形象再次出現，說服他的朋友追隨他；於是，龐文英辭去公職，將財產分配給三位（極為成功的）孩子，最終攜妻帶母前往洞天福地。

同性社交的福地

《巫山豔史》實質性地改寫了前面這三部小說遵循的劇本，特別是有關風流浪子朋友的次敘述。《巫山豔史》的成書年代可以追溯至康熙年間，它也重新結合了某些豔情隱喻，並抄奪其他作品，但它採用新穎的語言，這在此類小說中較為罕見。與前面的小說相類似，故事的主人公是孤兒，他長相俊美、天賦秉異，家裡妻妾成群，但與之前故事情節不同的是，這一次，當他在三位朋友的陪伴下開始踏上精神修煉之途時，最終將妻妾留了下來。這樣的結局很新奇，而且有其自身的性別含義。雖然它起初令人聯想到傳統的色情敘事，此類敘事的結局往往是風流浪子皈依宗教，放棄追求感官享樂，但是我們必須指出其中的某些差異。與《肉蒲團》裡的核心人物在耽於聲色、付出高昂代價之後皈依佛教不同，《巫山豔史》裡的英雄李芳從來不必為此付出任何代價。就此而言，這類風流浪子與我們前文討論的三部小說的主角存在相似之處。然而，那些風流浪子設法將至福境地搬到與世隔絕、因而更安全的地方（他們將在那裡享受永恆的快樂），與他們不同的是，當李芳決定追求更高階的精神快樂時，最終將世俗樂園留在了身後，為了實現他的目標，與三位友人結伴離開。人們不禁要問，他放棄優厚舒適的生活——八位嬌妻，她們其中有些人精通文化；一份有聲望的職業；等等——為了換取什麼？他要尋找的另類樂園是什麼？與他一同離開的同伴肯定是回答這些問題的關鍵。

首先，李芳是和男人一起離開的，留下他的八個女人。在這些男人裡，包括酷愛男風的友人梅悅庵；另一位男人的名字說明了一切——伍雄，即「尚武的男兒」。伍雄是一位道士的追隨者，該道士也是李芳的保護者，交給他神祕的護身符，告訴他如何行事能夠化險為夷。至於梅悅庵，起初，他一眼就可以看出來是那種我們已熟悉的酷愛男風之士，他強姦喝醉的風流浪子，為了彌補對方，拿自己的妻子作為交換，諸如此類。但是在這裡，該隱喻發生了重大變化。儘管梅悅庵是備受尊敬的儒者，輔導我們的英雄參加院試，並第一個見到他出來，但是，他也因「外好」受到李芳的老僕人嚴厲指責。這位老僕人對從小就失去父親的孤兒（主人）享有某些權威，李芳不得不經常向他撒謊晚上是在哪裡過夜的。老僕人說，他已經聽聞梅悅庵有此等癖好，「終不脫紈褲習氣」，並補充道，人們應該從他人那裡「舍其短而取其長」。李芳在一定程度上受這種恭順而又如父親般的權威影響，導致他生性多疑。有一天，梅悅庵邀請李芳共進晚餐，看到在場沒有其他賓客，他就迫不及待地問：「此席為何而設？」與他的反應更相關的另一個原因可能是純粹的互文性。李芳好像已經閱讀了所有那些小說，在那些小說裡，俊美的、大膽追逐感官享樂的儒士在某個時候會受到某位酷愛男風的男子邀請赴宴，這位男子還會把自己美豔的嬌妻交付於他；而他在知道這一切之前，將喝得酩酊大醉，因而導致「失身」。李芳甚至知道得比這還多——他博覽群書，決意不成為那樣的人物。他只會從朋友那裡「取其長」，就像他「父親般的僕人」告訴他做的那樣，即在考試過程中得到他朋友的幫助，最終得到他的妻子（由於還附帶了年輕的妹妹，這個禮物也變得更加奢華），但是李芳不會在醉酒的沉睡中被雞姦。當梅悅庵透露宴會的原因——他想創建一個文學群體，此時李芳才如釋重負。李芳熱情地贊同梅悅庵的計畫，稱讚他為「俠士」。後來梅悅庵用同樣的詞來形容伍雄，伍雄以武藝高強聞名，而不是詩賦。[36]這裡的重點顯然是「俠」，而不是「士」。伍雄也被定義為「義俠」，總是在不斷地尋找「俠友」，以及變得「慷慨風流」，這裡「風流」主要指一種由激情驅動的、非常規性的和易衝動的為人做派。[37]在小說的其他地方，風流浪子至少部分地在這個意義上被定義為「風流人物」。[38]也就是說，此處與其他小說裡一樣，所有這些詞構成了意識形態上一致的集合體，並暗示一種道德體系，它在對「假道學」和「腐儒」的隱含批判中——也即對精英的、儒家的男性氣質的批判——來評估（男性）行為和情感。[39]值得注意的是，在小說的最後，我們看到梅悅庵嚴厲批評儒士，說這些人「咬文嚼字」，不像「大丈夫」，而後者在面對異常情況時，總是知道該如何應對，並迅速採取行動。[40]在梅悅庵的提議下，李芳加入了一個男性群體，它裡面的男人都被認為是俠，儘管其中一位是儒士，一位是武術英豪，還有一位是道教術士。所以，等待著李芳的不是同性戀誘惑，而是一項提議——它是一位以同性戀傾向聞名的人物提出的——即加入由精通文學的、受激情驅使的和充滿正義的男性組成的團體，他們從同伴交往中獲得了極大的樂趣。雖然小說沒有明確說明同性社交關係和同性戀性慾之間的毗連領域，但我們不得不注意到，建立同性社交聯盟——創造男性共同體——的最初推動力，顯然是來自於「同性戀」人物。最後，《巫山豔史》的結構性新穎之處在於，風流浪子在聚集了一群完美的女性配偶的同時，也聚集了一群志同道合的男性同伴，並且後者最終取代前者。如同在傳統敘述裡那樣，李芳不僅為超驗的存在而離開塵世，而且還為朋友情誼放棄在人間樂園的異性戀幸福，除了朋伴關係外，這些朋友斷絕了與社會和家庭的一切聯繫。換句話說，從性別的角度來看，李芳為三個男人離開八個女人，也即，異性戀被男性的同性社交聯盟取代。由風流浪子最後加入的結伴而行總是包含酷愛男風的人物，這一事實隱晦地使同性戀與受俠影響的意識形態相聯繫，這種意識形態強調平等主義的同性社交關係。正如我在前一章提出的，這種同性戀的「俠士」代表了一種合乎邏輯的意識形態上的結合。

然而，如前文已指出，儘管在《巫山豔史》裡可以找到大多數關於風流浪子的朋友的傳統敘述，但是風流浪子不再遭受雞姦。甚至他與朋友妻子之間的通姦事件也呈現出不同的含義，它不再表現為一場公平的物物交換的結果，而是業報的實現。李芳和他朋友妻子第一次發生性關係是在朋友家裡幽靜書房後庭的籐椅上，那是梅悅庵經常與少年做愛的地方，這並非是出於偶然的緣故。我們已經明確指出，對於梅悅庵而言，通姦是應得的

「報」。甚至連梅悅庵的姊姊也責備他總是尋找美男，讓嬌妻獨守空房，未得到性滿足，並且像敘述者一樣，明確為她免除責任。[41]在這部小說裡，風流浪子不僅無須在他的身體和男性氣質之間進行妥協，以獲得酷愛男色者的妻子，而且敘述者認為，他對朋友妻子的占有，是與業報相吻合的，也就是說，梅悅庵是罪有應得的。事實上，梅悅庵一直沒有察覺妻子與他最好朋友之間的通姦，也未意識到後者長期以來與他未出嫁的妹妹有染，儘管最終他會將她倆都贈與他。因此，在這部小說裡，風流浪子從酷好男風者那裡獲得的戰利品是雙倍的。同樣重要的是，敘述者評論說，風流浪子與那位不貞的妻子「如同夫婦」，表明他們恢復了「真正的」和合法的異性戀婚姻，從而補救梅悅庵性態的不穩定性。[42]雖然認為這一情節隱含著反同性戀立場可能言過其實，但是我們必須注意到，關於同性戀的敘事正在減少，進一步表明這一點的是，風流浪子偶爾作為少年插入者之類的常見橋段消失了。另一方面，雖然風流浪子與朋友之間的性關係從敘述中被刪除，但是，它昇華為強烈的同性社交關係，這方面的內容毫無疑問已經存在於之前的小說敘述，但這部小說獨特的結局更加強化了這一點。確實，讀者期望最後一回描述的一夫多妻式和諧融洽——如敘述者所言，它是「神仙般」的生活——與故事的結局相一致。外面的世界戰爭正在肆虐，但在他們安全的避風港裡，婚禮慶祝活動持續了四天，每個晚上，風流浪子與他的兩個配偶睡覺。這是一個躲避亂世的美夢，經歷過明清繼替時期大動盪的人都渴望這樣的美夢，在《春燈鬧》裡，它已經喚起這種念頭。正當我們認為主角已實現所有目標時，卻又開啟了新的局面，促使他繼續前行。我們很快就被告知，他有六個兒子，有一天朋友們來找他，在知情人的指引下，他們一起動身四處尋找。[43]出乎我們意料的是，這次風流浪子在到達異性戀樂園之後，又重新與朋友會合，從而獲得具有更高情感水準的同性社交樂園。

因此，《巫山豔史》的結局不僅與古典的情色敘事有所不同，而且與前一節討論的三部小說也有細微但重要的差異。《浪史》、《繡榻野史》和《肉蒲團》的主角最終都為追求精神上的愉悅放棄塵世樂趣。[44]而在前文討論的這三部小說裡，風流浪子不需要拋棄至高的愉悅，由於他以前的情人、如今最好的朋友的善意指導，這種愉悅得到了保護。與之相反，在《巫山豔史》裡，風流浪子的朋友不再扮演推動他縱慾式退隱的支持性角色，而只是他精神救贖的嚮導和終極伴侶。對於縱情放蕩、愛慾混亂的世界而言，風流浪子與這位俠客/神祕朋友之間的關係，可被視為唯一的選擇，同時，對異性戀婚姻而言，它也是唯一的選擇；也就是說，這位俠客朋友不僅為風流浪子解除禍患，還使他避免沉溺於異性戀。如前所述，陪伴著風流浪子一起離開的還包括一位聖人，在更古典的敘述裡，他正是那位向風流浪子指明性靈解放之路的人。鑑於小說多次提及三位朋友的俠義品格，我們也可以說，俠客和神祕主義者在這裡匯聚，彰顯出他們同性社交關係的高貴品質。將文人、俠客和聖者聚首在一起，也可以被視為這樣一種努力的姿態，即試圖透過融合性地加入各種性別模型，以重建理想的男性氣質，這一趨勢將是我們下一章探討的十八世紀小說的顯著特徵。換言之，對風流浪子而言，他們的相伴象徵著一種替代性的選擇，它透過文本互涉，成為「同性社交的樂園」。結果，《巫山豔史》雖然大量減少了同性愛慾經歷的描寫，但是卻凸顯出作為男人情感聯繫最高形式的男性社交關係。

逃亡的丈夫

就這種分析意圖而言，在關於風流浪子的同性愛慾經歷和他與酷愛男風的男人之友誼的敘述中，《杏花天》代表了新的里程碑。[45] 在這部小說裡，酷愛男風的男子除了將自己的妻子讓與主人公風流浪子，他們之間幾乎沒有任何關係。這又是一個集千萬寵幸於一身的風流浪子的故事，他擁有十二位配偶，恰好是西門慶的兩倍，卻沒有產生任何麻煩；他從未敗露與已婚婦女和表妹之間的風流韻事，女人們迫不及待地想要將自己的肉體和家財交付於他，以得到他那非同尋常的陽物，而這要歸功於道士給的春藥，它使陽物一旦進入身體，就會膨脹並自行運動。[46] 然而，這則故事是以另一個人物作為開場的，他很快從故事中消失，直到結尾部分才短暫地重新出現、並被殺死。傅貞卿與一位富孀的大女兒訂下婚約，富孀希望新郎能與她們共同生活。問題在於，這位十七歲的俊男只喜歡少年，他對已故父母安排的這段婚姻感到非常懊悔。更重要的是，他已經遇到了理想的少年，而且徵得他父親同意，讓他兒子與自己一起住；這位「生得無異女貌」的少年姿色肌膩、言語清幽，能夠演奏各類樂器，還會動聽地唱歌，且精通猜拳行令。[47]少年擔憂傅貞卿一旦結婚後就會將其拋棄，為了消除他的這種顧慮，傅貞卿提議他們在神靈面前宣誓；於是，他們焚香齊跪拜祝天地，並說：「願步步相隨，生同床，死同穴，永不相別。」[48]這剛好發生在傅貞卿與一個女人舉行「真正的」婚禮之前，這一儀式似乎將傅貞卿真正的情感關係或者「婚姻」正式化。如所期待的那樣，傅貞卿搬到了妻子家裡，而將男友留在自己家。他經常整天與男友待在一起，很晚才回家，還常常喝得酩酊大醉，然後倒頭呼呼大睡；他決意勸阻妻子對性親密的要求，故意粗暴地與她做愛。[49]傅貞卿處於一種雙重婚姻之中——晚上與女人，白天與少年，儘管情感和性方面的主要關係顯然存在於他與少年之間。然而，這種雙重婚姻沒有一直持續下去，因為傅貞卿甚至對這種敷衍的婚姻義務也感到厭倦。敘述者在評論傅貞卿屬於孤兒一類的風流浪子時，似乎是在責備他，但令人奇怪的是，他似乎忘記了自己即將介紹的小說主人公也是同一類人。後來，傅貞卿與男友密謀，要求他富裕的岳母提供兩、三百兩銀子作為必要的啟動資金，幫助他倆遠走高飛去經商，但他滿腹狐疑的妻子派僕人暗中監視傅貞卿。這位僕人親眼目睹了兩個男人做愛，還無意中聽到他主人不恰當地將自己妻子寬鬆的陰道與少年緊閉的肛門進行比較。家僕回來報告說，這個少年「是相公包定睡了半年了」。[50]聽了僕人的報告之後，她的憤怒爆發了：「原來如此！惡前愛後，將男代女，禽獸何異？」[51]第二天早上，傅貞卿的妻子將門鎖上，以防止他逃走，並且透過雙關語和暗諷的方式，清楚地表明她已知道關於他的一切風流韻事。她希望傅貞卿改變，否則將出家削髮為尼；她告訴母親：「你女婿非人，而效翰林風俗。」相比之下，值得注意的是她母親的反應，說道：「他初來不久，理當從寬敬夫。勿使言語相辱，已後不可起身，別事去了。」[52]當姊妹們也嘲笑她時，她的憤怒終於消退。至於傅貞卿，他跑到心愛的人那裡，告訴他計畫失敗，決定立即逃走。他想跟岳母辭別（敘述者暗示，他畢竟是一位細緻體貼、孝順的女婿），但最終沒有那樣做，而是委託媒人留了一張紙條。他們給了少年（另一個孝順的孩子）的父親二十兩銀子，立刻賣了房子就上路。[53]

傅貞卿離開之後，我們就聽到關於另一個（孤兒）風流浪子的故事，他是小說的主角，名叫封悅生，該名字與「浪漫先生」雙關。在小說的第三回，我們簡短地回到關於那對逃亡男人的故事，但這種同性愛慾的敘事很快就被新的異性戀敘事取代。在重陽節這一天，該節日也可恰當地稱為「兄弟節」，按照這一天的傳統習俗，這對伴侶前去登山。正是在這樣的場合，兩個人物——出逃的同性戀丈夫和將從他的逃亡中獲益最大的男人——之間發生了唯一一次會面，像之前的故事一樣，後者最終將取代他。他們的會面發生在兄弟節這一天並不是偶然的，因為他們的相遇被視為某種「接力棒」的儀式，它以極其禮貌和彼此欽佩的方式進行。與之前的故事形成鮮明對比的是，這裡的風流浪子和酷愛男風的人物在橢圓形的軌道上行進，只允許它們一次插肩而過的機會。在他們之中，沒有人想要對方的任何東西——逃亡的丈夫只想保護他與少年之間的愛情，而另一方，由於前者的缺席，甚至不需要與他商議就可以擁有他的妻子。他們永遠不會再見面，從而為一種無競爭的換夫掃除了障礙，我們也不會看到他們之間的性交易，以及最終重聚時同性社交關係達到高潮的敘述選擇。在小說的結尾，我們最後一次見到這對逃亡的情侶。他們賺了一大筆錢之後，正要返回揚州，一天晚上他們在湖邊遭到土匪的襲擊；結果，傅貞卿被斬首，而少年跳入湖中，得以安全地游到岸邊，他脫身之後，先將襲擊事件報官，然後回家，把賺到的錢一半交給父親，另一半給了男友的岳母。他哭著告訴她，他一生被傅兄所愛，這使封悅生覺得他是誠實的少年，他的感情值得同情。珍娘，也就是那位寡婦，想將少年告上法庭，但她的母親和封悅生都為他說情，直到她最終放棄為止。似乎每一個人，除了仍然渴望復仇的那位被拋棄的妻子，最終都同情這對逃亡的戀人。[54]

因此，《杏花天》以酷愛男風者的故事作為開篇，他不願意屈從孝道、娶妻生子，而是試圖建立一種雙重婚姻，然而卻失敗了，因而他決定為了實質性的同性戀婚姻而放棄異性戀婚姻。在小說的最後，他又再次出現，但僅是提及做了一筆買賣，獲利頗豐，並且很快被匪徒斬首。讓人很好奇的是，究竟是什麼樣的罪行導致他被砍頭。如《巫山豔史》一樣，《杏花天》的風流浪子也沒有被另一個男人誘姦，這個男人在適當的時候會成為其最好的朋友。事實上，它幾乎抹除了關於他們情誼的敘述，而被簡化為模糊的互文性引用。在《杏花天》裡，這兩個人物只出現過一次路徑交叉，他們從未真正成為朋友，甚至幾乎不熟悉。還應該指出的是，在他們唯一一次會面時，也對同性戀話題保持沉默：逃亡的丈夫不實地將他的情人介紹為姊妹，而我們聰明的風流浪子應該不會相信這種說法，儘管他什麼也沒說。[55]然而，又如《巫山豔史》裡的情形一樣，同性愛慾情節的審查性刪減伴隨著大量的模糊性。例如，我們看到，風流浪子承認這兩個男人的感情深度；只有傅貞卿的妻子堅決反對，甚至她的母親也敦促她要為人寬厚。最後，敘述者本人在殺死傅貞卿這個人物角色之前，趕緊賦予他婚姻的樂趣（他們「如夫婦一般」）和一筆有利可圖的生意。人們可以說，這兩個男人之間的一夫一妻制關係——如《弁而釵》的各中篇小說一樣，它根植於愛情——是由一夫多妻者封悅生編織的複雜同性愛慾網絡的唯一選擇。在小說開始時，這兩種情感解決方案已被含蓄地假定為替代性的選擇，其形式是傅貞卿的異性戀婚姻和同性戀情感之間的兩難困境。值得注意的是，他的選擇得到風流浪子的認可和讚賞，認為這是「真情」之表現，這是他唯一一次提到「真情」，彷彿承認「男性婚姻」是異性戀婚姻的有效替代品。但是，對於那種「婚姻」的倖存而言，透過他的讚賞性話語表達出來的同情似乎是不夠的，因為敘述者最終認為，他需要砍掉兩位戀人中其中一人的頭顱，連同一起砍掉的還有他們象徵性的愛情。雖然敘述者含蓄地承認兩個男人之間類似於婚姻的安排具有合法性，但他最後仍然含糊其辭地認為需要對它進行壓制。

同性戀惡棍

第三類豔情小說大多可以追溯至較晚的時期，即從康熙到乾隆（一六六二—一七九六）年間，在這類小說裡，日益增長的關於風流浪子同性愛慾敘述的遮掩變得更加明顯。我們已經看到，在第一類小說裡，受情感驅使的酷愛男風的人物，他拿自己的妻子進行交易，換取與風流浪子發生性關係；在第二類小說裡，他成為拋棄妻子的男人，最初是不知不覺地，然後是心甘情願地，雖然沒有得到任何回報。在這兩種情形裡，這兩類男人都受深厚友誼的束縛，隨著他們性關係的昇華產生補償效應，這種束縛也日益增強。由於《杏花天》在這兩個角色之間建立了微弱的聯繫，因此，它似乎代表了前文討論的第二類小說與我將在本節討論的那些小說之間的一種過渡，而在本節探討的小說裡，則完全抹除了關於風流浪子的朋友的次敘述。在第三類小說裡，同性戀被歸咎於僕人和壞人，風流浪子不僅抑制而且明顯蔑視這種行為。因而，順理成章地會出現的問題是，這種小說的發展是否意味著日益增長的譴責同性戀的態度？以及文化氛圍的變化是否是這一重要轉變的原因，或至少促成了這種轉變？

《巫夢緣》很好地闡明了這種新的敘事發展。[56]它的故事情節很傳統，現在我們對這種情節套路已經很熟悉，小說圍繞著一位極富才華和英俊的年輕儒士展開，他設法保護閨房裡精通文學和婀娜風騷的美人。在這方面，他做得令人欽羨，可以違反各種禮儀規則，與此同時極為順利地到達科層制的頂端。他只遇到過一次麻煩，一群抱有敵意的人在城裡四處張貼海報，譴責他與富孀之間不正當的緋聞。然而，即使在那種情況下，我們的英雄也毫髮無損。他走進衙門，編造的謊言是如此精美和巧妙，以至於縣太爺，倘若想要表明他自己是儒士和鑑賞家，就不得不放他走。在較為傳統的敘述中，通常最終拋棄了性，以支持禁慾的生活，而《巫夢緣》裡的情形與之不同，如本章探討的前三部小說一樣，這位風流文士不需要精神上的救贖。在當下，也即此世，沒有什麼能夠阻礙他的極樂。

這個故事圍繞著王文人展開，他的名字叫「文人」，而事實表明他是位奇才，年僅十四歲就中秀才。雖然他是模範少年，但也有一個「毛病」，即自幼沉迷於女人。換句話說，王文人是浪漫的儒士，他受過極好的儒家教育，同時對感官享樂甚為飢渴。[57]當他作為奇才的聲譽傳遍城裡時，女人閨房的門在他面前徐徐打開。有位性飢渴的寡婦見到他之後，慾火難耐，恬不知恥地派遣僕人存兒去邀請他，這位僕人也是她臨時的情人。我們對這位僕人很感興趣，因為與小說的主角不同，他以各種方式與男人之間的性聯繫在一起。溫柔可親的王文人在十四歲時仍然是處男，而十二歲的存兒已不再是處男，他頻繁地與男人發生同性戀關係，正是由於這種性經歷，使他在機會來臨時，能夠措置裕如地應付放蕩的女主人，儘管他之前從未與女人發生過性關係。[58]雖然存兒與女主人捲入了異性戀關係，但是他拿女主人給的作為性服務報酬的錢，轉而去支付與其他少年的性交易。此外，我們還經常看到他與丘茂在一起，這個反派角色將成為王文人實現風流夢的最大威脅，而且我們被告知，他經常雞姦存兒。[59]丘茂這一人物角色見證了後來這些小說裡出現的同性戀惡棍。頗能說明問題的是，他是「光棍」。蘇成捷指出，在清代的法律話語裡，這樣的男人經常扮演著性掠奪者的角色，更確切地說，是同性戀強姦犯；這類人往往是未婚的，這是「淫僧」之類的其他邊緣性男人共有的窘境。由於他們遊蕩的、不穩定的社會狀態，此類男性被認為是家庭秩序的威脅，尤其是貞潔女性和具有「良民」身分的青少年的誘惑者。[60]

與這些地位低下的人物形成鮮明對照的是，我們善良的王文人——「文人」的最佳典範——憤怒地拒絕了那些擠在他家門前的同窗，他們想尋他作伴，這顯然別有用心。他強烈地抗議，表示他不是像傴傭的那種從事「炒茹茹」的小唱。儘管他們的社會地位很高，但敘述者故意將這些學生形容為「不學好的」，從而含蓄地將他們與前文提及的令人厭惡的角色相提並論。[61]由於這些人的共同點是對同性戀行為感興趣——敘述者這樣做顯然是將他們放在與王文人相對立的位置，因此，我們可以得出結論，王文人代表著更加「文明的」、雅致的性。重要的是，他的性慾完全聚焦在女人身上，這表明該小說傾向於支持異性戀規範和家庭秩序。例如，雖然與王文人上床的那些女人極為厚顏無恥，但她們淫蕩的行為與王文人未婚妻的行為形成鮮明對照，後者拒絕他的性要求，而是將她的女僕提供給他。[62]這個細節洩露出挽救這位風流文士信譽的願景。問題在於，這個精通儒家經典及其倫理教義、能夠在科層制的階梯上獲得巨大成功的男人，他可以被稱作是一位正直的儒士嗎？即使在一個直白的豔情故事裡，敘述者仍然需要嵌入這樣的觀念，即禮數得到了遵循，風流浪子的其他情人可能淫蕩風騷，但他的未婚妻卻是相對純潔的，他也最終顯得更為得體和有尊嚴。然而，鑑於我們目睹了儒士對（異性戀）性道德法則的多重違犯，這種努力似乎有些自相矛盾。也就是說，我們再次遭遇到某種敘述的模糊性。後來小說裡審判的場景強化了這樣一種懷疑，即該情節隱含著一定程度的諷刺，在地方行政長官看來，王文人（根據精心編排的劇本）捏造出來的卻優雅的言辭抹除了他的錯誤，當即成為他的支持者。[63]在小說的結尾，王文人獲得了一系列我們可以預料的榮譽，最終成為進士，在夢想的女人的陪伴下擁有大量財富和權力，同時他還是兩個兒子的父親。如之前的故事一樣，為了實現這個夢想，顯然需要某些倫理上的妥協；但我們大可不必為此操心，因為敘述者隱晦地告訴我們，這位奇才總有可靠的資源，他無須冒丟臉的風險，就能保護不那麼體面的私生活。

《梧桐影》也體現出更加保守的旨意，尤其是對同性戀持更為明顯的批評態度。[64]這部小說的第一回幾乎全部抄錄自《肉蒲團》。但是在《肉蒲團》裡，充滿道德說教意味的開始和結局被一種微妙的諷刺所攪亂，而《梧桐影》作為豔情小說雖然具有不可避免的模糊性，但它以明顯道德化的意圖為特徵。在這部小說以及前一部小說裡，可以覺察到更保守的氛圍，這令人想到時代已經發生變化，明末清初不知羞恥和毫無悔意的豔情小說時代，無疑已經宣告結束。這部小說主要是關於兩個男人的故事，他們都基於史實人物——「淫僧」三拙以及他的學生，十七世紀著名的男旦王子嘉，他尚處於未成年的少男時期。由於他們祕密潛入良家婦女的私人宅邸，採用性愛術誘惑她們，最後這兩個男人都被處死。換句話說，這部小說聚焦於兩個危險的反派，他們最終被逮捕和公開處決，從而恢復社會秩序，並強化當地共同體和整個帝國的高道德標準。在這裡，秩序是關鍵詞，特別是清代的秩序；小說的結局是修復社會失範、克服性功能障礙。雖然處死這兩個男人的罪行是引誘良家婦女，但顯然這兩個人也與同性戀密切相關。

三拙從小就被認為是叛逆的，以至於他的父親和兄弟都想拋棄他，儘管他母親很喜愛他。早在寺院裡，三拙就暴露出邪惡的智慧，由於他對香客出言不遜被方丈傳喚，在將受訓斥時，他用性換取了寬恕。[65] 三拙始終是對權威的挑戰，他不會專注於任何人；很快地，他跟著一位道士離開了寺院，這位道士傳授給他性技巧——「養龜法」、陰莖收縮術以及其他相關技巧。[66] 換言之，三拙是一位典型的「淫僧」，類似於十七世紀六〇年代《僧尼孽海》裡的許多人物，他引誘和綁架在寺廟祈禱的婦女，將她們禁錮在隱蔽的地牢裡，或者巧妙地偽裝成女人潛入虔誠女信徒的閨房；他還能控制呼吸，以及在其他藥物和方法的輔助下，確保在性生活中總是能夠強有力，而且具有不可思議的持久力。總之，這樣的男人是危險的，他們利用游離於社會的特殊身分，破壞社會規則。而王子嘉則是另一個反派角色，他也是處於社會臨界點的人——作為戲子，他在法律上是「賤民」；尤其是作為男旦，他善於跨越性別界限。在現實生活中，王子嘉跨越邊界的能力延伸到了性別領域之外，這也使他能夠彌合巨大的社會溝壑。[67] 他得到顯赫文人精英的情誼和賞識，諸如吳偉業、錢謙益、龔鼎孳、尤侗等人都寫過有關他的詩，而袁枚更是說，他的死導致的心痛猶如看到琵琶當廢柴燒，或煮鶴當飯食。[68]

在建構王子嘉犯罪人格的過程中，敘述者明確強調他捲入同性戀行為。我們被告知，他從事小唱已有十年經驗，而且他願意被雞姦，以期從三拙那裡獲得增強性能力的祕密；而三拙則故意拖延教導過程，盡可能久地享用這位戲子提供的性。[69] 雖然王子嘉主要被描述為女人的誘惑者，並因此被定罪，但在小說充滿道德說教的結尾——它幾乎與序言一樣冗長，這莫非是為了將豔情小說的敘事合法化而作出的額外努力？——再次明確牽涉到他的同性戀緋聞，敘述者指出，（清代）既有才又公道的地方行政長官接管江南（小說開始將它描述為特別腐敗之地）、恢復秩序之後，當地的道德風俗有所改善，其結果之一就是「戲子孌童，只在前廳服役」，而不再是女人的閨房深處。[70]這似乎是對晚明性亂交和性別紊亂現象提出的批評；在對異性戀規範的支持中，小說明確表達了反同性戀的議題，雖然像本節討論的前兩部小說一樣，它又一次因某種模糊性而被緩和。值得注意的是，敘述者也不得不對王子嘉以及由他體現出來的晚明世界感到欽羨。他知道，在王子嘉所處的年代，他是極少數被稱讚的小唱之一，並承認從他身上和他生活的年代散發出來的令人懷念的氣息，對娛樂地區而言，那個年代可謂黃金時代，如蘇州的虎丘——敘述者謹慎地趕緊強調，這個地方如今已經被幸運地改造。由於這個原因，他還收錄了一首關於王子嘉的詩，裡面充滿了思念之情。或許是因為這種模糊性，而這種模糊性顯然是由於鑑

金農（1687-1764）一本畫冊中的扇葉，北京故宮博物院。
經許可翻印。

賞標準和道德標準之間的衝突導致的，敘述者想知道，讀者究竟會喜歡還是憎恨這位戲子，他預料他們會產生分歧。至於敘述者自己的觀點，他明確指出，如「淫僧」三拙一樣，王子嘉的死對於捍衛社會秩序是必要的。[71]

在較晚近的豔情小說裡，《株林野史》以類似的方式使同性戀實質性地缺席。它僅是順便提了一下，兩個主要的反派角色曾經是他們各自王公的最愛。這部小說的情節無疑是在更具道德意涵的氛圍中展開的——它譴責沉溺於感官享樂的女人，她們被厭女症地刻畫為吸血鬼，並指責屈從於她們的墮落男人。最後，為了讓僕人感到滿意，這些男人被公正地斬首，僕人由於卑微的身分所處的低劣位置，能夠窺視主人圖謀不軌。在小說最後一回，可以找到這種修正的和道德說教的例子，就在正直而無能為力的僕人吃驚的眼皮底下，發生了交換夫婦的行為；醜聞敗露後，參與其中的男子被斬首。[72] 晚明小說《歡喜冤家》裡的第十三個故事，也是典型的交換夫婦的敘事；如已指出的那樣，明清時期的豔情作品廣為模仿這種敘事。但是，在《歡喜冤家》裡，少年在性交換中充當著色情媒介和催化劑的作用，在《株林野史》裡，他的角色被抹除了。在《歡喜冤家》的故事裡，兩個男人交換少年以及他們的妻妾，而在《株林野史》裡，這種交換完全是異性戀的，表明同性愛慾敘事進一步減少。此外，如前一部小說一樣，《株林野史》也沒有描述男人之間的性，這再次表明審查性的意圖以及對異性戀正統性的支持。

《桃花豔史》沒有同樣明確的審查性意圖和對異性戀的支持，該小說將男人之間的性描繪成表面上的享樂。然而，在所有其他方面，它進一步證明了我所說的同性戀話語的轉變，即將同性戀行為變為僕人和惡棍專行之事，將其與犯罪密切關聯起來。在這部小說裡，同性戀關係到各種角色，但是，所有這些角色都是負面的。小說的正面人物是出類拔萃的，浪漫（但反風流浪蕩）的主角就被塑造成這種類型，他嚴厲拒絕同性戀。在小說一開始，姣美的少女金桃無意中聽到從花園裡傳來做愛聲。她懷疑是男女之間不正當的浪蕩行為，但她很快發現，原來是兩個少男在幹這勾當。這兩個少男，他們的名字聽起來也是貶損性的，即姜勾本和宋上門，據說總是陪「浪蕩公子」飲酒作樂。他們剛以惡作劇似的玩笑達成了協議，其中一人奉上他的「後院」，以換取口交（即「品簫」）。[73]這位正派少女看到這一幕之後立刻逃離，但她二十幾歲的鄰居白義守出面干涉了這件事，他抓住姜勾本，將他帶回家裡，威脅要將他以引誘少女的罪名帶上法庭。敘述者告訴我們，白義守儘管有妻妾以及許多女僕，但「平生不好女色，專在男風上講究」。[74]因此，當少年坦承他其實是被朋友雞姦時，白義守聽了之後很興奮。於是，根據我們已經耳熟能詳的情節，白義守將他灌醉，趁他半睡半醒時，褪下他的褲子，對於這一切，姜勾本沒有任何抵抗，反而大膽主動。在小說裡，再次出現根本性的敘述含糊，儘管小說具有反同性戀的斥責性意圖，但是後來關於同性戀的性描寫卻極為詳細，而且其行為以不同尋常的交互性為特徵。出乎意料的是，白夫人碰巧看到了這個場景，但她顯然不是像潑婦那樣的人，她對這個場景反而很享受，這象徵著作為讀者和窺隱私者的我們。[75]白夫人窺伺的另一個原因是，她感覺在自己身上也將要發生什麼。的確，這位少年很快被整個家庭共享。但白義守對此尚不滿足，他更感興趣的是讓姜勾本的朋友宋上門也來他家裡，結果自然是發生各種放蕩狂歡。

有位富賈遇見了美麗的金桃，希望納她為妾，他給了白義守一筆不菲的說媒費，這時故事出現了新的、更陰暗的轉折。由於金桃嚴厲而正直的父親對他們是障礙，因此，白義守與冷酷無情的宋上門密謀，試圖讓他捲入一場官司。根據他們的謀劃，宋上門將姜勾本引到金桃家的花園，在那裡，白義守右手抓住姜勾本的頭親吻，左手將刀子插入他的脖子。金桃的父親被指控為謀殺，在刑訊逼供之下，這位父親被迫承認自己為了防止將他與年輕人之間的性事敗露，而犯下了該罪行。最終，透過法律和神啟的方式，正義獲得了勝利——宋上門和父親在他們的船傾覆時被淹死，而白義守被處決，他的女人被送給了其他男人。但是，小說仍然存在這樣的暗示，認為同性戀與凶殺之間存在邏輯聯繫，作出這種判斷是基於這樣的觀念，即同性戀醜聞的公開暴露是造成恥辱的原因。換句話說，罪行情節上的同性戀設定及其宣稱的根本原因，進一步證明了貫穿於整部小說的反對同性戀立場。小說最後一回的情節證實了這種觀念，這一次是典範性的儒士與純潔的金桃命中注定的婚配。在獲取進士及第之後，李輝枝被酷愛男色的官員注意到，後者在資助其仕途的過程中，主動與他成為朋友。有一次，當李輝枝喝得醉醺醺之後，這位官員試圖親吻他，對此，我們正直的儒士報之以憤怒，當場倉促離去。這起同性戀引誘事件使李輝枝對整個官僚體系的廉正性不再抱有幻想，因而決定成為一名隱士。與目前為止我們探討的小說裡以對風流浪子未遂的同性戀誘惑為特徵的所有其他情節相比，這部小說代表了最激進的反應，尤其是相比之下，對方採取的僅是最溫和的誘惑形式。這次失敗的引誘也導致官員擔心「事情敗露」。而同樣的擔憂也成為起訴金桃無辜父親的理由，即宣稱他殺死姜勾本，以掩蓋他們的同性戀醜聞，害怕「事情敗露，明日難以見人」。[76]

因此，男人之間的性在這部小說中發揮著重要作用，它表現為各種形式——如兩個少年之間平等的性行為、肆無忌憚的頹廢花花公子的品味，以及朝廷官員的迷戀等。然而，在所有這些表現形式中，它也始終與暴力和粗俗相關聯，儘管有些含糊，但敘述者仍然沒有羞於描述男人之間的性，雖然談不上是以滿腔的激情對它進行描繪。同性戀和捲入其中的人物矛盾地處於敘述關注點的正中心，與之相反，注定要娶金桃為妻的才子——理論上他是這個才子佳人愛情故事的男主角——卻幾乎沒有出現過。事實上，在小說開篇寥寥數語的簡介之後，他在最後才短暫地再次出現，彷彿是後來想到才增添上去的，敘述者似乎對有關他德行的具有教誨意義的故事滿不在乎，這與他對「非道德的」人物詳細進行描繪形成鮮明對比。同樣不可否認的是，在表面上，敘述者確實將同性戀視為羞恥，甚至是導致凶殺的原因。出於對同性戀醜聞敗露的恐懼而要求對它保持緘默，這暗示著在理想的狀況下，應該隱藏男人之間的性關係。

這讓我們回到本節開頭提出的問題——新的文化氛圍能否解釋小說裡出現的同性戀的表徵性變化。顯然，早期小說裡同性戀人物的正面角色，他們作為風流浪子的朋友甚至是他的精神嚮導，這種形象正日益變得模糊，直至完全抹除了相關的次敘事，最後捲入同性戀活動的角色成為惡棍，他們必須為重建道德秩序和社會秩序而犧牲。後來的小說進一步強化了譴責性的主旨以及減少同性戀情節的傾向——若不是將酷愛男風者刻畫成惡棍的話。講述文人感官享樂（肉慾）的故事——如同攀登社會階梯一樣，他在床上亦所向披靡——突然變得太不恰當，或不切實際？在不斷增長的保守性國家意識形態的壓力下，聚焦於諸如「淫僧」或男旦等負面角色，從而有理由在充滿道德說教的前言和結尾組成的結構性括弧中描述他們的性冒險活動，同時亦指責他們是變態的，這樣做是否更為合適？與這種表面上的反同性戀立場相伴隨的是對異性戀規範性地位的支持，它進一步強化了這些問題的重要性。例如，在後來的豔情小說裡，它們不再描述男人之間的性，而僅是透露他們這樣做的訊息，這一特徵與異性戀性行為的詳細描述形成鮮明對比。正因如此，值得我們深思的是，在前文探討的小說裡，對同性戀的這種新態度是否與為了鞏固清王朝而採取更嚴厲的道德氛圍以及「教化」，尤其是透過其法律表達出來的性別政治有關。[77]

小說與法律

豔情小說裡關於被插入的風流浪子的敘事發展表明男性氣質觀念的轉變。我們目睹了從偶爾的雙性戀但總是扮演插入角色的風流浪子西門慶，到有時候被酷愛男風的朋友插入但獲得他的妻子作為補償的男人，再到不需要以身體作為交換卻仍然能得到朋友妻的男人。現在，男性氣質的必要條件再次要求不能被插入的風流浪子。作為後見之明，我們知道被插入的風流浪子只是暫時的人物角色，它僅出現在清初時期的小說舞臺上。由於此類角色對與接受性雞姦相關的汙名輕描淡寫，有關他的敘述也是逾越性的，因此，小說公開宣稱的目的都是為了糾正它，直到完全恢復不可被插入的風流浪子的典型特徵。我們想知道的是，為何會在特定的時間出現這種特殊的敘事。在豔情小說日益傾向於逾越性表現形式的內在發展中，我們可以找到其中一種解釋，即作者大概指望它來吸引和擴大受眾。雖然出現被插入的風流浪子的敘事未必意味著在清初社會被插入的汙名是不值一提的，但我們仍然需要提出關於想像的事實依據，它在那個時期必定具有一定的流行性。被插入的風流浪子是一種幻想的構成，這種幻想的特徵是一個男人成功實現所有抱負，滿足所有慾望，儘管在這個過程中遭受了一些輕微的羞辱，被插入式雞姦是其中之一。鑑於這些作品都是大危機時代——明清繼替的大動亂及餘波——的文人寫的，在這個時期，他們經常面臨著嚴酷的選擇：忠誠抑或合作，忍受政治恥辱抑或丟掉性命。我們很容易將被插入的風流浪子的敘事解釋為受挫文士的幻想，他渴望從無法忍受的道德重負中解脫出來。我們甚至還可以從精神分析的角度推測，在這種敘述中，性插入的功能是作為政治投降的隱喻，它提供了一種令人寬慰的幻想，即儘管因臣服於新主人而遭受恥辱，但文人仍然採用同性愛慾故事的相關隱喻，如第一章討論的李漁在《十二樓》裡採用的那樣，來實現其所有目標——就像一件器皿，它雖有點磨損，但仍然是完整的。換言之，關於被插入的風流浪子的敘述可以被假設為對王朝更替的創傷作出的回應——儘管屈從於外來入侵者，但它仍是關於勝利的完整性的幻想。

雖然我們只能推測是什麼原因導致開始出現被插入的風流浪子之角色，但事實上，最終導致將其抹除的敘事性變化發生在清帝國的鞏固階段。在此期間，政治氛圍變得越來越保守，國家透過法律改革積極宣傳強調男女有別的性別意識形態。蘇成捷已經令人信服地論證了清朝（特別在雍正年間）透過引入新的法律來規範性別表現，這些法律確立了更嚴格的男女界限，尤其是將雞姦和賣淫定為犯罪。[78] 關於前者，國家重新制定了反同性戀強姦的法律（它在明代的刑法裡已經出現），甚至公布針對雙方都同意的情況下發生雞姦的法律。[79] 由此看來，清代對女性貞操強有力的政治介入幾乎使它考慮類似的「男性貞操」觀念，這可以解釋它為什麼對強化所有「良民」不可插入性的觀念如此感興趣，這一觀念當然不是新出現的，但這時顯然認為需要對它進行加強和擴展。國家遏制縱慾的關注點包括它的文學表徵形式，從清代初期到中期，也是頒布一系列小說審查法令的時期。[80]我們甚至可以將豔情文學本身的衰落歸因於清代新的性秩序觀念；也可以說，它是對清政府實施的不斷縮緊的審查措施作出的回應，豔情文學的作者作出特別的努力，使他們的作品具有教誨色彩，從而將它們合法化。關於這一點，我們可能會想到，在一七一五年出版的一本書裡，劉廷璣根據淫穢程度由低到高列了許多小說，將晚明的三部同性愛慾小說《弁而釵》、《宜春香質》以及《龍陽逸史》列在最後，他建議將它們所有流通印行的版本都付諸一炬。[81]

這些不同的法律發展與本章已探討的小說的發展大致是同時發生的，這意味著它們之間存在聯繫。顯而易見，既強調貞潔和性別差異、又強制執行文學審查制度的國家意識形態可能從更廣泛的意義上影響作為文學體裁的豔情小說的命運，尤其是關於同性戀的描述。抹除關於風流浪子朋友的同性戀敘述，取而代之的是更多限制性的敘述，它再次禁止風流浪子被插入，普遍減少給予同性戀空間，以及同性戀與犯罪之間日益增長的關聯，這一切標誌著妥協性的做法，以符合不斷鞏固的清政府提出的新的道德、法律和審查標準。這種現象讓人聯想到，二十世紀二〇年代當曖昧的性愛文化被嚴格僵化的性政權一掃而空之後，二十世紀三〇年代的好萊塢電影出現被謀殺的同性戀角色。[82]無疑，十八世紀中葉的文化脈動與一個世紀前的情形相去甚遠。那時，國家對小說的審查性控制手段更加有效，在一系列毫不留情的禁書令的影響下，豔情小說的出版逐漸減少，小說裡的色情話語普遍變得更加謹慎。名著《紅樓夢》可以作證。從嚴格意義上的文學史而言，《紅樓夢》的主角賈寶玉與之前豔情小說裡風流浪子的過剩有關（最終與《金瓶梅》的主人公西門慶有關）。然而，賈寶玉的愛慾與其任何文學先輩都有著很大的不同。賈寶玉的「意淫」主要是對審美和精神上聯結的情感渴望；它意味著身體滿足處於次要地位。作為性行為中的插入者，這不再損耗或用來定義賈寶玉的性能力或男性氣質，儘管他在與不同性別的人發生性行為時，確實扮演了那樣的角色。現在強調的是平等的結合，而不是階序性的結合，正如它們在插入性／接受性的性模式中暗示的。賈寶玉的「意淫」成為新型風流浪子的典型標誌，這種典範將越來越趨於完善，直至擺脫一切性寓意。這種趨勢也涉及同性愛慾的表徵，如《品花寶鑑》（以及該書最後一回的標題〈夢〉）裡的男性情愛所表明的。

這就是說，我們仍然應該謹慎地看待這些小說和法律的發展，以免過於機械地將它們視為對同性戀新的寬容之標誌。我們不應急於得出這樣的結論，即清代宣揚「憎惡同性戀」，或者與漢族的傳統相比，它的法律措施反映出滿族文化的特有偏見。[83] 儘管我們可以推測，之所以出現這種新的法律轉變以及對男人之間性關係的態度變化，其原因可能是滿族的男性氣質觀念，或者它的性文化，但這種解釋是不充分的。誠如張在舟注意到的那樣，即使是滿族典型的《子弟書》，也沒有規避同性戀話題。[84]此外，蘇成捷指出，儘管在雙方都同意的情況下發生雞姦行為也是違法的，但是很少有證據表明曾運用過這條法律。他從未發現「在沒有其他更嚴重罪行的情況下」，雙方都同意的雞姦行為被懲罰的案例，張在舟的研究證實了這一點。[85]法官主要關注的是強姦案，特別是針對未成年人的強姦。蘇成捷還指出，法官在思考同性愛慾問題時沒有任何困難，甚至在異性戀強姦和同性戀強姦的案例裡，實際上還暗示著同性戀和異性戀之間的相似之處：「同性戀慾望沒有被挑選出來受到比異性戀慾望更多或更少的譴責（兩者都以相同的詞彙描述）；顯然，法官不認為這種癖好特別值得關注，或難以理解。」[86]在現實生活中，地方法官也根據交互性的愛和忠誠來看待同性戀關係，這對他們而言不成任何問題。在蘇成捷描述的一起案件裡，地方法官質問一名男子怎可以為另一個男人遺棄情人和契弟，罔顧他們共同生活多年來對他的「情義」。[87]透過喚起性別中立的情感標準，地方法官似乎構想了一種默認的、規範性的同性戀關係，它與異性戀關係具有同樣的婚姻價值觀。換句話說，從這些關於雞姦的新法律，特別是從將異性戀和同性戀的強姦法相提並論的做法來看，這一觀念再次顯露出異性戀和同性戀之間根本的平等性，或至少是等價性。彷彿是對這些新頒布的法律進行的評論，《姑妄言》——這部小說的前言正是在公布這些法律時寫成的——的評論性略記說道，女色和男風都是「一件樂事」，但是，無論哪一種情況，都應徵得雙方同意。[88]因此，關鍵問題是同意及其作為對立面的性侵犯，即強姦。我們還要考慮到，法律規定了理想的行為，它並不完全等同於精神狀態或實際的社會行為，這也使我們不敢苟同這樣的觀念，即清代的性道德出現了「恐同症」，它生成了更加敵視男同性戀的文化氛圍。例如，在羅馬盛行雞姦文化時，《斯堪提尼亞法》（The Lex Scantinia）就已經存在於羅馬的刑法典，而美國大約一半的雞姦法直到最近才被最高法院裁定為違憲。[89]此外，如蘇成捷充分表明的那樣，法律在司法實踐中可能被修改（甚至經常被廢除）。最後，本章探討的關於同性戀關係的各種論述也表明，法律呈現和小說呈現之間的關係遠非是直接明瞭的。[90]

總而言之，即使承認十八世紀經歷了性別和性態的保守性話語的興起，尤其是從道德說教的、負面的視角來論述同性戀，但這種話語既不是排他性的，也不是總體性的。正如我已經指出的，即使是在對同性愛慾關係更為嚴厲譴責的表述中，仍然存在某種程度的模糊性；此外，我們將在下一章看到，儘管十八世紀有些小說表面上對同性戀的態度極其嚴厲，但是它們仍然探討了男人之間的愛，甚至是以同情的話語進行探討。這再次表明，正如賽菊寇（Eve Sedgwick）很久以前指出的那樣，總會存在競爭性的話語，而新的話語傾向於融入先前已存在的話語，而不是取代它們。十八世紀無疑是關於性別和性意識形態的立場變得更加僵化和兩極分化的時代，文學和法律的證據都表明了這一點。

但仍有待詳細闡述的是，這種趨勢在多大程度上影響了明清小說中男同性戀更加廣泛的呈現和道德評價。

第四章

混合式英雄

Hybrid Heroes

傳統的觀念認為，到十七世紀中葉，豔情文學已日薄西山，讓位於才子佳人愛情故事的興起，從而標誌著清代小說敘事不斷增長的保守性轉向。然而，如前一章所述，豔情文學傳統一直持續到整個十七世紀，而且正如我將要論證的那樣，後來的小說也可以明顯辨識出它的遺產（雖然有時是矛盾的）。毫無疑問，曹去晶的《姑妄言》和夏敬渠的《野叟曝言》——本章關注的重點是十八世紀的小說——推向舞臺中央的男主角在許多方面都是反風流放蕩的，他們是傳統儒家價值觀的堅定捍衛者和文化復興的激勵者。換言之，這些小說核心的意識形態是批判文人男性氣質，這種批判也是《紅樓夢》、《儒林外史》等更知名的當代小說的主題。黃衛總（Martin W. Huang）在討論這後兩部小說和《野叟曝言》時，認為它們的作者試圖解決作為個體的文人與作為社會群體的文人之間的身分危機。[1] 作為對這種危機的回應——其核心涉及男性氣質的重新評估，我認為它在《姑妄言》和《野叟曝言》中產生了一種越來越混雜的男性英雄形象。同時我還認為，這兩部小說與《儒林外史》代表的反風流浪子的保守傾向是它們對同性愛慾關係持明顯批判立場的原因。

第二章已指出，在十七世紀的小說裡，我們看到透過批判淫蕩的花花公子、懼內的丈夫、「腐儒」和「假道學家」等男性角色，設法解決文人男性氣質可感知到的危機。[2] 在我看來，作為重振儒家男性氣質的方案，其實在晚明已經採取了融合的形式，它肯定一種混雜的、更準確地說是受俠影響的典範，即儒俠。這種對文人男性氣質的批判態度，以及恢復儒士陽剛之氣的緊迫感，將因大明帝國敗於外來政權而加劇。即使在十七世紀之後，這種性別融合的取向仍然顯而易見。在十八世紀小說的表達中，如《姑妄言》和《野叟曝言》的主角所展現出來的那樣，也出現以不斷增長的折衷性為特徵的男性氣質，為了抵制文人精英的根本性弱點，這兩部小說都持一種男性氣質的混合模式，它追憶過去更為強健的男性氣質，認為當下的男子氣虛弱不堪。貫穿於這些作品的政治理想主義產生了一種充滿活力的、超男子氣的儒士，他拯救了男性，倘若不是拯救整個帝國的話。這種英雄形象是含括許多其他具有男子氣人物——俠士、浪漫主義者和咒術士——的結果，同時也融合了他們各自的性別特徵。因此，這種融合的努力為新時代構建了新人。

為了更好地理解這種混雜化取向隱含的新穎性，我們需要退後一步重新審視《水滸傳》。可以認為，這部經典小說已經採用混合的趨勢，在某種意義上，它抽象的「英雄」可被看作許多異質性男性氣質的總和。然而，它們仍分散地體現在不同人物身上，而不是相互結合成單個的角色。譬如，武松和李逵是武俠英雄，雖然他們不能像公孫勝那樣身懷道術，或者像前士大夫宋江那樣沉著冷靜地領導眾人。《水滸傳》呈現了許多迥異的男性氣質典範，他們被暫時加以利用，其政治目的是將昏聵的最高統治者從腐敗的大臣和太監的荼毒下解救出來。[3] 然而，沒有一種個體性的角色充分體現所有這些男性氣質的典範。就此而言，《水滸傳》採取的方法更多的是分割性的，而不是融合性的。《弁而釵》裡的各中篇小說和《好逑傳》裡的人物角色代表了男性氣質協商過程中的嶄新階段，即半文半武。《姑妄言》裡的鍾情和《野叟曝言》裡的文素臣結合了更多的男子氣典範。雖然這兩部小說在許多方面都有所不同，但和《儒林外史》一樣，它們都呈現了一個衰敗的世界，一個毒瘤不斷擴散的病態的帝國身體，因此迫切需要矯治。然而，與《儒林外史》不同的是，它們凸顯出一位模範英雄，與令人沮喪的道德墮落和政治衰敗截然不同，這明顯是一種積極的角色，它漂游於亂世之中，試圖重建秩序。與《儒林外史》裡男子氣角色的碎片化形成鮮明對比的是，《姑妄言》和《野叟曝言》的主角則綜括了他們所有最典型的特徵。這種混雜化的推動力除了影響性別之外，還影響了文學體裁。事實上，儘管《姑妄言》和《野叟曝言》的原始動機是保守的，而且它們描繪的主角是反風流浪蕩的，但它們卻悖謬性地與豔情小說的傳統保持著明顯的聯繫。

反對風流浪蕩和過度縱慾——包括同性戀縱慾——的鬥爭，是本章探討的三部小說的主旨。然而，就它們對同性戀的批判而言，這些小說具有顯著差異，這是由於它們對男性氣質存在觀念差異導致的結果。例如，在《野叟曝言》裡，對恢復健全的儒家男性氣質和性態的推動力轉變成強烈的男權主義姿態。同時，這部小說對男同性戀慾望和關係的評價是所有晚期帝國小說中最不妥協的。另一方面，《姑妄言》和《儒林外史》雖然也批評同性戀縱慾，將它視為男性氣質缺失的標誌，但從來不是以這種義正辭嚴的方式表達它們的批評。可以預料的是，即使在十八世紀，對於這三部小說不同程度直接表達出來的對增強男性氣質的強烈渴望，也存在詆毀者。而《紅樓夢》透過將陰柔的男性理想化，成為最強有力地反對這種性別懷舊的代表，儘管它也承認這種模式不適合生存。顯然，十八世紀的小說對男性氣質的批評採取了不同的取向，而不同的男性氣質模式又對同性戀產生了不同的態度。

反風流浪蕩

作為一部小說，《姑妄言》（其序言寫於一七三〇年）在許多方面都具有特殊意義，它概括和總結了整個傳統，即在晚明出現的具有豔情色彩的「社會風俗小說」。[4] 這部小說確實涵蓋了傳統豔情小說的所有想像，將淫穢的界限推至空前絕後的高度（這也是由於它高度原創性的語言，無論是隱喻的密度還是有效的簡潔性，莫不如此），以及對以前的豔情小說不敢觸碰的性領域——如人獸性交——進行的探索。[5] 與此同時，《姑妄言》還以一種強烈保守性的姿態對待秩序及其維護。在《別有香》、《姑妄言》以及《野叟曝言》等小說構成的傳統裡，縱慾被視為政治腐朽和道德敗壞最重要的標誌，它被與怪胎和各種不自然的現象相提並論。為了反對這種普遍存在的墮落現象，《姑妄言》創設了一位真正反風流浪蕩的英雄——他是正直的文人，而且是政治忠誠和情感忠誠的光輝榜樣。我們還可以說，在《姑妄言》裡，才子佳人的貞潔愛情與壓倒性的豔情敘事相剝離，如此一來，在面對周圍混亂無序的世界時——它主要表現為縱慾過度，儒吏鍾情和瞽妓錢貴這對上天安排的情侶能夠出淤泥而不染。[6] 他們純潔的感情是例外；小說的其餘部分由標準的色情敘事構成，其中「奇遇」與各種充滿愛慾的情節和場景展示相一致。從這個意義上說，《姑妄言》仍然屬於豔情小說的傳統。大體而言，《姑妄言》是一部龐雜的豔情故事集，它講述了一位貞潔英雄的故事，這位英雄忠於情感和政治，他猶如幻想破滅的風流浪子，為了尋求精神上的啟迪最終退出社會。換言之，關於男性純潔的敘事挽回了這部小說中的色情——這是才子佳人小說與豔情小說之間的交叉。在第一回的前言裡，《姑妄言》最早的評論家林鈍翁指出，該小說實質上旨在結合現有小說的所有特點，從而表明對普遍性融合的一種有意識的和系統性的促動力。[7] 根據這種見解，我們應該從這樣的角度進行考察，即敘述者努力將才子佳人愛情小說和豔情小說的特徵糅合起來加入到單個作品，以之作為更廣泛的折衷計畫的一部分。

與體裁上融合的方法相一致，《姑妄言》裡主角的男性氣質也是混合式的。鍾情被描述為正直和遵守禮儀的儒者典範——作為文人，他的男性氣質是透過在科舉考試中獲得成功並在履行官僚職責時堅持最高的道德標準來實現的。鍾情表現出來的禮儀行為的魅力最終促使他曾經墮落的朋友洗心革面，轉變為儒家社會活動的英雄。在小說讀到一半時，我們知道其中一位朋友以前是放浪形骸的風流浪子，在臭名昭著的宦官魏忠賢勢力垮臺時，他受到牽連，魏忠賢窮凶極惡的政治作風已開始敦促人們尋求拯救。按照清初小說的一種經典敘事，我們隱隱聯想到個體墮落（尤其以性的變體形式）與帝國衰落之間的聯繫。性放蕩和政治腐敗需要嚴厲的懲罰，當作奸犯科者是國家本身時，對它的懲罰是滅亡——這正是小說最後明朝的結局。因此，《姑妄言》最後的章節處於一種救贖模式。為了保衛帝國，使之避免即將發生的災難，鍾情與那些改過自新的朋友進行了干預，以糾正各種錯誤。在以行動為導向的俠客精神的鼓舞下，儒士們到處幫助有需要的人——沒錢買棺材的正直老人、職業生涯被貪官乃至喪盡天良的親戚不公正地壓制的孝子、被饑荒和土匪侵襲蹂躪的飢腸轆轆者，諸如此類。從這個意義上，我們可以說鍾情的儒家男性氣質具有強烈的俠義成分，在小說最後，他確實說自己一生為俠。[8] 實際上，鍾情不僅僅是典範性的儒家士大夫與英勇俠客的結合。與周圍貪得無厭的放蕩者形成鮮明對比的是，他還是忠實於情感的英雄；他踐行一夫一妻制，而且作為反風流浪蕩的典範，絕不會受非法性行為的誘惑。曾經有個女人向他表明性意向，鍾情堅決拒絕她的勾引，還以新儒家的性別要義教育她，這種性別規範嚴格要求男女有別。[9] 他的名字「鍾情」暗示著他的情感角色，對此，評論者解釋為「多情種子」，或「情種」。[10]在才子佳人的愛情傳統裡，鍾情充分詮釋了才華橫溢的年輕文人、愛情的鑑賞家以及一夫一妻制的忠誠丈夫等角色。在政治災難的背景下，他的情感忠誠成為唯一確定的東西；在小說情節的發展過程中，鍾情被許多人拋棄和背叛，包括親戚以及他認為的朋友，但從來沒有被他唯一的「知己」錢貴這樣對待過。[11]與貞潔的才子佳人小說傳統相一致，該小說從未描述他們的性關係，儘管他倆偶爾會陷入深情的時刻。[12]鍾情之所以是典範性的，因為他是正直聰慧的士大夫，隨時準備如俠客英雄那樣為正義付諸行動，同時他也對女人保持忠誠，而不像其他人那樣不停地尋歡作樂。他的忠誠既是政治的，也是情感的——這兩者之間相互強化。就此而言，鍾情的故事概括了晚明時期文人與藝妓知己之間的理想愛情，以及我們在第二章探討的更普遍的「擁有愛情和忠誠」的英雄愛情觀念。在這部十八世紀的小說裡，英雄的男性氣質甚至比它十七世紀的先輩更為綜合。在小說結尾，鍾情似乎已經完全實現這種混合的男性氣質，我們目睹他與邪惡巫師之間的爭鬥，他在法術上甚至更勝一籌。在善與惡之間的普世之爭中（小說最後的敘事主題），他燒掉「妖書」，戰勝強大的道士，我們的英雄將道士釋放出來的怪物變成剪紙，俐落地夾進《易經》。[13]

儘管具有強烈的情感理想主義傾向，但《姑妄言》的結局明顯偏離了才子佳人小說的慣例，按照傳統的慣例，故事應該以鍾情和錢貴這天生的一對結為夫婦作為結束。然而，鍾情最後離開了他的家庭，這種舉動標誌著摒棄愛情和儒家倫理的世俗價值觀（即使是以後者充滿活力、被俠客精神改變的變體），它與才子佳人的情感傳統相矛盾。它強烈地讓人聯想到以主角風流浪子皈依宗教為特點的豔情小說的結局。但是，明朝覆亡恰好發生在導致鍾情隱退的事件之前，而且也是他隱退的原因，也就是說，他的宗教選擇應被視為這種政治困境影響的結果。鍾情最後的行為相當於以忠於明朝的名義進行政治自殺；這意味著他只能保留自己的節操，而國家在他的能力範圍之外。因此，從表面上看，《姑妄言》似乎遵循著傳統豔情小說的敘事模式，在這種敘事模式中，風流浪子意識到美和享樂的虛幻本質，因而拒斥它們，最終走上修身養性之路。顯然，《姑妄言》認同這種慣例，鍾情猶如得到救贖的風流浪子，在道士和僧侶的陪伴下前往天台山的一處洞穴，他將在那裡度過餘生。另一方面，我們知道鍾情不像傳統豔情小說裡的人物；他的苦行選擇不是為了彌補過去的性放縱，而是出於對明朝的忠誠。他拒絕為新王朝服務，這種困境只有透過自殺或加入宗教共同體方能解決。從通用慣例的修辭角度來看，我們也可以認為這種結局代表了小說次文類的融合傾向，它又與小說主角體現出來的性別融合取向一致。由於它在普遍意義上的複雜性和主人公的性別角色，《姑妄言》和鍾情預言了《野叟曝言》及其主人文素臣。

性感迷人的衛道士

夏敬渠的《野叟曝言》大約寫於十八世紀六〇年代或七〇年代，在該小說裡可以看到類似的體裁與性別融合的傾向。雖然「現代」作家魯迅深信該小說沒有任何文學價值，但他明確辨識出它的折衷主義本質，並將其與「明人之神魔及佳人才子小說」聯繫起來。魯迅還含蓄地論證小說的主人公文素臣具有複合性別，他援引小說開篇的章節，它的英雄被描述為集合了許多迥然不同的特徵——強壯的身體和雅致的美、戰士般的機敏以及文學天賦，諸如此類。[14] 斯定文（Stephen Roddy）也探討了《野叟曝言》在類屬意義上的複雜性，他認為這部小說「可被描述為關於愛情傳統的某種擴展的、理性化的詳細闡述，其中增加了軍事冒險和大量超自然的元素」。對於文素臣，斯定文寫道：「雖然他最終拒絕了任俠傳統，但他代表了文人和武士——文和武——的理想複合體。」[15] 黃衛總貼切地指出：「與《儒林外史》裡許多受挫的文人相反，文素臣在他扮演的所有傳統文人角色中——學識淵博的文人、幹練的官員以及偉大的軍事戰略家——不僅措置裕如，而且極為成功。」特別是黃衛總注意到，「在小說的前半部分，文素臣扮演著大俠的角色，而不是賢能的儒士」，從而指出文素臣男性氣質中的俠義成分。他認為：「這種對俠義行為和身體技能的強調反映出作者的一種願望，即重新定義或糾正文人傳統形象的某些方面。」[16] 我們可以這麼說，如鍾情一樣，文素臣展現出性別特徵的多重性，他的男性氣質也是混合式的，這是一種累積過程的結果，其目的在於充實和強化儒家思想的核心。毫無疑問，這兩位英雄都體現了俠義、英勇的儒家男性氣質。尤其是文素臣，他還是精力充沛的男性氣質的捍衛者，也就是說，除了學識淵博和政治廉正之外，這種男性氣質也體現於英雄行為和身體力量。鍾情同樣認同這些價值觀（儘管他在尚武方面的形象不那麼突出），這兩個人物都能夠征服邪惡勢力，並且能調動超人的技能（這種特徵在文素臣身上更為顯著）。因此，文素臣朝異端的偶像怒目一視，就可以將其粉碎，正如我們後來看到的那樣，他透過這種方式將一個夜叉撕碎。最後，鍾情和文素臣都被描述為才子佳人愛情故事裡值得敬重的人物。在這兩部小說中，英雄們都找到了作為「知己」的女人，儘管在《姑妄言》裡，這種關係是一夫一妻制的，它更明確地植根於愛情，而在《野叟曝言》裡，文素臣根據她們的知識興趣和成就來選擇配偶，從而強調他們關係中同性社交的主旨。文素臣設法保護他的四位妾，她們幾乎無異於男性文人，每個人都擅長於四門學科，對此他亦十分精通，因而，他可以與她們像男性文人墨客那樣一起高談闊論、自娛自樂。[17] 黃衛總將這種異性戀情感的同性社交化看作是小說透過去性化來淨化愛情的結果。但是我們可以認為，應該根據小說重塑男性氣質的議程來理解這種發展，尤其是鑑於文素臣與性的關係含糊不清，它不禁使人們想到，在他綜合體現的各類男性角色中，也包含風流浪子。確實，雖然文素臣被描述為儒家遏制策略的典型，而且擁有非凡的性能力，但是就像任何其他豔情小說裡的風流浪子一樣，這位天賦秉異、風度翩翩的年輕文人試圖建立令人豔羨的一夫多妻制家庭。儘管文素臣是令人無法抗拒的、充滿誘惑力的年輕人，但他拒絕扮演風流浪子的角色，並為抵制性誘惑感到自豪。他也經常陷入色情敘事，但他是反風流浪蕩的衛道士，同時有些自相矛盾的是，他又是一位性感迷人的衛道士。

在一般性的傳統慣例方面，《野叟曝言》「大圓滿」的結局、裡面表現的多重婚姻以及文素臣耀眼的政治成功，這些要素都符合一夫多妻式才子佳人小說的傳統，而與風流浪子的經典豔情小說敘事形成對比，此類風流浪子最終對世俗的愉悅不再抱有幻想，並為了隱逸的生活放棄它們——《姑妄言》和《紅樓夢》均遵循這種敘事模式，雖然它們各有其特點。然而，在其他方面，《野叟曝言》與才子佳人小說的傳統相去甚遠；它也受豔情小說傳統影響，儘管其程度沒有像我們在《姑妄言》裡看到的那樣深。在這兩部小說裡，表面上性描述的目的是為了闡明帝國普遍的墮落，並透過對比褒揚純潔的英勇主角。因而，性在《野叟曝言》裡仍然扮演著重要角色，文素臣從一開始堅決反對的主要異端形式就是縱慾。現代評論家對《野叟曝言》給予性以很大的空間感到困惑，尤其是所謂「純潔的」主角卻頻頻捲入色情的情境。[18] 我再次認為，解釋這一明顯悖論的方法是承認豔情文學傳統對小說具有的顯著影響，即使這些小說稱頌抵制性亂。因此，在《姑妄言》裡，我們在壓倒性的豔情敘事中看到了純粹反風流浪蕩的故事；而在《野叟曝言》裡，賢明主角具有的男性化威猛仍以極其性感的外表彰顯出來，甚至以他碩大的陽物來衡量。情和慾之間充滿張力的、從未完全得到解決的並置，顯露出《野叟曝言》同時忠於才子佳人小說傳統和豔情小說傳統。

在具有開創性的〈儒家性態之案例〉（A Case for Confucian Sexuality）一文裡，馬克夢透過將《野叟曝言》的主人公描述為「儒家超人」，富有洞察力地將該小說保守性的議程框架化。[19]誠如他觀察到的那樣，《野叟曝言》對強有力的男性氣質和健康的一夫多妻式性態描繪出一副討人喜歡的、不容置疑的畫像。這部小說確實呈現了一位儒家救世主的形象，他行走於不完美的人世間，具有堅定的信仰，務實且靈活，成功地對世俗世界進行矯正。鑑於《野叟曝言》重新評估了文人的角色以及男性氣質在這個角色中的位置，因此，在與它最相仿的十八世紀小說《姑妄言》裡，我們也看到了一種理想的文人角色，他在孽海裡逆流而行。[20]就聚焦於男性氣質及其缺陷而言，這兩部小說都與《儒林外史》有關。但在某種程度上，《儒林外史》，甚至《姑妄言》都沒有對它們關注的男性缺陷提出切實可行的矯治方法；相比之下，《野叟曝言》卻為處於危難之中的一代文人有力地投射出儒家超人的形象與積極的典範——他實質上是一位先知。[21]《姑妄言》謹慎地描繪了一位英雄，他最終從無法挽救的現實世界中隱退，與之不同，《野叟曝言》主要講述了一位精力充沛的老好人，他設法在自己的國家恢復秩序，甚至使整個世界儒家化。《姑妄言》以悲觀主義的論調結束；鍾情決定永遠離開愛情和家庭，這暗示著他的道德工程的徹底失敗，從而對整部小說投下幻滅的陰影。與之相反，文素臣成功實現了使政治獲得新生的目標，他擁有才華橫溢的配偶，在私人領域和公共領域均獲得了成功，也即家庭和國家都實現了秩序與和諧，最後享受由此帶來的喜悅祥和。在本章詳細研究的這些十八世紀的小說裡——它們都批判儒家男性氣質，《野叟曝言》是唯一一部實證主義的小說，它提供了圓滿的結局，最終，秩序和穩定在《兒女英雄傳》之類的十九世紀小說中盛行。用斯定文的話說，《野叟曝言》「開始於《儒林外史》結束的地方，在文人破產之時，透過恢復他們對學術探究的承諾，精心記錄了他們的重生」。[22]還可以再加一句，文人的這一破產，其核心關乎性別，而《野叟曝言》對文人衰落作出的回應是一種複合的、經過強化的男性氣質，它能夠盛行於更多的層次，而不僅僅是學術研究領域。正是這種被強化的男性氣質形式，在文人重生的過程中被凸顯為決定性的能動者。在《姑妄言》裡，鍾情試圖治癒世界的努力以幻滅告終，《儒林外史》表現出惡毒的性別批判，各種男性角色遭到系統地諷刺和懲戒，而《野叟曝言》則實證性地堅持將男性氣質作為反對所有失序形式的終極價值，歡呼以「純陽」的力量挽救帝國，開闢和平與繁榮的時代，同時建議抑制男人的性，以此確保和諧的一夫多妻制家庭和多子多福。換言之，《野叟曝言》最終主張以增強男性氣質作為解決文人危機以及帝國厄運之關鍵。從這個意義上說，這部小說在根本上是男權主義的，它在男性身體和男性氣質的極端價值觀上表現得近乎大男人主義。

前一章透過梳理豔情小說中關於風流文人的同性戀敘事，我們發現一種逐漸遮蔽同性愛慾的趨勢，這似乎是由於新出現的反對同性愛慾的批判立場導致的。本章評述的清代中期的主要小說——《姑妄言》、《野叟曝言》和《儒林外史》——證實了這一趨勢。這些小說更為明顯的道德關懷和正統的性別議程對男同性戀關係的表現方式產生了顯著影響。如上所述，儘管這些小說未必表現為單一的男性氣質模型，但它們都關注對男性氣質的批判和重新定義。在這些批評中，男風之好越來越被視為根本性的文人弱點之症狀，這是他們儒家男子氣不足的標誌——若不是災難性的女人氣之標誌。然而，從男同性愛慾主義的表現形態而言，它們之間的結果極為不同。《姑妄言》採取社會感知的視角，儘管它基本上將同性戀視為文化和政治衰落的症狀，但它為同情和救贖留下了空間，有時甚至承認同性戀是愛的自然表達；《野叟曝言》贊同對男同性戀的極端敵意，男權主義者文素臣將它作為異端形式進行鬥爭，希望有朝一日將它從世上徹底根除；《儒林外史》對同性戀持典型的嘲諷立場，它將男人之間的愛情視為關於平等的空洞幻想，以及文人自戀式隱退的隱喻——從而美學徹底取代了倫理學。雖然這些作品的敘事焦點和關注點各不相同，但影響這些小說中同性戀感知和表現的主要因素之一，正是它們關於男性氣質的看法。如我們將在下一章看到的那樣，十八世紀最著名的小說《紅樓夢》頌揚女性氣質，因而被視為例外；但它嚴肅對待男人的愛情，或者更確切地說，它嚴肅對待愛情，包括男人之間的愛情。

《姑妄言》裡的同性戀

小說第一回的評論性序言明確指出，對道德和社會秩序構成威脅的破壞性人物是那些常見的嫌疑人——淫婦、淫僧和異道、閒漢以及孌童和妓女。從該清單中我們可以得出結論，評論家特別關注通姦，尤其是涉及僧侶和道士的姦淫（可能包括同性戀關係）和賣淫，無論是男性還是女性。[23] 換言之，評論家認為，這部小說旨在全面描述各種不正當的性行為，而同性戀是其中一種形式。與評論家的預料一致，小說開篇就講述了一位喝醉了的「閒漢」做的夢，他正前往陰間。敘述者向我們介紹了很多犯下「情罪」的人。值得注意的是，在他們中間，我們遇到了男性愛情的文學偶像董賢，前文已經介紹過，他是漢哀帝的寵臣，漢哀帝曾為了不打擾他睡覺割斷自己長袍的袖子。此外，關於武則天皇后的情人張昌宗和張易之，我們被告知，前者成為孌童是因果報應，也是他身患梅毒的原因，他遭受的懲罰是下「抽腸地獄」，而他的兄弟當了一輩子孌童之後也是慘死。[24]

這些開場白對同性戀進行了極為嚴厲的批評，視之為社會恥辱，被置於佛教罪有應得的道德背景下。但是我們應該立即補充一點，在作為整體的小說裡，批評的焦點是縱慾與風流浪蕩，而不是同性戀本身。在小說揭露的墮落之旅中，與少年發生性關係的狂熱被視為荒淫和道德敗壞的形式。此類例子包括第一章提到的關於牛耕的故事，這個男人僱用男妓雞姦自己。這之前的故事講述了婦人和猴子之間的私通，小說透過荒謬地展示猴子如何比人更具人性，從而以性徵表明自然秩序遭到徹底毀壞。[25]牛耕的故事暴露出敘述者設法降低與同性戀和異性戀密切相關的性角色與性規則的重要性，譴責性別角色完全顛倒的烏七八糟的世界。從這個意義上講，與男人發生性關係不是起著腐化墮落之標誌的作用，而是顛覆普遍的性角色，包括同性戀角色。牛耕被孌童雞姦這一事實擾亂了性規範和社會規範，正是這些性規範和社會規範將權力關係編纂成文。在這種情形下，性顛倒也是規範性同性戀的性顛倒，這種違犯行為被認為是更廣泛的政治衰敗和道德頹廢的象徵。敘述者以並行的方式描述了顛倒異性戀規範的案例，設想牛耕的妻子長著一根間歇性的陽具，使她能夠雞姦丈夫得到愉悅。與慣常的性角色分配相比，牛耕的妻子更喜歡這種方式。在她的陽具停歇的半個月期間，牛耕由他的書僮陪伴，在書房裡過夜；而她則勾引他的妹妹，後者是令人垂涎的獵物。[26]對於雙方而言，這種安排再合意不過，這對夫婦享受著和諧的奇特婚姻。這種倒錯的對稱性是基於這樣的原因，即降低正常雞姦關係的重要性，它再次印證這樣的觀念，即同性戀在這裡之所以重要，因為它本身就是一種性顛倒，但它並非主要的抨擊目標。男人被少年雞姦是極為荒唐的；牛耕被妻子雞姦也是對違反同性戀以及異性戀協議的一種離奇的扭曲。[27]

這表明，該小說的其他劇情確實毋庸置疑地將同性戀與政治衰敗甚至文化衰落聯繫在一起。例如，在小說的結尾，當明朝即將崩潰之時，叛軍將領李自成表示，不僅年輕的明朝官員，甚至年長的官員都要向他提供性服務，這促使敘述者對「南風之熾若此」的奇異現象發表議論。[28]這裡的敘述顯然不僅僅涉及縱慾和政治衰敗，更明確地說，與之關聯的是接受性的雞姦和帝國的投降。如前文所述，與《別有香》之類的作品相類似，《姑妄言》將淫亂理解為大範圍政治動亂的徵兆，它與出現怪物和異常現象一樣，同時以道德說教式話語批判風流浪蕩行為，後者對家庭和國家都造成了威脅。[29]在這個意義上，年長的官員向年輕的男人提供性服務是可想而知的反常現象。值得注意的是，這種醜行涉及（「作為良民的」）成年人甚至老人（官員）的性，而不是規範性的（「作為賤民的」）少年。如同前文探討的有關牛耕的情節一樣，這裡的性反常至少部分是規範性同性戀關係的顛倒。在小說的其他地方，甚至更為直接地提及雞姦和帝國的投降。當明朝的末代皇帝仍然緊緊抓住政權不放時，這讓鍾情充滿了希望，相信帝國有朝一日會恢復秩序，然而我們被明確告知，無能的新皇帝只關心他的戲班。[30]提及這一點很可能暗示皇帝酷愛男旦以及男色，這種傾向被認為是政治失敗的獨特原因。在另一個情節裡，利害關係變得更加明顯，在比較性地評價漢族與苗族的性文化時，同性戀被描述為客觀存在的嗜好而被斷然摒棄，鑑於小說在其他方面相對溫和的立場，這種情形就顯得很獨特。關於《野叟曝言》給予苗族以敘事空間，許多學者發表了評論，他們主要針對文人男性氣質的批判，最終以整個中華文化作為批評目標。[31]《姑妄言》裡也出現苗族，類似地，他們的文化也是作為漢文化的對立面，與後者的危害形成對照。同性戀顯然是這一對比方案的構成，紅苗為敘述者評論漢文化、特別是它的性和性別意識形態提供了機會。敘述者稱讚男女紅苗的美貌，描述他們的性愛儀式，他評論道，在他們那裡，「男子皆不樂為龍陽君，有犯之者，輒自殺」，並補充道，「惟此一事，乃中國之所不及也」。[32]在明顯的辯論模式中，敘述者對紅苗的健康習俗表達了欽佩之情，儘管它在其他方面不那麼文明。沒有紅苗會同意成為孌童，因為這與他們的（性）文化規範產生衝突；反過來，缺乏這種性實踐被視為優越於漢族的區別性特徵。這種性態領域內對文化差異的深思是出於這樣的渴望，即反思漢族的男性氣質和男性性態以及他們的官能性障礙，以之作為舉國上下動盪不安的徵兆。

到目前為止，我引述的小說劇情清楚地表明，《姑妄言》對男人之間性的評估具有多層面的複雜性。我已經指出，這部小說的前言如何將男同性戀置於佛教關於罪惡和因果報應的框架內。然而，在前文引用的關於苗族的情節裡，同性戀被視為一種文化特質，而不是普遍存在的給定事實。總體而言，同性戀在整部小說裡主要表現為社會問題，而不是道德問題。換言之，倘若我們將小說視為一個整體，那麼《姑妄言》裡同性戀的呈現顯得更加細膩和多樣化，其特點是許多人物——妓女、教師、風流浪子、談情說愛者——都參與同性戀關係，儘管他們的對待方式遠非是同質性的。尤其是考慮到貧困、身分下賤等社會因素以及認為愛情具有無法抑制之屬性的觀點，往往會削弱在評論者的序言和敘述者的介紹性章節裡闡述的以業報為核心的觀點。例如，在第一回的前言裡，敘述者批評的目標主要是男童妓／男寵（也即同性戀關係中接受性的一方），在整部小說裡，他最嚴厲的批評對象是荒淫無度的風流浪子，他們利用優越的社會身分剝削、壓制社會地位較低的年輕人。因此，敘述者對同性戀的批判通常是基於他的社會政治意識，而不是先驗的道德和文化偏見（儘管經常會喚起佛教的業報觀念，並且稱讚紅苗沒有同性戀行為），在《野叟曝言》裡，這種情況更是如此（雖然在明確反對佛教的儒家意識形態的背景下）。由於這一原因，與《野叟曝言》不同，《姑妄言》傾向於對同性戀進行更多層面（可能相互抵牾）的評判，將其視為「情罪」，甚至是客觀存在的文化劣根性，同時也設想男妓的社會救贖，或者對那些酷愛男風者表達率直的同情，這些男人在少年狡黠的操控之下淪為受害者。這部小說的一系列插圖也闡明了這種視角的複雜性和多樣性。

復仇的受害者

評論者認為，《姑妄言》第六回表達了對「男色一道」的熟悉悲嘆——儘管它歷史悠久，但從來沒有像他那個年代如此盛行，人們滿不在乎和毫無廉恥地踐行它，絲毫沒有意識到因果報應。透過向人們灌輸對報應的擔憂——他想知道將來有一天，是否有可能「洗淨」？顯然，這裡與男同性戀聯繫在一起的主要術語是業報的孽和恥以及佛教倫理的詞彙語境，報應的觀念赫然突出。[33]這些鋪墊性的評論是為了引出贏陽，這位昆山男子出生於戲子世家——這並非不尋常，因為敘述者告訴我們，在昆山，十個家庭有四、五個家庭從事這個行業。[34]他的母親是妖豔的「淫婦」，我們被告知，贏陽六歲時已經「柔媚如女子一般」。他的父親由於沒有漂亮的臉蛋，只能扮演丑角，更糟糕的是，無法利用他的「後庭」來謀生。[35]幸運的是，他有了這樣一位令人銷魂而早熟的兒子。當贏陽大約十二歲時，有位主顧提出與他發生性關係，他高興地同意了，以此換取銀兩和兩套時款綢絹衣服。

儘管開啟了大有前途的職業生涯，但是悲傷的命運正在等待著這位英俊少年。當地有位富裕而淫惡的男人，他叫聶變豹，試圖以女僕作為誘餌，設計強姦贏陽，這是經典豔情小說的慣用伎倆。[36]當贏陽陷入聶變豹的陷阱、被脫掉衣服綁起來時，聶變豹的妻妾被他（女子氣）的美貌所折服，她們紛紛為他求情。當聶變豹回答說，倘若能讓他對她們之中的任何人施行雞姦，他就放了這位少年，她們斡旋的努力戛然而止。這並非由於她們乃膽怯之徒，因為事實表明，聶變豹的陽物是如此碩大，以至於男妓知道這個消息後都遠遠躲著他。[37]這個十四歲的少年幾乎無法保住自己的生命，因此，他選擇接受雞姦是明智之舉，然而他的腸子受到嚴重損害，以至於他的職業——下半輩子的生計——都因此被毀。[38]

值得注意的是，敘述者和評論者都強調強姦犯的殘忍本性，隱晦地表達對受害者的同情。如我們在前一章也講到過，評論者在其中一條評論裡說，女色和男色都與性愉悅有關，但無論哪一種情況，都需要徵得雙方同意。[39]也就是說，評論者將同性戀慾望視為理所當然的，同時強調雙方同意的必要性；換句話說，他的要點是尊重法律，而非道德。這種性別中立的邏輯也可以解釋為什麼敘述者會想到將男旦受害者與女性相提並論。聶變豹最喜愛的妾——她曾替贏陽求情，後來被他拯救，以回報她曾經鼎力相助——以前是出身於良民家庭的少女，被迫成為他的妾。[40]這位良家姑娘和戲子贏陽——一個社會地位低賤的男人——都是強勢而暴戾的精英男子的受害者，這一事實證實了敘述者強調的是虐待和強姦，而社會地位、性別和性態則是次要的。敘述者的語氣再次顯露出對受害者的強烈同情，這尤為值得注意，因為它改變了評論者在第一回的序言裡道德說教的語氣，在那裡，男妓與妓女在佛教因果報應的修辭語境中結合在一起。

贏陽是職業男妓，但敘述者沒有因此責備他；相反地，作為富人和「良民」的聶變殘暴的（但通常認為是「良民」）精英男子進行對比，強調了這一點。子、好丈夫以及勤勉工作的男人。嬴陽的故事體現出一種道德悖論，透過與強姦他的邪惡、嬴陽進行正面的敘述；雖然他是戲子、是「賤民」，但畢竟是極為正派之人——他是好兒最終重操戲子舊業，儘管他的身體一直很羸弱。總而言之，很明顯，敘述者費盡心思地對很美滿，並且相互扶持。雖然身體還沒有完全恢復，但嬴陽還是堅持教妻子吟唱、表演，合敘述者的意圖，即旨在表達他們的正派。這對新婚夫婦的性生活非常和諧，他們的婚姻親，即使像昆山這樣有一半男人成為戲子的地方，許多戲子仍然都有妻子。[45]這又一次符束，成為成功的文人和官員。[44]為了支持她母親的觀點，嬴陽的未婚妻淚流滿面地提醒父法庭上被證明是無辜的，最後甚至獲得了一官半職，而他的兒子們將摒棄戲子的社會裝話預示著小說的結局，儘管由於「賤籍」出身，但受害者嬴陽最終完全贖回了自身，他在姑娘的父親憂慮少年是戲子，但他的妻子打趣地說：「如今戲子還有做官的呢。」[43]她的說她在鄰居的學堂裡發生過性行為（確實如此），嬴陽也有所耳聞，但顯然並不介意。[42]行了一場爭辯，但他們對這位戲子也懷有惻隱之心。這位姑娘尚未被提過親，因為有謠傳戶——如孝子那樣哀悼父母雙亡之後，他決定成婚。[41]由於他的「賤籍」身分，新娘家進如，我們被告知，這位少年——他無法得體地行走，或者不再扮演正旦，因此被迫成為樂豹卻成為譴責的對象。與強姦犯的不道德行徑相比，嬴陽被表明不應該受到道德譴責。例在強姦案發生二十三年後的法庭上，敘述者對贏陽的同情達到了頂點，這位前戲子終於有機會起訴他的侵犯者。可能為了再次凸顯他的正派，贏陽不願意在縣官面前彙報強姦的細節。正如他謹慎地說的那樣：「至於小的受害，事屬鄙穢，不敢上稟，恐汙老爺金耳！」須注意的是，在充滿諷刺意味的對比中，當贏陽文雅地道出聶變豹「漁獵男色」時，縣官完全不顧及他的含蓄，輕鬆地笑著說：「這件事南人皆以為常。」[46]審訊之後，贏陽返回蘇州，又如盡責的孝子那樣去照顧他的姻親。[47]他甚至還想辦法解救聶變豹的妾，後者曾在他被強姦時為他求情（雖然徒勞無功）。在這個意義上，贏陽不僅是符合儒家倫理的好兒子，而且也是頗具俠義的男人，因為他不忘朋友曾捨命相救，只有在報答她之後，他的內心方得到安慰。這位戲子和前男妓最終報了仇，得到了官位；上層階級的強勢惡棍聶變豹最終因犯下的罪受到懲罰，他被判處死刑。[48]這裡顯然某種報應在起作用，它拒絕將社會地位和道德品質的合併自然化。在小說的結尾，贏陽成了一名官員，他反思自己不大光彩的過去，如今是淨化的時候了。他的妻子為贏陽找了個合適的妾，這樣，她們生了兩個兒子，這兩個兒子長大後不再做戲子，而是成為讀書人。敘述者總結道：「為官者能禁其惡，犯罪者得稍蘇其苦，自當獲福無量。」[49]因此，即使是「下賤的」男妓，也可能實現贖罪。但是對於那些所謂的正派人——講授儒家經書的先生——就不一定是這種情況，如下一則短篇故事所表明的。

墮落的先生

如果說前一個故事無視男男性行為的道德性，而是強調社會不平等和階級壓迫，那麼第二個故事則聚焦於一位酷愛男風者，最為可恥的是，他還是一位教師，這顯然為了表明同性戀是多麼的不正當和危險。[50] 游混公（與「性亂」的意思雙關）有一位約莫十三歲的學生，他從不打他，還經常給他水果，以換取定期對他雞姦。當年齡大些的學生揭發此事後，少年的父母憤怒不已，他們當即讓兒子退學；隨之發生的醜聞迫使游混公逃離。游混公被描述為來自士大夫家庭的「無品的人」。從這個角度看來，它與前一個故事存在連貫性；在這兩個故事裡，敘述者批判的目標都是上層階級，他們濫用權力，利用受害者在社會地位或年齡方面的弱勢。對這些人性行為的批評，屬於包含文人精英在內的更大的社會政治批判的一部分；在揭露同性戀的惡習方面，《姑妄言》有著同樣的道德動機，它激發了其他十八世紀著名的小說，如《儒林外史》和《野叟曝言》。然而如前文所述，在《姑妄言》裡，對階級關係的認識、愛情的標準，甚至雙方都同意的法律觀念等，都會影響對同性戀慾望和實踐的評價。換句話說，敘述者控訴的對象不僅僅是酷愛男風者，而是那些沉溺於其中難以自拔、以至於為滿足欲壑不惜違反法律或不履行基本責任的男人。墮落先生游混公正是這樣的例子。

可以預料的是，游混公的罪行遭到了嚴厲的報應——他的兒子比他更加浪蕩，這證明惡習只會導致墮落，不道德的行為必然會在更大範圍內重現。出於貪婪，游混公與「花子中的鄉紳子」的女兒結婚，後者為他生了個兒子，取名夏流（正好與「下流」諧音）。毋庸諱言，這個夏流把所有的時間都浪費在賭博和性事上；他尤其沉迷於變童。[51]我們被告知，他整日由一個叫楊為英的小官陪伴，這個名字的諧音可能暗示著性別倒錯（即「將陽視為陰」）。此外，由於夏流經常沒錢支付給楊為英，因此在發生性行為時，他們兩個彼此輪流交換（敘述者告訴我們，夏流自從十歲以來就多次被小叫花子雞姦）。[52]然而，這裡出現了複雜的情況——游混公碰巧也喜歡他兒子的情人，還祕密給他錢和禮物，以換取性。楊為英順從了他，但是當這位年長的男人不信守諾言時，少年決定採取報復行動。楊為英與游混公在書房裡安排了一場約會，當然，這一切將在黑暗中進行。他先找到夏流，將他灌得酩酊大醉，他們做完愛之後，夏流就昏睡過去。然後楊為英離開了，游混公進來；他朝春凳那邊摸索著過去，以為楊為英應該就在那裡等著他。游混公發現赤裸躺著一位少年，二話不說上去就雞姦。正當這個時候，惡作劇的騙子走進來，拿著一盞燈照在這對亂倫的父子身上。游混公落荒而逃，他的兒子則不斷咒罵他。[53]夏流不敢問他的父親，但一直對這個「彎兒帳」心存疑惑，直到楊為英最終向他解釋他父親的真實意圖，這使夏流將父親視為競爭對手那樣憎恨他。接下來，這位父親受到梅瘡和潰瘍的折磨，臥床不起、疼痛不已——對他而言，這顯然是遭報應的時候。當游混公向兒子求助時，夏流要麼不予理睬，要麼正與男友在外面尋歡作樂。夏流還趁父親羸弱不堪時偷了他的錢；當父親去世時，他沒有感到悲傷，只是簡單舉行了葬禮，也沒有安排和尚念經——敘述者暗示，這一切就像墮落的兒子為墮落的父親該做的那樣。[54]在這一章回開頭的評論裡，敘述者對游混公雞姦兒子的評論令人不寒而慄：「游混公幹子後庭，雖是楊為英之惡計，然而世上酷好龍陽之人，皆當以此法處之。」[55]與佛教的報應觀念相一致，夏流遭到的報應是他的妻子淫亂而潑辣，其中一種虐待他的方法是強迫他舔陰道，即使她在月經期間也是如此——有一次，他因舔得太多幾天說不出話來。[56]以不那麼含蓄的方式，她成為夏流「獸性」行為的報應——她更喜歡與狗發生性關係（先是小心翼翼地將牠們的爪彎曲，以免被牠們抓傷），而不是她無用的丈夫。[57]她最終生下半人半犬的生物；後來她繼而用狗對不情願的驢進行性訓練，這也將是她的末日到來之時。當狗舔著她的屍體、而陰莖滴著血的驢在旁邊安靜地吃草時，這一血腥殘忍的場面終於使夏流對墮落和不孝的行徑感到後悔不已；他先是將狗吃了，然後成了道士。[58]

因此，對龍陽不顧一切的痴迷將損害其他社會關係，這是敘述者譴責的焦點。在另一個關於浪蕩公子的典型故事裡，敘述者重申對墮落的「酷好男風者」的抨擊，這位浪蕩公子的名字暗示性地叫充好古（聽起來像是「寵好股」），他在男妓身上將所有家產都揮霍殆盡。[59]敘述者告訴我們，他原本屬於小康人家，但在生活中一事無成，「慣拾爛棗」。[60]最終，充好古欺騙妻子、將她賣掉，和楊為英一起逃跑。在小說的結尾，當明朝土崩瓦解時，我們再次遇到了這對戀人，前者眼睛瞎了，後者的小腿肉潰瘍，鼻子嚴重損毀。[61]最終，這對罪惡的男人一起自殺，他們遭到的報應也差點使充好古的妻子結束自己的性命——之所以說是差點，因為在最後一刻，她被小說正直的超級英雄、充滿正義的儒士鍾情所救。[62]

忘恩負義的少年

若要充分評價《姑妄言》裡同性戀在多層面的展現，我們不得不提及小說的最後一個故事。該故事以富新為中心展開，他是一位十五歲的良家少年，長得極為漂亮，這使他寡居的母親擔心他會被勸誘走那條「下流的道路」，並成為孌童。[63]確實，他很快就引起二十一歲的富有男人司進朝的注意，他建議富新搬過去與他一起居住，這樣他們可以共同學習。不久之後，他倆成為結拜兄弟，如司進朝說的那樣：「斯文骨肉，同在斯文一道。」我們很難忽略司進朝話裡隱含的反語，它不恰當地將「斯文一道」和「男色一道」並置起來，暗示同性社交情誼和同性戀親密性之間的親緣關係。[64]司進朝不敢直接向他的朋友求歡，轉而謹慎地求助於他的兩位頗具誘惑力的女僕，讓她們幫忙牽線搭橋。如預料中的那樣，這兩位姑娘將少年灌醉，但是她倆提供給他的要多於司進朝最初提出的——若富新同意與她們的男主人睡覺，那麼她們也將安排他與她們的女主人睡覺。[65]這場性交易意味著色情的隱喻；司進朝很有可能對女僕不道德的交易一無所知，從而使這位放蕩丈夫比他的小說先輩們更為正派——他僅是將女僕留給英俊少年，絕不敢將自己的妻子（或妾）提供給他。因此，儘管司進朝貪戀肉慾，但仍然保留了一定程度的道德正直性。而且，司進朝對富新的迷戀與對他熱情和純粹的信任——即使是天真的和錯位的——相匹配。直到有一天，司進朝外出旅行回來，發現小金庫裡已空無一物，終於意識到他心愛的人的背叛，並決定送他離開。從這個意義上而言，敘述者將司進朝描述為受害者——是無情無義的少年和詭計多端的女僕的雙重受害者。小說遵循著經典的敘事策略，為了減輕讀者批評司進朝的行為，敘述者引起代表情理一方的「知者」產生共鳴。敘述者告知，人們開始反思司進朝過度偏愛性，但也念及他是多麼真心地對待富新。「他雖辱身，係他情願，並非司進朝強拿硬做，且酬之以二婢，也就罷了，決不該淫他的妻妾，盜他的家產。」[66]在這裡，「知者」代表道德以及適合該案例的法律標準。他們將雞姦視為客觀的侮辱（我們別忘了富新來自「良民」家庭），但並不強調它是犯罪行為，而是強調同意的法律要素——司進朝當然沒有強姦富新。他們承認，富新有權因所受的「侮辱」獲得賠償，但也明確譴責他玩世不恭地利用迷戀他的朋友。司進朝是情感迷戀的犧牲品，因此之故，他可以被原諒——確實，真正的受害者是他，而不是富新。敘述者的看法是，我們不得不原諒一種誠實的——即使是忘乎所以的——同性戀痴情，至少對於熟稔「情教」的人而言如此。根據情感的意識形態原則，倘若有情人不自覺地成為受害者，並由於這個原因而值得同情，那麼以同樣的情感標準，他玩世不恭的被愛者就是不值得寬恕的禽獸。[67]前文已經指出，《姑妄言》的敘述者對強姦的受害者贏陽表示極大的同情，贏陽的社會地位是低賤的，而該小說的大多數「同性戀惡棍」都屬於精英階層，這表明敘述者的批評具有社會政治屬性。這一新的故事情節表明，敘述者的視角也是以情感倫理為基礎的。因此，他能夠理解酷愛男風者的情感和慾望；正是由於這個原因，他不打算為背叛情感誓言的無情無義之徒進行辯護。根據我們所熟悉的敘述，反主角人物富新——一個展現了情感理想之剋星的人物，他「無情無義」——最終被流賊綁架，逼迫他成為情人，並慘遭強姦。這個故事裡毛骨悚然的暴力讓人聯想到《宜春香質》的最後一個故事，而這部小說集裡第二篇小說的情節為後來的敘事確立了典範，富新逃脫之後，又再次被土匪強姦，根據為「淫亂小官」保留的典型方法

（如對「淫婦」一樣），他最後肛門被戳穿、破膛開肚。[68]

與上述事件形成鮮明對照的是，在昭示明朝覆亡的政治混亂中，出現了一位特別英勇的龍陽——張侯，他的愛人（一位將領）被敵軍俘虜，但他寧可餓死也不願意取悅於新主人。[69]這種鮮明的並置再次表明，小官並非本質上道德感低下之人。張侯這個人物角色很可能是以歷史人物孔四郎為原型，孔四郎是一名軍官的龍陽，由於他未能手刃殺死情人的凶手，最後自殺身亡，這在第二章已經論述過。[70]張侯的行為表明，他具有富新以及明朝官員缺乏的那種感情忠誠和英雄本性。總之，這種忠誠是這樣一種倫理體系之表達，它同時能夠運用於情感和政治範疇。張侯在小說接近尾聲時出現，並且關於他的敘述與鍾情和他值得敬仰的朋友相銜接；因此，他象徵性地成為正義聯盟的成員，這些人都被同樣的俠骨「義氣」所促動。

作爲異端的同性戀

文素臣體現出來的儒家男性氣質對同性戀的容忍度很低。敘述者透過講述一個令人心寒的故事——對八歲男童強姦致死，從而引出該話題。這個兒童（像之前其他男孩一樣，當他在寺院附近玩耍時）被僧侶誘姦，但由於他與地方當局之間的密切關係，總能夠逍遙法外。這位僧侶沉溺於賭博和嫖娼，更糟糕的是，還幹些最「傷天理」的事情——也就是說，他「酷好男風」。顯然，在聽聞這個孩子被強姦和殘殺的可怖故事之後，一拳打死這個「淫僧」，他將是「仗義的盜賊」。[71]故事的重點在於僧侶的殘忍和孩子父母的無助，他們只能認命，以為永遠都見不到正義。在小說裡，酷好男色從一開始就與最被妖魔化的男性類別之一——「淫僧」——以及聳人聽聞的罪行聯繫起來，即清代刑法中最嚴重的性犯罪——對未成年人強姦致死（年齡介於十歲至十二歲之間）。[72]犯罪的社會背景也明確指向變態的「淫僧」和地方當局之間的聯盟，後者沒有起訴他，這種包庇也使他們實質上參與了犯罪。最後須注意的是，在這個故事裡，同性戀也被控告，據稱它違反了「天理」。有意思的是，晚明擬話本集《石點頭》的最後一則故事也採用了同樣的措辭，儘管它持截然相反的立場，即同性戀關係「沒有違反天理」。同性戀與天理之間的不相容與《野叟曝言》闡述的另一種觀念有關——也即在生物學上，透過同性戀交媾「合氣」是不可能的。在討論「如閩人契哥、契弟有終身不二者矣」這一話題時，針對有人謹慎地指出人們在理解陰陽的運作方式時存在局限性，文素臣援引《易經》的權威，駁斥兩個男人的氣進行溝通的可能性，因為根據《易經》的說法，只有男女的氣才能「合」。[73]應該強調的是，帝國的立法者從未提出過這些觀點（無論是生物學的還是形而上學的）。甚至在宗教典籍裡，對雞姦和通姦的禁令也頗為相似，在任何情況下，我們都不應將雞姦視為特別憎惡的罪行。[74]

若前文討論的關於罪惡僧侶的故事將雞姦包含於對僧侶及其官僚機構內盟友的社會性批評之中，同時為將同性戀視為違反自然法則提供形而上學的基本原理，那麼接下去的這個故事則將同性戀視為特殊的文化現象。這個故事發生的背景是福建，文素臣與他的家僮錦囊一起在那裡旅行。如第一章討論的那樣，福建的男人經常因男色之癖而被挑出來，因此福建成為小說展開同性戀敘事的背景，也就不足為奇。文素臣的僕人最先意識到福建人這一著名的性習俗。他在街上不斷受到來自男人不必要的關注，這些男人想方設法將自己推擠到他身邊，「對他動手動腳」。[75]有位侍者還趁他小便時用手指摸他的肛門，錦囊實在忍無可忍，就動手打了他。文素臣也很氣憤，但是當老闆責罵襲擊者在摸之前沒有跟少年說並徵得其同意時，他感到更加困惑。[76]文素臣突然覺察到，在福建人看來，尋找俊男結成「契哥契弟」是完全自然而尋常的；這僅是禮儀問題，而非實質性的問題。在福建人的文化中，同性戀是如此根深蒂固，它甚至還有編纂成文的協議來規範它！文素臣對此感到震驚不已，他一時想不出更好的解決方法，就將一種藥物與唾液混合，塗抹在錦囊的臉上，使他的皮膚看起來又黑又渾濁。多虧有這個臨時的面具，這位年輕人終得以獨自離開。[77]

文素臣的朋友飛熊告知他一個最「可笑的」寺廟節日，即屁眼會，其旨在慶祝「好男風祖宗」夏得海的生日。[78]據說，這個（很可能是虛構的）節日在新年的第六天舉行，即供奉財神後的一天，但它吸引的信徒是前者的三倍之多。這裡暗示的幽默悖論是，福建男人喜歡少年的「洞」甚於錢幣中心的洞——對他們而言，與少年發生性關係比金錢更寶貴。節日當天，男風的狂熱愛好者向他們的祖先致敬，向其獻祭，用供奉的肉塗抹他的嘴，然後帶著滿嘴油膩的雕塑四處遊行。飛熊說，所有社會階層的人都會向這位神致敬——從店主到衙門雜役再到教師，甚至妓女。一直沉默不語的文素臣此時再也無法克制他的驚訝之情——怎麼連女人也會來祭拜？他的朋友解釋道，因為這片土地上每個人都在尋覓少年，乃至如果妓女想繼續維持營生，也不得不喬裝打扮成少年，「閉了前門開出後路」。當文素臣問為什麼當局不下令禁止這種活動時，他的朋友回答說這種性傾

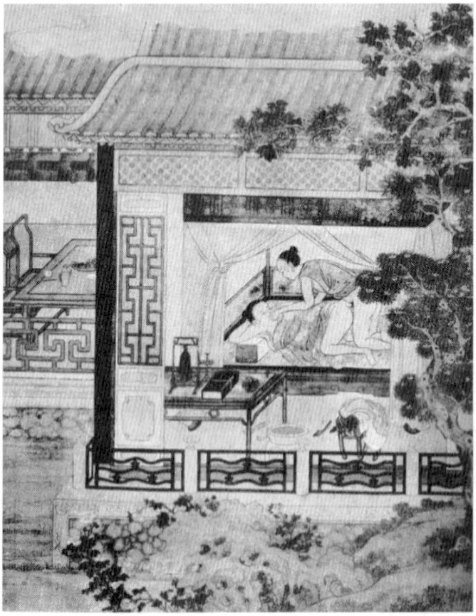

《金瓶梅詞話》的插圖，源自18世紀中期《清宮珍寶皕美圖》畫冊，描繪了一位道士與弟子做愛的場景。

向是「天地山川生就的」，由此意味著，任何官方的禁令都將無濟於事。總而言之，飛熊的觀點是，在福建人的文化結構中，男同性戀是根深蒂固的，而這種文化特徵又植根於這個地方的地理位置，或者更準確地說，是由於它的風水。誠如飛熊所言，在福建，與少年發生性行為被視為——以經典的隱喻來表述（已在第一章探討過）——「家食」，這意味著在福建，異性戀被認為是「野味」。為了更清楚地闡明自己的觀點，飛熊告訴文素臣，他有位僕人的父母聽說他拒絕了他們兒子的性示好，感到很生氣，因為「小廝們若沒有契哥，便是棄物」。[79]飛熊只有增加他僕人的薪水，才能夠在不與他發生性關係的情況下避免令其蒙羞。對於飛熊說的這番話，在場的兩位家僕產生了截然不同的反應，這也為我們提供了生動形象的故事細節。福建的僕人在沒有一絲尷尬的情況下專注地傾聽他主人的故事，但是文素臣的侍者錦囊的臉卻一下子變紅了。飛熊總結說，對此無能為力——即使殺光所有福建男人，只剩下兩個，那麼他們中的一個也會成為契哥，另一個成為契弟。[80]飛熊對福建人性習俗的描述也是關於怪誕世界的描述——這是一個顛倒的世界，在那裡，與少年發生性關係的優越感被認為是規範，而這種「規範」的對立面是存在同性戀卻被視為例外的世界。然而，飛熊似乎也將福建性文化的這種特性視為天生的、無法根除的異常現象；因此，他持文化相對主義的立場，這與文素臣剛好相反，後者可以被恰當地視為道德原教旨主義者。我們可以說，《野叟曝言》將男同性戀描述為違背天理的行為，它得到迅猛地發展，首先呈現為特定社會群體——佛教僧侶——的標誌，然後被理解為整個地域文化的特徵。倘若癲狂的佛教僧侶的案例表明，可以透過控制社會的特定部分來消除這種實踐，那麼在後一個案例裡，如文素臣的朋友說的那樣，人們將不得不抑制整個福建的男性人口。

但是飛熊的現實分析沒有令文素臣感到氣餒，相反地，他產生了不可遏制的雄心，立志「除掉」(「化除」)這種「惡習」。[81] 文素臣在他的文化復興計畫中找到了新的使命——消除同性戀，諸如「惡習」等表達顯然借鑑自宗教性道德說教文獻裡的語言，我們在第二章已經看到，天主教傳教士利瑪竇和衛匡國也使用這種表述。在小說一開始，文素臣就宣稱剷除異端是他的目標，而同性戀被視為一種異端形式。後來的情節更加清楚地表明了這一點。文素臣在清晨祭拜過城隍，得到了神的強大賜佑，之後來到舉行可恥節日的廟宇。透過文素臣挑釁性的雙眼，我們目睹了這個「邪會」：全部由十歲到二十歲之間清一色的少年組成一支隊伍，他們拿著香、旗幟和純陽侯的印盒，而他們的「契兄」則在旁邊協助；喬裝打扮成男人的妓女以及四處遊行、令人不安和滿嘴油膩的神像，它們共同構成了一幅反常的畫面。文素臣感到極其噁心，再也無法袖手旁觀，他魔幻般地用憤怒的一瞥破壞了虔誠的遊行，導致神像突然坍塌，遊行隊伍在混亂中解散。在文素臣凶狠的一瞥之下，神像轟然倒塌，致使神的內臟破碎，人群衝過去將碎片搜集、保存起來。這個細節暗示著，該場景可以被解釋為一種象徵性地重演，即對這個臭名昭著的龍陽的肛門反覆進行戳刺，其中衛道士的瞥視取代了劊子手的匕首。不肯作罷的信徒又急忙抬出另一尊神像，但是文素臣再次摧毀了它，這之後，受驚嚇的遊行隊伍被徹底地「斬斷」。然而事實證明，文素臣的強烈干預對當地人的影響很有限，我們被告知，發生該事件之後，儘管祭拜活動減少了一半，但供奉夏得海的廟宇仍然香火不斷。[82] 這表明，文素臣最終沒有成功實現「除掉」福建墮落的性習俗及其狂熱信徒的野心。這顯然是不可能完成的任務。

艾梅蘭（Maram Epstein）最近注意到，二十世紀初出版的《野叟曝言》對原著進行了改寫，與原來的敘述相比，明顯的反同性戀旨趣成為它重要的新特徵。她認為，在西方殖民主義的影響下，中國性文化和性道德的「現代化」可以解釋這一點；小說的改寫標誌著中國性話語的新範式，它對男同性戀尤為不利。[83] 儘管由於西方醫學文獻的譯介，人們對同性戀的態度無疑發生了改變，但是在夏敬渠的小說裡，一種特別惡毒的反同性戀的立場顯然已經在運作。對於福建人的性偏好，文素臣作出了強烈的反應，這不僅透過他的朋友飛熊妥協的立場表現出來，而且也透過小說評論者本人的立場表現出來，有一處評論者想知道為什麼作者——被認為是文素臣的另一個自我——如此憎恨福建人，以至於使用這樣強硬的措辭。[84] 同樣明顯的是，小說透過與品德高尚的男異性戀的並置，更加強凸顯出男同性戀追捧者的變態本質。事實上，飛熊本人是鰥夫，他的妻子恪守孝道（為了照料她婆婆），最終餓死，此後飛熊拒絕再婚，因此，文素臣稱讚他為「義夫」。評論者透過強調夫婦關係的重要性來附和他的溢美之詞。[85]換言之，夏敬渠透過將男同性戀與忠於妻子的男人典範進行對照，從而提出反男同性戀的觀點，這再次表明，他將男人之間的性關係看作是異端形式，同時贊成將丈夫和妻子的異性戀關係看作是常態／規範。

對錦囊的同性戀騷擾、關於夏得海的狂熱崇拜以及文素臣的破壞性干預等事件，都是為了引入該小說中最具性色彩的——雖然不是簡單色情的——情節之一。南京有個臭名昭著的李又全，他家財萬貫，妻妾成群，他與她們進行交媾，其目的據稱是為了延長壽命。使李又全精力充沛的「食譜」主要是異性戀的性，但他並不鄙棄偶爾享用男性的香豔美味，我們被告知，他也經常吞吸精壯男性的精液。李又全的女人看到文素臣在雪地裡撒尿，對他碩大的陽物欽羨不已，她當即向主人彙報，李又全對這個好消息很興奮，準備邀請我們的英雄去赴晚宴。不言而喻，他是醉翁之意不在酒。那天晚上，文素臣被下了蒙汗藥，又被李又全的妾撩起性慾，直到他的陰莖插入一個洞，而在另一頭，吸血鬼般的男人正在等著吸食他珍貴的液體。[86]須強調的是，李又全在這裡被描述為罪犯，他為了長生不老耗盡男女的精氣，也就是說，由於他錯亂地使用道家關於性和不朽的思想。另一方面，李又全絕不是同性戀者，從根源上而言，他吸食文素臣精液的做法不是一種性行為。李又全對文素臣的興趣不是源於同性戀慾望，而是源於飲食本性。事實上，他不是以少年的屁眼為目標，而是以成熟男人的精液為目標；而且，鑑於文素臣成熟的年齡（已經二十六歲），根據帝國晚期的同性戀慾望觀念，他被男人覬覦的可能性微乎其微。[87]也就是說，圍繞著男男性態的主題，在這個故事和之前的故事之間仍然可以發現形式上的聯繫。在修辭方面，這個故事是色情隱喻的變體，它涉及一個男人以自己的妻妾勾引年輕人，以便利用對方的性。根據這一隱喻，文素臣應該（被下蒙汗藥和）被強姦，但這無疑會損害我們儒家超人的英雄身分，進而破壞這部小說最基本的意識形態前提。其次，我們還注意到，這個故事和探討福建同性戀現象的故事之間存在對應關係——就像文素臣的小僮錦囊在大街上被男人追求一樣，在這個故事裡，文素臣本人被李又全追求。可以說，所有這些故事之間的聯繫在於男性身體的價值。文素臣因其性能力令人垂涎三尺，這種性能力透過雄壯的生殖器體現出來，因此，他的陰莖既具有身體價值，也具有象徵價值——他神奇的男性氣質之本質。不用說，陰莖的這種價值極為符合該小說強烈的男權主義意識形態。具有諷刺意味的是，儘管文素臣對道家倒錯的「採陰」思想——就像吸精者李又全做的那樣——極其厭惡，但他最終似乎認同其基本邏輯，即陽氣具有治癒力。在小說的後來，文素臣建議皇帝睡在兩個精壯的少年中間，來治療他的身體不適。[88]顯然，即使是文素臣——儘管他對男性之間的性親密充滿蔑視——也欣賞「純陽」的特性，相信它對男性氣質有益，雖然不是主張吞食男性的性液，但相信接近年輕而充滿活力的男性身體具有治療效果。[89]這正好符合小說極端男權主義的議題和對同性社交的稱頌，甚至盲目迷戀男性身體具有神聖的和治癒性的力量。另一方面，男人之間的性——或者正是因為這個原因，若我們同意賽菊寇的觀點——被想像為處於譜系的對立面。[90]《野叟曝言》的性理論將家庭和生育置於優先地位，可以預料的是，這種理論憎惡雞姦，認為它缺乏任何形而上學和道德的基礎。因此，《野叟曝言》的男權主義觀最終產生了充滿焦慮的矛盾——雖然在身體上接近充滿陽氣的少年有益於健康，但雞姦卻是不正常的。

唯美主義者的夢想

《儒林外史》（大約成書於一七五〇年）對文人道德觀念的無情鞭撻並沒有減少精英對戲子的激情。杜慎卿是最能體現文人這一獨特嗜好的人物，但他不是唯一受其影響的人。在吳敬梓的小說裡，對青春期男性的激情明顯與士人文化中過度的審美化傾向有關，這種士人文化以短暫的迷戀為核心，也以這種迷戀為界線。在我們對杜慎卿的性取向有所了解之前，他被描繪得極為雅致和講究。他以精緻的食物招待賓客，自己卻幾乎不觸碰（彷彿他是不朽的仙人），朋友們勸他至少吃點什麼，結果他狼狽地嘔吐出來。[91]在接下來的故事裡，當杜慎卿和朋友季葦蕭交談時，有媒人進來向他推薦一位長相嬌媚的妾，她機靈地補充道，她的哥哥是戲子，甚至比她更嬌豔。季葦蕭向他表示祝賀，但杜慎卿卻不無遺憾地解釋說，他只是為了延續家族的血脈才納妾。季葦蕭勸他享受「才子佳人」的愉悅，說對於他這個年齡的男子而言，這是最合適不過的。但是在回答他的朋友時，杜慎卿援引了明朝開國皇帝的例子，這位皇帝聲稱要不是他的母親是女人，否則他將殺死全天下所有女人；他渾身上下散發出厭惡女人的氣息，宣稱隔著三間屋子的距離就能聞到女人的味道。季葦蕭反駁道，沒有其他情感可以與「男女之情」相提並論，杜慎卿反脣相譏，說愛情不是只有一種類型，並且援引鄂君與他的船夫以及漢哀帝和他的寵臣董賢的崇高事例來表明「朋友之情」的優越性。杜慎卿的話伴隨著會意的一笑，彷彿為了凸顯他朋友的天真；接下去的談話證實了他對朋友作為情感問題上的「外行」——頭腦簡單、情感用事之人——而產生居高臨下的態度。當杜慎卿抱怨尚未找到知己時，季葦蕭則務實地建議他可以多了解一下城裡的優伶市場，而這位情感的忠實擁護者回答道，沒有愛女人的男人會考慮在妓院裡找理想的知己。由於無法找到稱心如意的知己，絕望之情縈繞在心頭，杜慎卿不禁潸然淚下，這種舉動明顯暗含著他的女子氣弱點。[92] 其他地方也確證了他的這一性格特徵，譬如沒有精力去挑戰像爬山那樣的業餘愛好，或者在欣賞樂曲時很快疲乏不堪。在評論杜慎卿的「女子氣」時，其他人也暗示了他的這一弱點。[93]

整個交流過程和流淚的傷感場景，令季葦蕭認為他的朋友確實很痴情，應該搞個惡作劇讓他清醒一下。因此，季葦蕭告訴杜慎卿，他認識一位理想的少年，對方是道家子弟，並將他的名字和住址告訴了杜慎卿。為了進一步取悅和喚醒他的朋友，季葦蕭補充說，他是真正的「美男，原不是像個女人」，他故意裝作不明白為什麼男人會對長得像姑娘的少年感興趣——既然如此，為何不直接找漂亮的姑娘？杜慎卿不需要任何說服；他當即取消去見未來的妾（「女孩」，女兒）的計畫，第二天一大早就衣冠齊楚、渾身帶香，趕緊去道觀見他的「朋友」。然而，當盼望著這位楚楚動人的「少年」出現在樓上時——就像在音樂劇裡一樣，我們的眼睛跟隨著杜慎卿聚焦於那個盲點，期待著它很快將被無與倫比的美豔點亮——現身的卻是一位圓胖的、滿腮鬍鬚的中年道士。杜慎卿被證明是有雅量之人；他將這視為忍俊不禁的玩笑，並樂於接受他朋友虛情假意的道歉，因為那位道士至少可以稱得上是美男，一點也不像個姑娘。[94] 從這個意義上而言，我們至少應該這樣來理解季葦蕭的惡作劇的要點，它利用非女子氣的男色產生的悖謬，以及對青春不再的男人——他的鬍鬚和碩壯的體格成為無可救藥的男性氣質而不是所欲求的剛柔並濟之標誌——產生慾望而導致的荒誕感。在該小說的前一回，已經暗示過這樣的悖論，在那裡，有位住持在見多識廣的文人朋友陪同下，慶賀他最近的升遷，這時突然來了一位鬍子拉碴的、男扮女裝的熟人，他從轎子裡跳將出來，直呼他為丈夫，暗示他們之間的性關係，這一度令場面十分尷尬。[95]僧侶將弟子作為情人，此種觀念自然是晚期帝國（豔情）小說的主要素材，但這種弟子充滿男子氣的外表和成熟的年齡遠非是傳統意義上的。這兩個故事都是滑稽可笑的，它們推翻了男色的鑑賞標準，嘲諷杜慎卿表現出來的渴望「男性化」美人的觀念，它與女子氣的規範性男色觀念截然相反。雖然季葦蕭贊成男女之愛的優越性，但他明確感到杜慎卿是痴情的受害者，並認為具有男子氣的男人對另一個男人充滿渴望的念頭是荒謬的，然而，沒有跡象表明他將這樣一種規範性的觀念排除在外，即成年男子對嫵媚少年的吸引力。下面的故事證實了這一點。

可能為了彌補沒有找到理想少年的失望之情，杜慎卿向季葦蕭和鮑廷璽（以前曾是戲子，並是一家戲院的老闆）提議，他們將組織一場規模宏大的「品花」比賽，將南京一百多家戲院的男旦聚集起來，比拚他們的美貌與才藝，最後公布優勝者名單。[96]這場「盛大的考試」在湖心亭舉行，它透過一座狹窄的橋與陸地相連——這是一個似乎處於漂浮之中的區域，具有令人陶醉的雅致，它是夢一般的幻想舞臺。當音樂充盈著整個湖泊時，它磁鐵般地吸引了眾多當地人，他們爭相登上船舶，想要接近樂曲的源頭，一睹那絕妙的場景。第二天城門重新打開時，眾人方才散盡。舞蹈表演的富麗堂皇可能為了反襯出「考試主題」——男旦的魅力——在本質上是微不足道的，由此引申為對科舉制度的嘲諷，這場比賽顯然是以它為模板。絕妙的場景暗示著超現實的地形，並投射出空靈之美的幻覺，這象徵性地暗示著對男旦的激情之虛幻和荒唐的本質。黃衛總談及小說裡的「易裝」對諷刺文人習俗具有的重要作用，他評論道，男旦的表演反過來指向文人組織者自身的「後臺」表演。[97]當然，空洞的戲劇性和文人努力的幻滅是這個諷刺性橋段的核心。對此，商偉指出，我們可以將品花的盛大表演看作是莊嚴的泰伯祠祭禮的排演（它也由鮑廷熙精心策劃），從而看到戲劇表演與儀式表演之間的聯繫，該觀點同樣不乏洞察力。[98]這兩種解讀的優點是引起人們注意《儒林外史》的主要關注點之一，也即文人的審美化趨勢，以及他們對倫理原則真正的承諾正在被侵蝕。與《野叟曝言》不同，《儒林外史》間接呼籲健全的儒家男性氣質，這並不全然意味著譴責男風之好。[99]小說的主要批判對象再一次涉及廣義上的男性氣質，而不是同性戀本身。然而，同性戀被選擇作為其能指之一，用於闡明文人的頹廢，尤其是他們極為有害地將實質

《六合同春》中的木版印刷插圖，陳眉公先生批評，蕭騰鴻刻（1644 年），北京：北京大學圖書館善本部。

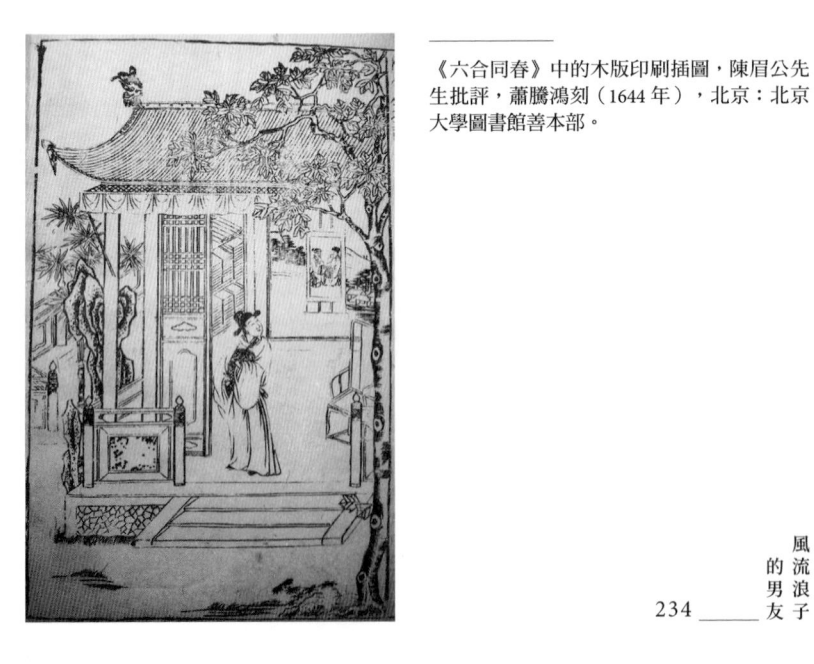

簡化為表象、將道德觀念簡化為審美觀念。

總而言之，在這三部小說裡，強烈的道德說教和反風流浪蕩的沉思使它們在批判儒家男性氣質時，同性戀成為首當其衝的對象，但正是由於明顯的話語差異，使這些著作顯得與眾不同。在這三部小說裡，同性戀作為癖和性放縱的標誌，都遭到譴責，但透過具有社會意識的和情感扭曲的棱鏡來看待《姑妄言》，我們發現它的表現手法更加細膩和多彩，特別是與《野叟曝言》相比。在《姑妄言》裡，同性戀惡棍是痴迷男風的主顧或墮落的男妓，甚至是機會主義的年輕文人，而勇敢的男旦和男寵則受讚揚，而且充滿同情心地描述愛情的受害者。然而，在極端男權主義的《野叟曝言》裡，主人公粗暴地規避同性戀，將它視為觸犯法律的虐待行為（強姦未成年人），或是應該不惜一切代價根除的變態的（令人費解的是，它是雙方都同意的）地方性習俗。在《野叟曝言》裡，它沒有興趣區分性剝削和浪漫情感；男人之間的關係是形而上學的，（因而）在道德上是錯誤的。而在《儒林外史》裡，對好男風的評價則要輕鬆得多，它被認為是妄想的和審美的頹廢文化之標誌，男風之好具有一種修辭功能，它有助於強調正是因為文人對戲劇的嗜好導致這樣的風險，即抽空最神聖的和具有重生性的儒家儀式實踐。

若要指出這三部小說的共同之處，我們可以說，它們都努力表明對同性戀的迷戀如何與健康的男性氣質不相容，這種努力表面上源自矯正文人男性氣質中出現的女性化趨勢的願望。雖然《姑妄言》和《野叟曝言》透過推動經過強化的和融合型的儒家男性氣質，以重建其典範，但《儒林外史》系統性地解構了所有男性氣質模式，最終沒有一種能免遭批評。儘管存在這些差異，如果我們假設吳敬梓的批評是為了激發文人反思自身的文化及其性別意識形態，那麼我們必須得出這樣的結論，即這部小說也旨在為復興健康的儒家男性氣質作出積極的貢獻，即使它是以否定性的方式。本章討論的這三部十八世紀的小說，都透過（或多或少是直接地）指出可行的救贖模式來挽救男性氣質，與這種努力形成鮮明對比的是，十八世紀最著名的小說《紅樓夢》則是例外，它完全輕視男性氣質的價值觀，而贊同女性氣質的價值觀，更確切地說，它是將女性氣質確立為（情感型）男性氣質的理想構成要素。在帝國晚期的情感小說裡，鑑於「情」往往與女性情感聯繫在一起，因此《紅樓夢》的情感立場涉及女性氣質的理想化，它摒棄男性氣質，認為它缺乏內在的本真性。與《野叟曝言》中激進的超級男權主義者文素臣相對應的是《紅樓夢》中同樣激烈的反男權主義者賈寶玉。這種截然不同的性別詩學產生的其中一種結果在於，《紅樓夢》拒斥男性氣質的等級限制，支持情感上結構化的、同一階層的女性氣質的聯盟以及情感關係的平等主義意識形態，可以預料的是，它對同性戀持普遍意義上的親和態度。作為這種反男權主義意識形態的支持者，賈寶玉在本性上被同類型的人吸引，也即像他自己和他才華橫溢的姊妹們那樣多愁善感的人們。另一方面，按照性別分類，多愁善感從根本上是女性特有的，但在少年身上也可以找到這種特質。在這個意義上，《紅樓夢》預告的愛情絕對觀念超越了性別區分，從而與第二章探討的晚明經典的情感形式重新聯繫起來。因此，《紅樓夢》裡男人之間的愛情占據著重要地位，其情感意識形態從根本上塑造了十九世紀中葉的《品花寶鑑》，這是中華帝國晚期最後一部以男同性戀為主題的小說，它在很多方面都是《紅樓夢》最早的改寫本之一。鑑於此，我接下去將探討這兩部小說。

第五章

男性戀情

The Male Romance

如《姑妄言》和《野叟曝言》一樣，就原創性而言，《紅樓夢》在譜系上受惠於晚明兩種致力於探索激情的小說類型——才子佳人言情小說與色情的「社會風俗小說」，後者包括《金瓶梅詞話》以及其他豔情作品。更準確的說法是，曹雪芹創造性地打破了豔情小說和才子佳人小說的窠臼，他從一開始就明確表示對兩者的俗套都感到不耐煩。[1] 顯然，曹雪芹對這兩種次文類進行了研究，不可避免地借鑑它們，在它們的基礎上進行創作，但他仍然小心翼翼地避免直白的性描述，由此創作了一齣才子佳人的愛情悲劇。《紅樓夢》不是簡單地描述少年與少女之間的性，或講述他們之間美滿結局的故事，它更感興趣的是呈現慾望——一種渴望而不是滿足，一種墜入愛河的狀態而不是慾望對象的肉身占有。因此，除了其他新穎性，《紅樓夢》提出了一種將傳統愛情故事重新精細化的模式，它被概括在備受爭議的「意淫」這一表述裡，意淫通常表現為「心靈的慾望」，但它也可以被理解為「想像的淫」（或「淫的傾向」，甚至是「淫慾」）。這個術語是賈寶玉夢遊於「太虛幻境」時，警幻仙子（霍克思〔David Hawkes〕將其翻譯成 Disenchantment，意為「醒悟」、「不抱幻想」）為了定義他特殊的「淫」而採用的新詞；誠如她所言，這個詞最接近的同義詞是「痴情」。[2] 余國藩（Anthony Yu）指出，意淫指向一種主觀狀態——可以說是自我指涉甚至是自戀——而不是指慾望對象的積極追求。[3] 馬克夢恰如其分地將《紅樓夢》的情感理想描述為「崇高的愛情」，這種感情不會輕易地妥協，或以塵世的、肉體的標準來衡量。這種情感傾向在思念和延遲的愉悅中茁壯成長，而且極為注重貞操，我們將會看到，在《紅樓夢》之後的小說裡，如《品花寶鑑》，這種特性將會被放大。儘管明顯存在強調感情而不是性的趨勢，但在《紅樓夢》裡，這兩個方面尚未像《品花寶鑑》那樣，成為彼此對立的範疇。例如，警幻仙子摒棄「好色不淫」的古典儒家理想——而這正是《品花寶鑑》的情感標語——因為在審美上對美人的吸引本身就是淫的反應。她還進一步認為，沒有任何形式的淫比「情」更強烈。誠如她所言：「好色即淫，知情更淫。」[4]《紅樓夢》的主要關注點正是這種「淫」，最重要的是，它使小說的主角賈寶玉成為「新風流浪子」。

《六合同春》裡的木版畫插圖，陳眉公先生批評，蕭騰鴻所刻（1644年），北京：北京大學圖書館善本部。

新風流浪子

《紅樓夢》對言情小說和豔情小說傳統採取的論戰性姿態，最明顯地體現在賈寶玉這個人物身上。雖然從某種意義上說，賈寶玉既是豔情小說裡的風流浪子，又是言情小說傳統裡的才子，但他與這兩類文學範疇上的先輩們有著本質的區別。從小說的結構來看，關於賈寶玉的主要修辭模式是豔情小說裡的風流浪子，他耽於聲色，後來意識到它的虛空而轉向禁慾主義，以尋求拯救之道。但是，賈寶玉的愛慾使他與西門慶以及所有其他密切相關的文學先輩相區別。賈寶玉是新型風流浪子，他尋找情感上的知己，而非不斷地追求另一位性伴，這成為他情感思慕和情感追求的特徵。也就是說，賈寶玉的「淫」是不同的，用警幻仙子的說法，它是一種「情慾」。類似地，賈寶玉也不是典型的才子佳人言情小說裡的年輕才子，因為他極為厭惡儒家文化和儒家事業。換句話說，賈寶玉體現的性別和性意識形態使他（以及關於他的故事）在十八世紀的小說全景圖裡顯得獨一無二。如我們前一章探討的其他十八世紀小說一樣，《紅樓夢》主要關注對男性氣質的批判。然而，與前面提及的小說不同，它們仍在努力恢復對健康的、典範性的儒家價值觀和抱負的信仰，而在《紅樓夢》裡，男性氣質彷彿是一種贖不了的罪，它同時讚美情感上更加細膩的女性氣質。即使僅僅透過粗略地比較，我們也可以發現在這些十八世紀的作品裡，主角的性別特徵存在顯著差異。與《姑妄言》裡的鍾情不同（更不必說是《野叟曝言》裡的文素臣），賈寶玉拒斥儒家的學識和禮儀修養，只注重提升他在審美和情感方面的感受性。最終，他將不得不放棄性別自我形塑的特權，經歷重新男性化，而這種性別重塑只是向最終救贖邁出的一步，到那個時候，他將離開家庭和國家，轉向自我的精神修煉。對於《野叟曝言》（以及《姑妄言》，除了它的結局不同）之類的小說而言，自我與社會之間的這種對比，即使不是截然對立也是完全異質的，在這類小說裡，家庭與國家是自我表達和自我成長的自然場域。賈寶玉混合的男性氣質顯然給小說的讀者和作者造成了困境，《紅樓夢》的許多續集和改寫本表明了這一點，在這些續集和改寫本裡，賈寶玉被還原成更傳統的才子佳人式角色，並具有相應的性別特徵。[5] 這種對於修正的焦慮恰恰凸顯出賈寶玉獨特的性別角色，以及《紅樓夢》與言情小說和豔情小說傳統相悖的程度。《紅樓夢》從根本上顛覆了男性氣質，並且前所未有地論證了與女性氣質相比，男性氣質具有的低劣性。[6] 賈寶玉之所以厭惡男人，這是因為他們缺乏情感的敏銳性，而且因循守舊、審美遲鈍，並維護僵化的等級制度。由於賈寶玉拒斥用來界定儒家男性氣質的教育和官僚職業，因此，我們也可以說他拒斥男性認識論本身。與賈寶玉蔑視男性氣質的規則和角色相對的是，他認同女性氣質的情感和價值觀。在賈寶玉看來，女性核心的意識形態原則是情感性的；在這個意義上，我們可以說賈寶玉贊成的是陰柔的男性氣質理想。當然，這種陰柔男子氣並非《紅樓夢》所獨創。馬克夢注意到，女性化的男性在晚明已蔚為大觀，在那個時期的小說裡，「風流」地位不斷上升、最終壓倒「好漢」，便是明證。[7]陰柔男子氣的興起與「情教」的發展同時出現，情與女性氣質形成本質性的聯繫。[8]因而，我們可以說，《紅樓夢》完善了這樣一種觀念並使之激進化，這種觀念如今已經被廣為接受——感情豐富的男人是以女性化的男人來定義的。換言之，《紅樓夢》裡女性氣質的重要地位和女性化的男性氣質的理想最終是與小說裡愛情的核心地位相關聯的。[9]這部小說的愛情觀主要以兩位（男性）知己之間的平等主義關係為標誌，並且無差別地運用於異性戀情感和同性戀情感，這與晚明時期的表述方式相吻合，第二章已指出這一點。這種平等主義的情感理想構成了賈寶玉與秦鍾之間同性愛慾關係的敘述基礎，小說的第七回到第十六回明確描述了這種關係，這使我們傾向於認為，也正如人們後來發現的那樣，在小說初稿（即《風月寶鑑》）的情節裡，它可能扮演著更重要的角色。

秦鍾之死

在最近一項關於《紅樓夢》的考證研究中，尤其是關於現存本與原稿之間關係的棘手問題上，劉世德認為，在那神祕的「另一部」小說裡，秦鍾是重要得多的人物。[10] 在劉世德的著作裡，前兩章花了大量篇幅探討秦鍾之死和薛蟠精心策劃的大鬧賈府——這可能是原稿中賈府學堂出現「同性戀醜聞」之後發生的。[11] 根據劉世德的觀點，有兩個原因促使曹雪芹修改原稿——倫理／審美問題和敘述節省問題。關於第一個原因，劉世德考慮的是性描述，因為他指出曹雪芹在修訂過程中還刪減了其他一些強調性愛的情節。劉世德猜測，曹雪芹可能受到來自早期讀者的壓力，他們對突出的性描寫感到不滿，因而敦促他刪掉「粗俗和不雅」的細節。關於第二個原因，曹雪芹可能意識到在敘述上有必要更快地進入賈寶玉、林黛玉和薛寶釵的三角戀愛，而這構成了整部小說的核心情節。[12] 鑑於劉世德重點討論的是關於秦鍾和薛蟠的情節，兩者都涉及同性戀（而非一般的色情），並且考慮到他提出的為何刪減這些敘述的原因，人們不禁懷疑曹雪芹所作的修訂與同性戀敘事之間是否存在直接的關聯。劉世德的論證令人意外地表明，秦鍾的早逝可能象徵性地代表著對整個情節和小說結構的反對，在這種情節和敘事結構裡，同性愛慾占據著更多的篇幅。同時，這又指出了減少同性戀情節與作者的倫理關注之間的聯繫，以及他希望不再繼續拖延書裡核心的異性戀故事線。換言之，劉世德的解讀意味著，同性戀要素本身可能成為曹雪芹（甚至是小說早期的讀者）不滿的原因，並且是促使他對原稿進行刪減、從而讓步於異性戀敘事（更合理的說法是讓步於倫理適當性？）的根本原因。[13]

然而，關於曹雪芹或早期讀者反同性戀意圖的假設似乎不大可能成立，其原因有二：首先，儘管曹雪芹對原稿進行了修改，但同性戀遠沒有從小說中刪盡；其次，小說最早的評論者（包括與小說齊名的脂硯齋）幾乎沒有表現出任何反同性戀的偏見。[14] 曹雪芹的修改可能想減少一般性的性愛敘述的角色——這是審美而不是道德選擇的結果，也就是說，它更多地是由於曹雪芹的愛情觀和反豔情文學的審美觀，而不是對同性愛慾的倫理關注，更不是同性戀恐懼症。換言之，小說將情愛重新定義為終極的意淫，這是去色情化過程的主要原因，這個過程最後影響異性戀主義和同性戀主義；《紅樓夢》通常簡略地提及普遍意義上的性，而不僅僅是男人之間的性。可以肯定的是，《紅樓夢》並不缺乏我們所說的同性戀敘述形式。事實上，同性戀關係牽涉到賈府內外的各類男人：叔侄、主僕、親王與平民。毫無疑問，在涉及主人公賈

秦鍾木版畫像，《紅樓夢圖詠》，改琦（19世紀初）。

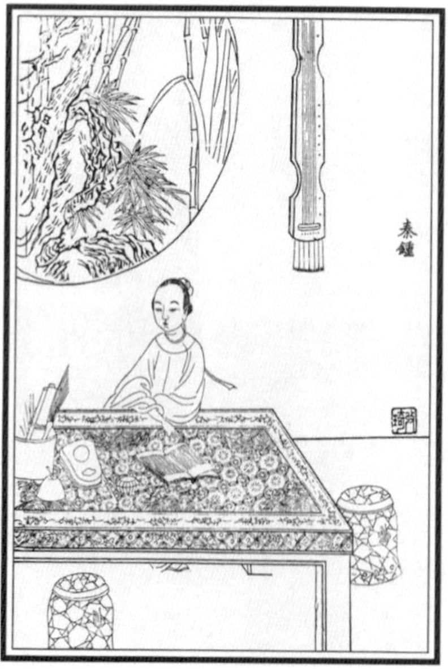

寶玉時，同性戀的觀念具有獨特含義，如我已指出，賈寶玉代表了新型風流浪子。但是，《紅樓夢》裡還有許多與同性戀有密切聯繫的「舊式」風流浪子，他們都讓人聯想起熟悉的傳統角色。例如，賈璉似乎跟隨著西門慶——這位女性化的風流者也喜歡與少年發生性關係——的足跡，當無法得到女性時，他通常會去找他們。賈璉的妻子王熙鳳完全知道他對俊美男侍的嗜好，但還是忍聲吞氣，因為這沒有威脅到她根本性的支配地位。[15]與潘金蓮（她嫉妒西門慶迷戀書僮，將書僮視為競爭對手）相比，王熙鳳對自己的權力更有信心，她甚至可以嘲諷丈夫的愛慾傾向。有一次，她公開嘲笑賈璉痴迷「外人」——這裡應理解為男妓或男友——為了產生幽默的效果，她立即糾正自己，說這個術語實際上並不準確，因為賈璉甚至將他們視為「內人」——也就是說，他的女性配偶。[16]我們可以將賈璉和他的兄弟賈珍等人看作是墮落的男性氣質的代表，認為他們的同性戀傾向是道德淪喪的標誌，如在《姑妄言》和《野叟曝言》裡一樣，正直的作者進行了恰當的揭露和批判。這在一定程度上確實如此，但是我們不應忘記，這些風流浪子通常既追求女性，也追求少年，因此，他們的同性戀取向本身並不表示他們是墮落的。甚至賈寶玉的表兄薛蟠，他被描述為酷愛與少年發生性關係，小說先是講述他為了女人而殺人，到後來再度出現時，恰好是在涉及同性戀的那一章回裡，他利用賈府學堂作為「契弟」的狩獵場。[17]同性戀慾望和異性戀慾望再一次棲居於同一個身體內，而沒有任何明顯的衝突。

性教育

在普魯斯特的《追憶似水年華》裡，馬塞爾需要爬上梯子，透過天花板下的一扇小窗才能窺探夏呂斯男爵（Baron de Charlus）與裁縫絮比安（Jupien）的祕密行為以及同性戀關係，而曹雪芹則將同性戀關係置於更加公開的領域，即貴族家庭的學堂。[18]《紅樓夢》選擇這樣的空間來第一次展現各種同性戀關係是意味深長的，它暗示男性的同性愛慾出現於少年生理、情感和智力發育過程中的萌芽狀態。此外，曹雪芹不是將同性戀定位於梨園或（男）妓院等社交空間（而是家族內部的學堂），從而提供了一幅極具刺激性的畫面，在其中，原本只有「下賤的」職業戲子才會扮演的性角色由精英階層的「良家」少年來扮演。薛蟠對學堂的興趣純粹是出於色情，他之所以經常光顧只是為了「結交些契弟」，曹雪芹以貌似驚訝的語氣告訴我們，很多學童貪慕薛蟠的財富，樂於為他提供性服務（對此，他也「不消多記」）。[19]這些少年沒有被描寫成專橫表哥的無助受害者，迫使他們處於侮辱性的地位，相反地，他們為了自身的利益主動尋求與薛蟠的親密關係。對於這些少年而言，與薛蟠發生性關係是一種商品，敘述者也清楚地表明，他們甚至得到家人的支持，正如學堂醜聞東窗事發之後，金榮的母親說的那一番話表明的那樣，她顯然將薛蟠對她兒子的喜愛看作是一種福分。[20]確實，學童們競相吸引薛蟠的注意，而且小說第九回講述的那起醜聞的根源正是因為有位學童被他拋棄而產生忌妒。在這裡，性毫不掩飾地被用於換取利益，這些關係類似於賣淫，因此它們也是嚴格等級化的。倘若討論的少年是家僕、戲子或職業妓女——也即「賤民」，那麼小說描述的情況也就不足為奇。但是，這些少年都是出身名門的「良民」，他們按理應該謹慎地保護他們的完整性。令人愕然的是，他們並沒有這樣做，他們的家庭也沒有。曹雪芹描述了「良民」精英的權力結構，它是整個社會權力結構的再現，其中年齡和地位等級決定了性關係中的支配和從屬。很明顯的是，很多學童屬於家道中落的賈氏分支，或者屬於後天獲得的（姻緣）關係，他們在很大程度上依賴於有權勢的親屬提供的庇護。在這個意義上，學堂成為整個社會的縮影，調控階級關係的權力作用機制在同質性的精英共同體中被自然化（至少理論上如此）。薛蟠對這種權力作用機制的絕對信心使他處於優勢，因而他膽敢引誘業餘的戲劇演員柳湘蓮，但使他遭受一頓暴打，當他認錯並承認柳湘蓮是「正經」男人時，對方才住手。[21]或許，曹雪芹正是為了讓自尊自重的柳湘蓮與學堂裡甘願妥協的少年進行抗衡。[22]柳湘蓮原來也出身於名門家庭，後來家道中落，他屬於前文講到的那類「良民」，他們無權無勢，最終淪落為職業戲子。柳湘蓮的情況尤為引人關注，因為他身為業餘演員，這是他性的可獲性的又一標誌（即使事實上並非如此），正好預示著他危險的身分地位。[23]

但是，這些並非賈氏學堂裡唯一的同性戀關係。與這些有點庸俗和嚴格等級化的關係同時存在的，還有源自於自發湧動的慾望而形成的關係。當我們仔細思量賈寶玉與秦鍾之間的緋聞時——這是《紅樓夢》裡唯一詳細描述的同性戀關係，男同性戀話語呈現出明確的傾向。賈璉和薛蟠代表傳統型風流浪子，他們只能確立階序性的愛慾關係，而「新風流浪子」賈寶玉則對平等關係情有獨鍾。因此，他與秦鍾的關係是基於平等，而不是年齡和社會地位的差距。[24]賈寶玉強調戀人之間同一性的愛情觀，實際上這可被視為先天性同性戀；他首先被吸引的是與他一樣的人；一種神祕的鏡像和融合的身分成為他的愛慾渴望的標誌。當賈寶玉第一次遇見林黛玉時，清楚地表明了這種傾向。賈寶玉出生時，嘴裡神奇地含著一塊玉，但他發現林黛玉沒有那樣的玉，於是他變得歇斯底里，暴戾地扔掉自己身上的玉——他的身分，也就是他的來歷——幾乎將它摔得粉碎。[25]類似的平等主義的衝動也適用於賈寶玉與男性之間的情感關係。當然，賈寶玉只被像他那樣具有女子氣的男人吸引，他們天生具有適切的審美感受性，就如賈寶玉被旦角蔣玉菡吸引所表明的那樣，而他對優雅得體的北靜王的仰慕之情亦表明了這一點，我們被告知，賈寶玉與他志趣相投，還經常在他府邸過夜。儘管敘述者對這些關係的愛慾維度很曖昧，但在故事裡，這三個男人透過一塊大紅汗巾串聯起來，即蔣玉菡將北靜王所賜的大紅汗巾給了賈寶玉。[26]由於賈寶玉曾將襲人送的松花汗巾贈與蔣玉菡，因此，早期的點評者對這種交換評論說，它預示著小說結尾襲人和蔣玉菡結為夫婦。誠如十九世紀的評論家姚燮所言，這一流轉的禮物象徵著情感上的「紅絲之繫」。[27]依我之見，除了女僕和戲子之外，「紅絲之繫」也從情感上連接了賈寶玉、蔣玉菡和北靜王。十九世紀晚期的評論家洪秋蕃明確將襲人和蔣玉菡最終的結合定義為賈寶玉的「內寵和外寵」之間的結合，這一對比強化了賈寶玉與演員之間捲入性關係的觀念。[28]

但是，探究賈寶玉同性戀特質的最佳事例是他與秦鍾之間的關係，秦鍾是唯一明確與他有性關係的男人。在賈寶玉第一次遇見林黛玉的情節中提及對平等性的強調，這種平等性也是兩位少年第一次相遇時的特徵。在敘述的層面上，賈寶玉與秦鍾之間的平等性表現為強調他們身體上的相似性（無疑是更深層次的親和性之標誌），以及他們彼此作出反應時鏡像般的對稱特性。透過不斷地相互比較（如秦鍾「較寶玉略瘦些」，美貌「似在寶玉之上」），並透過王熙鳳驚嘆賈寶玉終於找到了與他相配的人，敘述者不斷地暗示賈寶玉與秦鍾看起來很相似。至於曹雪芹描述秦鍾「怯怯羞羞，有女兒之風」，這明顯是為了預示即將被揭露的同性戀關係，正如早期的點評者脂硯齋指出，此乃「伏筆也，不可不知」，當秦鍾先說出他的名字時，脂硯齋認為也可以將「秦鍾」解讀為「情種」。[29]在十九世紀的評注裡，如《紅樓夢三家評本》，經常採用這樣的隱喻形象，即秦鍾像「情種」一樣，在賈寶玉的心頭突然生長出來。在《紅樓夢三家評本》裡，張新之進一步指出，秦鍾表字鯨卿，這再一次顯示與「情」字諧音。[30]確實，敘述者將兩個少年的相遇描述為一見鍾情。

在秦鍾面前，賈寶玉「心中似有所失」，他產生了一種懷舊的情愫，「痴了半日，自己心中又起了呆意」。當後來僕人問賈寶玉想吃什麼時，他完全心不在焉，只是答應著，無心在吃上，《紅樓夢三家評本》將這闡釋為他「心有所失」的另一個標誌，即情的標誌。[31]兩位少年似乎在共同的沉思中被懸置，彷彿魔幻般地與他們周圍的環境隔離開來，並沉默良久。敘述者不是描述他們的言語，而是讓我們傾聽他們內心的想法，而他們的想法完全是對稱性的。賈寶玉希望不是出生於貴族家庭，而是像秦鍾那樣出生在普通人家，那樣他就有機會早點與秦鍾交朋友。基於同樣的原因，秦鍾感到遺憾的是，他沒有像賈寶玉那樣出生在顯赫的家庭。脂硯齋認為，賈寶玉的想法是受「痴情」影響——我們可能還記得，這正是警幻仙子對「意淫」的解釋——並且談及他們的「兩情脈脈」。[32]在結束他們內心的想法時，敘述者告訴我們，「二人一**樣的**胡思亂想」，從而再次強調賈寶玉與秦鍾感情的同一性本質。不同的評論者一致突出敘述者對兩位少年虛擬身分的強調。例如，脂硯齋注意到，「眼見得二人一身一體矣」，並且「實寫秦鍾，又映寶玉」。張新之同樣說道：「寫秦鍾便是寫寶玉，一而二二而一者也。」[33]

另一方面，《紅樓夢三家評本》也對秦鍾和他姊姊秦可卿之間的關係進行了評論。他們分析的出發點是兩者相同的姓氏「秦」，它令人聯想到「情」這個詞。在評論了賈寶玉在秦鍾面前經歷「若有所失」的感受、重申這種「所失」是受「情種」影響之後，《紅樓夢三家評本》補充道，賈寶玉在夢到秦可卿時，產生了同樣的心有所失感。[34]該評論暗示的含義以及王希廉在這一章的結語裡更清楚地表達的意思是，正如賈寶玉夢裡在秦可卿的（紅色）閨房由她引導著與女人發生性關係一樣，現在則由她的弟弟秦鍾引導著與少年發生性關係。王希廉指出，自從賈寶玉做了那個夢並與丫鬟襲人發生性關係之後，他發現了「女色」，現在已經對它有了深刻的認識。「而於男色尚未沉溺，又有秦鍾同學，從此男、女二色，皆迷入骨髓矣。」[35]這些評論再次證實，男色和女色同樣都是男人感官探索的合法領域；賈寶玉相繼發現它們，但是他很可能對兩者都迷戀，所以才會自然地發生。換言之，異性戀和同性戀一致地呈現為自然關聯的、因而是等價的和可比的男性愛慾領域，在敘述層面，這種關係被象徵性地轉譯為兄弟姊妹親屬關係。

從這些評論中可以清楚地看出，帝國晚期的評論者毫不懷疑賈寶玉與秦鍾之間彼此吸引的性維度。敘述者沒有對這個層面詳細加以描述，這確實是事實，但同樣不可否認的是，他不斷地對它進行暗示，甚至喚起人們對它的注意，儘管他的措辭是預示性的。例如，在小說第九回，當兩人進入學堂時，敘述者告訴我們，他們的同窗滿腹狐疑地注意到秦鍾的「女子氣」以及賈寶玉以親密無間的、充滿深情的態度對待他，這促使讀者思量他倆的關係。我們可能會聯想到，他們對秦鍾「女子氣」的評價與賈寶玉對秦鍾的第一印象不謀而合，脂硯齋認為這是明顯的細節伏筆。無怪乎在浸透著同性戀慾望的學堂氛圍裡，賈寶玉和秦鍾被視為一對，而且還探尋其他愛慾聯繫。敘述者告訴我們，賈寶玉和秦鍾被兩個「多情的小學生」香憐、玉愛「不免綣繾羨慕」——與他們的感情相對應，據說他倆可謂是「嫵媚風流」——但由於忌憚這兩位少年與薛蟠之間的關係，賈寶玉和秦鍾對於是否要親近他們感到猶豫不決。[36]秦鍾的舉動最終引發了一系列事件，並很快演變成一場混亂和普遍性的對抗。隨著故事情節的發展，經過數次相互欣賞的對視之後，秦鍾終於找到一個機會，他在學堂外面與迷人的香憐——薛蟠以前的男友——面對面地說話。[37]正在這個時候，秦鍾被金榮嚇了一跳，這個金榮也是薛蟠的前男友，薛蟠為了香憐而甩了他。金榮以為逮著了把柄，威脅著要告發他們，除非他們允許他加入「貼燒餅」的遊戲。[38]然而，秦鍾完全無視他的暗諷和威脅，妒火中燒的金榮在全班同學面前不實地報告說，秦鍾與香憐在——極為貼切地——「後庭」發生性行為時，被他逮了個正著。秦鍾堅決反對這一指控，他得到賈寶玉的辯護。很快地，一場激烈的打鬥爆發了，雙方在教室裡拿著硯瓦威脅著相互追趕。這場騷動由誹謗引起，可以肯定的是，同性戀成為羞辱和訛詐的潛在原因。然而，同樣的事實是，最終整個事情是根據這樣的邏輯來解決的，該邏輯與賈寶玉的侍者茗煙在駁斥金榮時說的雖粗魯但貼切的表達差不多，即「我們肏屁股不肏屁股，管你雞巴相干，橫豎沒肏你爹去罷了！」[39]

但最值得注意的是，在第十五回尼姑庵的場景裡，敘述者強調了賈寶玉和秦鍾之

解釋秦鍾與小尼姑之間的性關係，即這一色情場景的敘述前提？恰恰相反，曹雪芹似乎不贊同黃衛總的觀點——如果賈寶玉與秦鍾是處於前青春期的兩個小孩，那麼我們應該如何解釋十六歲左右——這是男性之間產生戀情的典型年齡。[43]此外，有一個明顯的矛盾削弱了玉與秦鍾的年齡肯定是曹雪芹在修改作品時出錯導致的；此時兩位少年的年齡應該在時點應該處於前青春期。[42]然而，劉世德令人信服地表明，在現在的小說版本中，賈寶少年之間存在性關係，認為他倆還只是「兩個小孩」，即賈寶玉和秦鍾在故事的這一寶玉當作少年的獵手，而秦鍾作為他的獵物。[41]最近黃衛總提出一種觀點，反對這兩個西」作為交換，而這正是男人想聽到的建議。尼姑庵的場景也遵循著這樣的劇本，賈配偶或女僕調情做愛。被發現之後，少年會跪在地上請求寬恕，答應可以提供「任何東情小說裡經常發生的情景，即某個男人為了誘姦英俊少年而故意陷害他，讓他與自己的苦苦地哀求賈寶玉不要告發他，允諾接受他提出的任何條件，在修辭上這讓人聯想到豔清算以及他們之間的關係。而且，整個場景明顯含有色情的隱喻。秦鍾被抓住之後，他鍾出軌這件事的方式；鑑於曹雪芹反豔情文學的審美觀，這相當於告訴我們他倆在床上一會睡下，再細細的算帳！」[40]毫無疑問，曹雪芹這裡指的正是性，作為對等地解決秦（他在黑暗中與小尼姑智能兒親熱時，剛好被賈寶玉抓住）的那句話意欲何為，即「等間的性關係，當時敘述者突然以第一人稱出現在故事裡，聲稱並不知情賈寶玉告訴秦鍾乎強調兩個少年之間的性關係，而不是淡化或抑制這種性關係的可能性。同樣應該注意的是，曹雪芹的語調是戲謔性的，而不是批判性的，這再次表明這樣的假設是站不住腳的，即認為曹雪芹在減少同性戀情節的修改過程中，處於核心的是道德說教的衝動。關於《紅樓夢》最早的讀者對敘述者產生壓力的假設，同樣是不大可能的，這主要是考慮到脂硯齋避免從道德層面對賈寶玉和秦鍾之間的關係進行評論，而直言不諱地指出他們墜入愛河。無可否認，《紅樓夢三家評本》的評論不乏道德主義色彩；秦鍾姊弟倆被認為對賈寶玉或更廣泛意義上的讀者缺乏積極影響。在肯定賈寶玉被他們喚醒兩種愛慾的同時，王希廉也指責秦可卿對賈寶玉的腐蝕性影響（由於某種原因，最有可能的是厭女症）：「寶玉男、女二色，皆由秦而起。此秦氏所以為寧府之首罪也。」[44]第七回的總結性評論在談及兩位少年墜入愛河時，也對當代的「假斯文」提出道德警告，這些人不僅閱讀《紅樓夢》，並且還被它誘惑。類似地，王希廉認為兩位少年的相遇以及彼此迷戀是警告「紈褲子弟」注意誘惑性的美和富裕產生的影響。[45]然而，評論中雖偶爾指控上層階級的男人放浪形骸，但沒有將同性戀行為視為特別可憎，它抨擊的是對感官享樂的普遍嗜好。因此，王希廉認為秦鍾過早死亡是由於縱慾過度（這與他指責秦可卿是賈寶玉墮落的罪魁禍首一致），他先後提及秦鍾與尼姑的異性戀事件以及與賈寶玉的同性戀事件。[46]此外，在《紅樓夢三家評本》裡，道德說教的語調總被諷刺性的陳述沖淡。例如，當兩位少年為即將成為同窗興奮不已時，因為這樣他們既能享受「朋友之樂」，又能取悅他們的父母，點評者禁不住揭示說，這裡的「朋友」兼具「男友」的雙重含義，並且評論道：「是**朋友**之樂！」[47]還有，在探討「算帳」一事時，王希廉和姚燮稱之為「此燒餅帳也」；當我們被告知，兩位少年睡在「外間」，它正對著王熙鳳睡的「內間」，點評家們驚呼道：「是外間！」[48]很可能正是敘述者本人詼諧的語調給這些點評者以啟迪，他們非常樂意識破敘述者表面俏皮的言辭，將原本僅是（但有針對性地）隱晦的內容說得一清二楚。不管怎樣，秦鍾很快就死去；有關賈寶玉同性戀交往的敘述也與他一起消亡。

如本章開頭提到的，《紅樓夢》透過將濫情作為淫的終極形式，敘述了以失敗告終的情感，它一方面採納了言情小說和豔情小說的傳統，另一方面也破壞了該傳統。結果，後來的小說以不斷增強的理想主義來修復這種破壞，以至於將言情小說帶回到更傳統的路徑上。誠如其他學者所指出的，《紅樓夢》的創傷性結局產生了一系列的改寫和續集，試圖為這部小說的情感難題提供更令人滿意的解決方案。[49]在這項拯救性的事業中，同性戀愛情也有所體現，因為在《紅樓夢》的改寫作品裡，也存在同性戀愛情。

《品花寶鑑》裡的《紅樓夢》

陳森的《品花寶鑑》寫於十九世紀中期，它的主角叫梅子玉，然而，不僅僅是他的名字源自賈寶玉。[50]《紅樓夢》最重要的遺產是它的性別和情感意識形態，《品花寶鑑》繼承了這一點，但是沒有《紅樓夢》裡情感失敗的悲劇色彩。儘管《品花寶鑑》在很多地方借鑑《紅樓夢》，但它抹平了《紅樓夢》裡令人棘手的棱角。總體而言，梅子玉是比賈寶玉更為傳統的人物，他更接近於才子佳人愛情故事裡的「年輕才子」，《品花寶鑑》整部小說也比《紅樓夢》更符合此類小說傳統。[51]與賈寶玉非傳統的性格和教養形成鮮明對比，梅子玉是一位非常得體的年輕人，他是儒家孝子的典範，絕不會違背家庭的期待。梅子玉的教育歷程和仕途無可挑剔，他甚至從未想過要違拗它們。對梅子玉來說，亂交和性放縱是禁忌。賈寶玉被允許與正值青春期的姊妹們一起在大觀園裡玩耍，還為他安排貼身女侍，以滿足他的性好奇，但是梅子玉的母親不允許「僕婦三十歲以下，丫鬟十五歲以上者」來服侍他。[52]梅子玉在各個方面都比賈寶玉更加溫順，他具有女性化的男性氣質以及多愁善感的性情。在這兩部小說裡，故事的核心是尋找感情知己，兩部小說都以美化懷舊和愁思為特徵；用馬克夢的話來說，陳森大量繼承了曹雪芹的「崇高愛情」觀念。[53]可以說，將慾望的肉體性進行昇華，《紅樓夢》裡已經存在這種傾向（除了原稿的各章回之外），而《品花寶鑑》進一步激進化了這種傾向，它強調貞操和「潔淨」，甚至到達了這樣的程度，即愛和性往往處於對立的位置。[54]這種激進化最極端的例子是小說的主人公梅子玉，他對感官享樂的譴責既包括女人，也包括男人。例如，小說裡有個情節發生於元宵節期間，當時有位婦女直盯著梅子玉看，這令他臉紅難堪，尷尬地低下了頭。[55]這個場景顯然為了使他與豔情文學中傳統的風流浪子形成鮮明的對照，後者通常在元宵節期間尋覓性感的女人，策劃引誘她（這裡卻產生了顛倒的相互關係，是婦人發現了他，並向他獻殷勤）。稍後還有一個類似的場景，這次涉及的是少年，當時梅子玉和假「琴言」在聚會上相遇，他出乎意料地對這位嫵媚的演員一見鍾情。梅子玉一直焦慮地等待著這次會面，現在他們同坐在一把長椅上，而「琴言」如此專注地看著他，他又一次羞怯地垂下了頭。[56]對性誘惑的直白暗示使梅子玉感到臉紅；難怪他因為「冰冷的心」被杜琴言迷戀，他超然的姿態令人聯想起《紅樓夢》裡的林黛玉。甚至在遇見他之前，當朋友將這位琴官描述為「把塊水晶放在他心裡，又硬又冷」的時候，杜琴言很高興。[57]對於與梅子玉同聲相求的有情人而言，這樣一種冰冷的憂鬱是無法抗拒的，對他們來說，任何涉及感情的東西都會感到心慌意亂——在這裡，貞潔與性恐懼交織在一起。

但是，與本研究最相關的兩部小說之間的區別在於，梅子玉的愛情能力主要體現在他與昆曲男旦杜琴言之間的關係，梅子玉有一次透過馬車的窗戶看見他，就無可救藥地愛上了他。正如王德威敏銳地注意到的那樣，《品花寶鑑》將《紅樓夢》改寫成了「同性戀羅曼史」，其中杜琴言對應於賈寶玉最喜愛的表妹林黛玉，而梅子玉的妻子瓊華對應於賈寶玉的妻子薛寶釵。[58]但是梅子玉與他的人物原型不同，他設法實現自己的情感命運。與其他《紅樓夢》的改寫作品和續集一樣，《品花寶鑑》試圖補救它悲劇的結局，挽回賈寶玉的情感失敗。《品花寶鑑》確實實現了《紅樓夢》裡幻想的三人之間的幸福，只是梅子玉的「兩個美人」是不同性別的人。就此而言，我認為杜琴言這個人物，除了他以林黛玉為人物原型之外，還不可避免地使讀者將他與秦鍾聯繫起來。從這個角度看，陳森實施的修復可以被認為是三重性的——他既拯救賈寶玉與薛寶釵和林黛玉之間的異性戀情，也拯救他與秦鍾之間的同性戀關係。在創造了男「林黛玉」之後，陳森最終得以給自己的「賈寶玉」兩位知己和兩段成功的戀情，其中一段是與少年，另一段則是與少女。

作為藝妓的男旦

雖然王德威察覺到，陳森在《品花寶鑑》裡將《紅樓夢》的異性戀感情轉換成同性戀感情，但他將這種手法僅視為傳統才子佳人故事裡的修辭扭曲，最終悖謬地證實了它的陳腔濫調。他認為，儘管《品花寶鑑》裡的「佳人」是少年，但他的性別容易被人淡忘，以至於透過虛構的「偽裝」，小說讀起來像是普通的異性戀愛情故事。在王德威看來，這部小說的男旦被描繪成「彷彿他們是女人，而他們的顧客也這樣對待他們」。[59]換句話說，王德威認為我們應該在轉喻中辨識小說的主要修辭模式，即以女性取代少年、以異性戀取代同性戀。類似地，司馬懿（Chloe Starr）將《品花寶鑑》看作是一部「加密的藝妓小說」，認為這部小說中的男旦「被描述成藝妓」。[60]話雖如此，但她似乎也承認小說裡的男性愛情經驗，儘管只是將它視為暫時的——少年在成熟之後，這個階段不會繼續存在，並且在適當的時候必然會被異性戀婚姻取代。在這樣一種解讀中，小說最終會以真實的女性取代虛擬的女性。我將在接下去的討論中回到後一個問題，但是現在我們可以說，這兩種解釋都依賴於替代的觀念，其結果是，同性戀或被轉喻性地象徵著異性戀，或認為它是有時間範圍的，最終必定會被異性戀取代。這種評論導致的必然結果是，它描繪的戀情的性別特徵相對模糊，最終使小說中男性情感的焦點位置也晦暗不明。但人們可能會問，這些解釋在歷史上是否可以得到證明？例如，它們是否符合有文獻記載的關於男性賣淫的社會現實以及關於男色和男性愛情的文學傳統？男旦是否完全是假女人，抑或他們確實如小說裡呈現的那樣？[61]在帝國晚期的想像中，男性情感的觀念是否是缺失的，抑或它的地位是如此之脆弱，以至於只能用來指代別的事物？換言之，雖然我同意《品花寶鑑》描述的感情存在傳統的內容——它確實具有我們極為熟悉的異性戀情感色彩——並且在關於中華帝國晚期男妓和妓女的話語之間明顯存在共性，但是，採取將同性戀從小說裡抹除掉的解讀策略似乎是自相矛盾的。相反地，將陳森的《品花寶鑑》看作第一部關於男性的才子佳人小說，並探討為什麼這樣一部小說會在這個時空點出現，似乎更有裨益。

事實上，男旦既是社會行動者，又是文學人物。《品花寶鑑》描繪了一種只有在特定社會背景下才會發生的戀情，這種社會背景正是以戲院為核心的男妓世界；與此同時，小說將文人對戲劇表演，尤其是關於男旦的知識以及以「花譜」為代表的男色文學傳統故事化。到了清代中期，《品花寶鑑》中隱含的觀念，即名旦等同於男性「名妓」，已經得到廣泛認可；這個事實本身就說明了這一點。男性賣淫是一種社會現象，它具有自身的傳統，大量證據表明，在十八世紀末、十九世紀初的北京城裡，可以找到它最精緻的形式。小說的背景發生在北京絕非巧合，在這個時期，小說裡的人

（很可能是 19 世紀）某畫冊局部，源自《秘戲圖大觀》（1993 年）。

物都傾心於生活在北京。十九世紀可被視為色情娛樂潮流的成熟期，它（至少）是整個帝國晚期的標誌，而《品花寶鑑》是第一部專注於這一時期的豔情文化的小說，並放大了在那個環境中蓬勃發展的娼優和士人之間的特殊情感關係。吳存存和郭安瑞認為，十八世紀末、十九世紀初是男優風尚和「花譜」這一文類的巔峰期。[62]這種發展也得到了視覺證據的支持，根據高居翰（James Cahill）的觀點，這一時期我們有了第一次專門致力於男同性戀的色情畫冊。[63]因此，倘若說它也代表了這樣一個時期，即文人和男旦之間的感情具有高度的可見性並相應地在小說裡展現出來，也不必感到過於奇怪。從這個意義上而言，戲劇和賣淫的社會現實以及文學和視覺藝術中同性戀的表現傳統削弱了這樣一種假設，即陳森寫了一部經過巧妙偽裝的異性戀小說。另一方面，人們不能不同意的事實是，小說的男旦類似於我們所熟悉的敘事傳統中風情萬種的藝妓，而且不可避免地使讀者聯想起年輕書生與藝妓之間的感情故事。如王德威所指出，這種情感故事的原型是唐代的《李娃傳》，它講述了一位洗心革面的藝妓無私地督促情人的教育和職業生涯的故事，在《品花寶鑑》裡，它尤為體現於田春航和伶人蘇蕙芳之間的戀情，這是該小說講述的除了梅子玉和杜琴言之外又一種崇高愛情的典範。[64]但很明顯的是，田春航和蘇蕙芳之間的關係也受狀元詩人畢秋帆與名旦李桂官之間真實（和傳說的）愛情故事的啟發，在情感八卦的傳播者那裡，李桂官被稱為「狀元夫人」。[65]儘管如才子佳人傳統中常見的那樣，而且它也借鑑了《李娃傳》之類的異性戀文學的先例，但我們仍然不能忽略這樣的事實，即田春航和蘇蕙芳之間的男性戀情也是基於歷史上著名的男性戀情，它發生在陳森和他的小說兩、三代之前。更為重要的是，《品花寶鑑》關於男性戀情的修辭模式經過了修改，從而與性別的改變保持一致，這正如伶人採取特定的救贖形式表明的那樣。士人倡優戀情的關鍵特徵之一是，在成功之前，需要將藝妓——雖然下賤，但卻是純潔的藝人——從悲慘的困境中解救出來。「名旦」對小說的主人公「名士」的吸引力，也取決於前者的悲慘處境——作為孤兒、深陷困境的人，他像女人一樣隸屬於其他人，但仍可能是精緻而自由的少年。正是這種受困的處境引起高尚崇拜者內心深處的同情，並產生為其贖身的衝動。在這裡，男旦的作用就像無數故事裡的妓女一樣，而愛的主題必然與救贖的主題相結合。因此，愛情作為社會性解放力量的觀念和救贖主題最終在文學描述中將「名旦」與「名妓」聯繫起來。這就是說，我們還必須注意救贖在各自背景下採取特定的性別形式，就男旦的情況而言，它涉及恢復他們的男性氣質和重塑他們作為士人的身分。從男旦的社會地位和性別地位而言，他們的解放本質上可以被理解是為雙重性的。

此外，小說中沒有妓女這一事實未必支持這樣的觀點，即她們實際上已被男妓取代。《品花寶鑑》也展現了一些妓女的形象，儘管與男旦相比，這些妓女明顯表現為較低等的藝人。[66]缺乏高級女藝妓正是為了凸顯男伶在高雅娛樂方面的優越性，這與乾隆後期男性賣淫的空前盛行狀況相一致。另一方面，小說裡很少出現妓女，但有各種雅俗不等的男妓。我們注意到，在許多場合，有教養的男旦對於自己被與相公，或者更糟糕的情況是與「剃頭棚子的徒弟」相混淆而深感憂慮。[67]與第一章探討的晚明時期的《童婉爭奇》不同，《品花寶鑑》裡的「名旦」明確是與這兩類較低等的男娼而不是妓女進行對比。也就是說，這種比較主要是在男妓行業內部，它也與妓女行業一樣魚龍混雜。這再次削弱了認為在修辭上應該將這些少年視為女孩的觀念，當小說本身對男旦的性別產生更具細微差異的評價時，尤其難以繼續贊同這種解讀。梅子玉的母親第一次見到杜琴言時，發現他不僅酷似未來的兒媳婦，而且跟自己的兒子也很像。[68]由此，我們可以得出結論，她在杜琴言的美貌中感受到兩種不同性別的特質；或者，杜琴言的女性氣質使他成為男旦之典範，同時又像上流社會的年輕文人——如她的兒子——那樣（嫵媚）英俊。從這個意義上我們可以說，在性別方面，小說裡的「名士」和「名旦」從一開始就是密切關聯的，因為他們都認同一種被《紅樓夢》扭曲的女性化的男性氣質。除了這些理想人物之外，《品花寶鑑》的反主角奚十一和潘其觀都是上流社會人士，他們有著不同的性別、性態，文化高雅程度也不一。小說的大反派奚十一被描述為皮膚黝黑、身材魁梧高大，「粗」得像「武官樣兒」。[69]與這種勇武男子氣的外表象徵著不大精緻的男性氣質模式，而且與攻擊性的性態相對應。與理想士人聲稱對男旦懷有貞潔的仰慕之情形成鮮明對比，在這類非典型的男人看來，後者只是性愉悅的來源。[70]但總體而言，這些人物在小說中扮演著微不足道的角色。如敘述者自己辯解的那樣，為了提供一幅全景圖，他需要在一本「美人名士好色不淫」的書裡提供一些關於粗俗慾望的事例。[71]也就是說，敘述者的主要關注點是「名士」和「名旦」——或「美人」，他們被中性化地加以描述——之間的理想戀情，而不是男妓市場上的普遍交易。最重要的是，在這些高雅的男人眼裡，男旦是潛在的士人，而妓女則不是。確實，將這些少年視為假女人的觀念與小說不言自明的假設是背道而馳的——這種自明的假設是「名士」能夠透過男旦屈尊的易裝，辨識出他們本質性的男性氣質。普通人對旦角的看法與有辨別能力的「名士」對旦角的看法之間存在根本的不對稱性，如果拒不承認這一點，那麼就等於無視《品花寶鑑》的主要關注點之一。

應該補充說明的是，關於男旦的社會性別，小說以大量證據論證了男色相比於女色具有獨特性，進而表明同性戀愛情相較於異性戀愛情具有的獨特性。在整個敘述中，我們經常可以見到關於這兩種愛慾／情感模式之間比較和競爭的事例。這種比較再

（很可能是19世紀）某畫冊局部，源自《秘戲圖大觀》（1993年）。

次與認為同性戀僅僅是修辭手段或者假定終究會被替代的觀點相抵牾。在小說的第一回，敘述者就引入了這兩個領域關於「美人」的爭論。當梅子玉最親密的朋友向他展示一本關於男旦的「品花」畫冊時，說後者乃「世間能使人娛耳悅目」之事，對此，梅子玉嗤之以鼻。[72]他不相信剛看到的花譜的內容，認為男旦都是娼妓和偽君子，他們金玉其外敗絮其中。[73]換句話說，梅子玉不相信男色的觀念，認為只有女人才能體現出真正的美。然而，梅子玉的堂兄顏仲清批評他，認為他的想法缺乏「同論」，並且引經據典，枚舉了許多耳熟能詳的關於「男色」的例子。在闡明了男人之間的愛情在歷史和文學中的淵源之後，他繼而從（也是我們所熟悉的）「自然主義」的立場論證男色的優越性。植物和花卉暴露在陽氣中就興盛，暴露在陰氣中就枯萎，而雄鳥的羽毛總是比雌鳥的羽毛更有光澤、更加色彩斑斕，這些事實都充分表明「造化之氣，先鍾於男，而後鍾於女」。[74]梅子玉被他堂兄的反對意見所觸動——這是重大轉變的一小步，然後突然意識到，他的大多數親密朋友都有「旦癖」。[75]當梅子玉的馬車與乘坐著剛從南方來的男旦的馬車相遇時，他瞥見了坐在車上的妙齡少年，旋即徹底擊碎了他原來的審美偏見（就像《紅樓夢》裡的林黛玉一樣）。[76]梅子玉一看到那少年，就感到驚訝不已，他肯定那就是朋友談起的城裡新來的嫵媚男旦，而少年同樣驚訝地盯著他看，認出他就是前一天晚上在夢裡將自己從陷阱裡救出來的男子。[77]這與賈寶玉和秦鍾的會面方式很相似，梅子玉和杜琴言似乎也發現了他們原本認為不可能存在的東西。梅子玉和杜琴言這兩位年輕人第一次見面時相似的情境（兩個人都坐在馬車的玻璃窗後面，儘管馬車是朝著不同的方向疾馳）、相似的驚訝反應以及同樣熱切的相互凝視，這一切都強調了他們之間的平等性。與《紅樓夢》一樣，我們在這裡也察覺到一種明確的努力，它強調平等性是理想戀情之核心。[78]

理想的男性戀情

《品花寶鑑》關於女色和男色以及關於它們性態的爭論，往往採取與上述相同的方式——某個人因為偏見或缺乏經驗，對男色／男人之間的愛情持懷疑態度，而另一個人會引導他改變觀念。有一回，田春航針對朋友高品的反對意見，對相公和男色進行了一場辯護式講解。最後，他雄辯地總結道：

> 我最不解今人好女色則以為常，好男色則以為異，究竟色就是了，又何必分出男女來？好女而不好男，終是好淫，而非好色。[79]

與前文說的男色優於女色的「自然主義」觀點不同，田春航提出了更為中立的哲學觀，他認為色是絕對的和超越性別的，對它純潔的欣賞從根本上不同於淫。「色」可以分為兩種同等的變體，即男色和女色，但這裡對比的主要是色與淫，具體而言，是對少年男色的審美愉悅與對少年的性慾進行對比。對此，高品無法反駁，只好體面地找個臺階下，表示他忠於男人之間的感情；聲稱他亦乃通情之人，他們之間的友誼至少意味著他在一定程度上認同田春航的觀點。也就是說，高品承認田春航的說法中關於純粹感情的邏輯，即愛情的力量不會受心愛者的性別影響。將關於「色」的審美欣賞區別於「淫」，是名士對男旦的情感進行合理化的核心。「好色不淫」總結了《品花寶鑑》倡導的理想的男性情感。這種理想的情感首先表現為一夫一妻式關係，它遵守貞潔的最高標準，並且主要透過兩個情感故事體現出來——一個是梅子玉和杜琴言，另一個是田春航和蘇蕙芳。[80]

當然，最極致的典範性戀情是梅子玉和杜琴言之間的感情，它是《品花寶鑑》借自《紅樓夢》最激進的情感話語之演繹。作為杜琴言的旦角同伴和情感搭檔，素蘭認為，梅子玉和杜琴言是一對「佳偶」，他倆足以讓全世界的才子佳人黯然失色——也就是說，他們彼此相愛是很自然的，全世界都羨慕他們。[81] 梅子玉和杜琴言的戀情是如此之與眾不同，以至於很多見證者都感到困惑不解；毋庸諱言，只有行家才能真正辨識出其高貴的品質。在小說裡，經常用兩位戀人之間缺乏頻繁交往或者以「悲多歡少」來描述他倆感情的奇特性。[82]在小說敘述的大部分時間裡，這兩個戀人確實是分開的，他們彼此都渴望著滿眼都是對方；另一方面，他們越是分開，情感的強度就越強。[83]他們之間寥寥數次會面都浸淫在淚水之中，對他倆而言，痛苦和不能相見彷彿是情感體驗的真正本質，與之截然相對的則是世俗的肉體享受。正是由於這種對情感滿足的抵制，令兩位少年的許多熟人感到很迷惑，他們一次又一次地爭論他倆的愛情；如同對男色進行辯論一樣，爭論的結果通常是持懷疑態度的對話者被說服。其中一個例子是梅子玉的朋友王恂和顏仲清之間的對話。王恂不相信在彼此幾乎不相見的人之間會迸發出如此熾熱的愛情。顏仲清回答說，梅子玉是一位「種情人」，並將他與杜琴言的戀情與田春航和蘇蕙芳之間的戀情進行比較，認為田春航和梅子玉都屬於「好色不淫」之人，他們是唯一有真愛的人——這種愛源自一個人的本性，並且不是生長在「淫」之上。這番關於愛情的長篇大論給王恂留下了深刻的印象，以至於說他的朋友令他大開眼界，正是由於這個原因，他將梅子玉稱為「情俠」；現在他將梅子玉和杜琴言之間的情感視為「極深極正」，比任何人的感情都要優越。[84]兩位少年之間的愛情對常人的理解造成了莫大的挑戰，它可以說是無法確切地定義的，而其實質亦在於它的難以捉摸。關於這一點，很明顯的是小說裡華公子和妻子評價一首詩的情節，華夫人注意到這首詩有一種令人迷惑的曖昧性——它表達的情感不完全像是對妻子的愛，也不是對朋友或妓女的愛，而是這三者都有涉及和含括。華公子稱讚妻子的敏銳性，透露說這首詩是「梅庾香〔子玉〕，就是琴言向日的知己」所寫。[85]

平等的怡園

晚明時期理想的情感人物——我們已經看到，他們透過《紅樓夢》透露出來——都宣揚這樣的觀念，即愛情乃平等之物。作為士人尊重優伶的標誌，貞潔成為這種平等化過程的主要載體，也是《品花寶鑑》裡描繪的浪漫情感之崇高本質的衡量標準。徐子雲作為「名士」的極佳典範和男旦的恩客，同時也是怡園的主人——士人和男旦之間的多次會面都發生在怡園裡，不像凡夫俗子將男旦視為「奇珍異寶、好鳥名花」，他的「一片鍾情愛色之心」，「只有愛惜之心，卻無褻狎之念」。[86]華公子與徐子雲的立場一致；他的趣味也是沒有「邪念」的。因此，貞潔被認為是這種理想（男性）情感的核心，或者我們可以稱之為「文人同性戀」。在一個普遍將男旦視為娼妓的世界裡，「名士」卻將「名旦」視為平等之人。就此而言，怡園的形象在《品花寶鑑》中扮演著重要角色，如之前在《紅樓夢》裡那樣，它充當著一個懸置空間的作用，在這個空間裡，男旦在等待最終的、無條件的社會救贖的過程中暫時被視為具有同等地位之人。他們一旦走出怡園，就回到社會屈從者的地位，而在這個特殊空間裡享有的虛擬尊嚴有助於將他們被契約約束的現實戲劇化。怡園最重要的特徵是平等——在這裡，名旦不再被看作所謂的相公。它也不需要各種繁文縟節。值得注意的是，在第三十七回怡園聚會的場景中，杜琴言坐在主位，而梅子玉則坐在他旁邊的位置上，在這種挑釁性的安排中，地位的逆轉得到認可，從而在他們之間實現象徵性的平等。[87]它稱頌的男性戀情是一種拒絕階序等級的感情，如《紅樓夢》裡賈寶玉與秦鍾之間的感情那樣，而不同於賈璉與薛蟠建立的同性戀關係，與他們相對應的是《品花寶鑑》裡奚十一、潘其觀的同性戀關係。對於小說裡的「上流」人物而言，男風之好是具有更高的審美和情感感受性的標誌。我們被告知，杜琴言很清楚華公子乃體面人士，因而留在他家不必有所顧慮，但這種想法很快就被擊碎，在接下來的一個場景裡，大惡棍奚十一和他的狐朋狗友姬亮軒在炎熱潮溼的天氣裡，頹廢地躺在長椅上吸食鴉片，同時緊緊擁抱著傭僱來的少年的肉體。[88]

因此，小說強調「名士」享受「名旦」之美色以及與之交往的恰當方式，即強調理想的男性感情。顯而易見的是，敘述者想要闡明兩類不同的旦角以及相應的兩類愛旦角的人，並且每種類別中有一種是值得稱道的，而另一種則是應被譴責的。[89]這種區別對待的方法指出了男旦的文人恩客在情感上的複雜性，但同時也隱晦地承認男旦根本性的模糊地位，他們既是粗俗的娼妓，同時也是優雅的詮釋者，即使不是女性感受力的極致體現。因此，高雅的「名旦」對於自己被與娼妓相混淆最為敏感，而他們的恩客則會不停地聲稱對他們的感情是無關乎性的。這種區別對待的意圖表明，難以客觀地區分作為女性氣質之絕妙詮釋者的名旦和作為低俗男娼的相公，他們之間的邊界是可以滲透的。對男旦的愛好通常被認為是有問題的，儘管文人高尚地聲稱對他們是出於純粹審美的欣賞，但始終存在性慾和肉體契約的假定。在整部小說裡，梅子玉與杜琴言寥寥無幾的其中一次會面正體現出男旦的模糊身分。臉色蒼白的杜琴言出現在一艘漂浮在大運河上的小船裡，他和梅子玉之間的對話不時地被淚水打斷。[90]可是當兩人正在進行憂鬱莊嚴的離別時，旁邊經過的嘈雜小船產生了對比性的刺耳音符，在船上，大惡棍潘其觀摟著一名男旦，其他男旦正在撫琴吟唱。杜琴言感到很尷尬，他跑進後船艙躲起來，梅子玉則體恤地拉下了窗簾。兩條不同的船被對比性地並置在一起，在一條船上，正在傾訴年輕才子和嫵媚男旦之間極致的情感；而在另一條船上，庸俗的男主顧和娼妓正在狂歡。理想的男性戀情彷彿遭遇了它扭曲的鏡像，與其世俗的對立面產生了衝突。

我在前文已指出，與文人／藝妓的愛情故事不同，男旦的不明確性需要一種關於救贖的敘述，並且這種救贖明顯是性別分化的。如司馬懿注意到的那樣，在這部小說的結尾處，男旦們燒毀他們的戲服，這可以被明確地看作是重塑男性氣質的過程。[91]毫無疑問，從性別上而言，男旦最終象徵性地摒棄的生活是女性化的，而再度奪回的生活則是男性化的。在這裡，性別不能與階級分開；最終這些曾經的男旦免於遭受契約身分的束縛，成為真正的男人。從這個意義上而言，除了支持重塑男性氣質以消除性別模糊，燒毀易裝的所有用具也必須被解讀為象徵性的社會重生和永久的階級重新分配，這樣，男旦得以從虛擬的文人開始，最終成為真正的文人。彷彿這些少年被錯誤地分配了低劣的命運，而如今，多虧高尚的仰慕者襄助，他們才有機會擺脫苦難，過上真正意義上的生活。從敘述者提供的兩位最具代表性人物的簡略傳記裡，我們可以清楚地看出，這些少年是由於命運的殘酷作弄才成為男旦。蘇蕙芳的父親曾是一名官員，蘇蕙芳是在幼年失去雙親後才淪為男旦。至於杜琴言，他的父親是一位琵琶製作者和樂師，受到所有江蘇仕紳的追捧——雖然他只是一位技術嫻熟的工匠，但由於他高雅的職業，也被文人圈視為文人。[92] 因此，男旦的救贖恰好與文人階級的文化適應過程相吻合——將「賤民」男旦重新塑造成「良民」文人。該過程在杜琴言與蘇蕙芳這兩位最突出的人物身上得到了充分體現，但其他值得尊敬的男旦也可以說至少成為了「榮譽」文人；當杜琴言再次與他們相遇時，他們已經擺脫「孽海」，並且搬到一個花園，在那裡他們經營著一家雅致的古董店，這投合了文人鑑賞家的高雅品味。[93]

當然，杜琴言的贖回是最不同尋常的，它始於神啟，也就是說，他的前世是受人敬重的老學究的女兒，並且是他恩客的朋友，正是這位恩客最後收養了他。[94] 透過收養獲得社會性贖回之後，琴言（現更名為琴仙）在他新的父親／師傅的指導下全身心地投入學習。[95]在小說的最後數個章回裡，如預料的那樣，他展現出一切令人印象深刻的儒者的純潔性；我們看到他抵制不同男女的求愛，當他的養父生病時，他履行著忠誠孝子的角色。[96]最重要的是，在他養父辭世之後，杜琴言被梅子玉的父親親自救出，他將琴言接回家，與自己的兒子團聚。在旅途過程中，他們彼此謹慎相待，這無疑是一種模糊情感的表達，因為這種男性之間的情誼是透過家庭關係的棱鏡而不是浪漫激情而產生的。杜琴言擔心梅子玉的父親可能已經聽說了關於他倆之間關係的謠言；而在梅子玉的父親一方，他知道杜琴言曾身為男旦，但仍然對他表示尊重，從未詢問有關他過去的事情。在船上，他「像子玉一樣」對待杜琴言。[97]顯然，梅子玉的父親（如之前故事裡他母親那樣）已經克服了最初的偏見，而且，作為這位新孤兒的救助者，他事實上成為杜琴言新的養父。當他們到家時，梅子玉的母親也「像兒子」一樣歡迎杜琴言，雖然她跟丈夫提及這位少年曾經是男旦，但她隱瞞了梅子玉對他的相思之苦。無論如何，兩人都認為他是個好孩子。[98]到小說結束時，杜琴言發生了徹底的質變：「此時琴仙（琴言）已出了旦黨，入了士黨。」[99]因此，透過將自己從男旦的恥辱性身分中贖回，杜琴言逐漸「男性化」，從社會性方面而言，他成為一個具有充分資格的人，現在與梅子玉完全平等，儘管後者的愛和他們在精神上的密切關係使他們至始至終都是平等的。[100]

非對稱的三角關係

考慮到梅子玉的父母實際上已經收養了杜琴言，而且現在梅子玉已經與瓊華幸福地完婚，我們可以說，梅子玉和杜琴言之間的情感關係已經完全被異性戀婚姻取代，或許，他們之間的關係可以重新設定為兄弟情誼。在評論「名士」與「名旦」之間的關係時——它截然不同於顧客與男妓之間赤裸裸的媚俗關係，司馬懿認為，小說裡雅致的文人「傾向於與少年在熾熱的友誼中結成的一夫一妻制關係，最終被婚姻替代」。[101] 然而，「替代」的說法似乎暗示著一種「連續性的性態」，作為性愛衝動的一種序列，它只能朝著異性戀正統性的方向發展；這種決定論式發展軌跡反過來又暗示著同性戀和異性戀之間的階序關係。但是，在小說裡從未發生過這種「替代」，它的結局將這種觀念排除在外。當他們最終團聚時，很明顯地，兩位少年的感情幾乎已經死亡，他們沒有進階到更高的愛慾水準，而這種愛慾可能更符合他們的年齡和社會責任。從這個意義上而言，小說裡描述的優雅的男性情感很難被視為「浪漫的年輕人在進入成年人的責任和性角色之前最後的放縱」。[102] 我們可以推測，如果小說繼續書寫，有朝一日杜琴言也會與像瓊華那樣賢慧的女子結婚。然而，小說在這裡戛然而止，不再描述他的成長。一直到最後，杜琴言仍然是梅子玉在整部小說中一直渴望的那位俊男。換言之，杜琴言作為梅子玉知己的觀念以及小說相應的同性愛慾敘述不能說已被完全抹去。梅子玉與杜琴言最終團聚的事實瓦解了某種性模式（異性戀婚姻）優於其他形式的愛慾／情感交往的觀念。倘若《品花寶鑑》沒有暗示任何形式的愛慾替代或進階，那麼它透過在同性和異性的愛情之間確立實質性的平等關係以及它們之間的理想組合，其結局似乎具有一種擴展的意味。兩位好友同時醒來——這是小說最後一個親密場景——暗示著一種愛慾／情感的開始，而不是結束；隨著杜琴言重新男性氣質化，同性戀並沒有消失。恰恰相反，在他們重聚的那個夜晚，經過數小時的親密交談後，兩位少年在同一張床上睡著了（不用懷疑，他們是和衣而睡），當梅子玉的堂兄仲清發現杜琴言以梅子玉的臂膀當作枕頭時，他們還在沉睡中。仲清叫醒他們後，杜琴言顯得很尷尬，因為堂兄目睹了整個親密的場景；至於梅子玉，他的臂膀都感覺麻木了，直到那時才察覺。[103]根據馬克夢的觀點，杜琴言被「抓」而臉紅，可能暗示著一種象徵性的行房（對於他們的初「婚」之夜，這是最合適不過的）。我則更直截了當地認為，這個場景是互文性地暗指斷袖的典故，它實際上將同性戀作為表面上和諧的三角情感關係的一個側面，重新嵌入到圖景之中，小說將這種三角關係作為最終的解決方案。在這種家庭情感裡，梅子玉的妻子瓊華熱情洋溢地歡迎杜琴言，而且對意識到自己和他看起來很像感到興奮不已。在談及梅子玉的幸福時，敘述者意味深長地告訴我們：「真是內有韻妻，外有俊友。」[104]小說的結尾透過將梅子玉的兩種知己關係進行最終的、貌似和諧的並置，從而表明杜琴言和瓊華以及他們代表的情感聯繫已經變得趨同。也就是說，至少在表面上，這兩種情感模式被確立為是等價的，甚至是互補的。從這個意義上說，《品花寶鑑》最後的描述與一種理想的情感三角關係相吻合——這是《紅樓夢》所承諾但從未兌現的形式。

另一方面，在這個完美對稱的結局背後，可能隱藏著某些根本性的不對稱。實際上，有些評論家一直對這部小說三角式的解決方案感到困惑不解。例如，王德威認為，「三角婚姻」的觀念對陳森來說必定很重要，但他仍然覺得「難以置信」。[105] 我同意這部小說完美的結局有些可疑做作之處，甚至可能是矛盾的。即使小說以情感的三角關係結束，有些問題難免揮之不去。例如：它各邊的長度相等嗎？如果不是，那麼對梅子玉而言，這兩種情感關係中哪一種最重要——是與他妻子「內部」的異性戀情感還是與他朋友「外部」的同性戀情感？我認為，小說的結局之所以令人費解，其原因與敘述者為了合理化梅子玉在婚姻和友誼、女人和男人之間的情感困境刻意作出的努力有關。事實上，儘管在表面看來，他們的結局似乎很和諧，但人們仍然能感覺到梅子玉的兩種關係在情感強度方面存在不對稱性。梅子玉在同性愛慾投入和異性愛慾投入之間存在巨大的溝壑，因為後者缺乏前者那樣折磨人的渴望、會削弱關係的分離以及令人苦惱的思念——所有這些，對小說的詩學而言，都是根本性的「崇高」愛情之必要和不可剝奪的標誌。換言之，從整體來看，小說的情感敘事明顯是向男性情感傾斜的。畢竟，梅子玉的異性戀婚姻是父母安排的，而不是他身上洶湧著的同性戀激情的結果。根據王德威對《品花寶鑑》與《紅樓夢》之間互文性關係的觀點，梅子玉與杜琴言的感情對應於《紅樓夢》裡最強烈的（如果不是唯一的）情感，即賈寶玉與林黛玉之間的關係；至於瓊華，她對應的是薛寶釵——這不是賈寶玉最原始、最無防備的激情來源。總之，儘管小說的結局很和諧，但不可否認的是，自始至終，梅子玉所有的苦悶和愛的傷痛都是因為杜琴言，而瓊華始終處於他內心的陰影之處。

欺騙性相似

頗能說明問題的是，當梅子玉第一次聽說家人安排他與瓊華訂婚時，一想到瓊華與杜琴言有些相似，他就感到喜悅不已。[106] 而田春航未來的妻子除了與蘇蕙芳姓氏相同之外，長得也「極為相似」。[107] 小說中反覆出現文人的妻子和他們心愛的少年長相相似的主題，這促使我們思考小說中女性相對於男旦的位置。從某種意義上而言，敘述者不斷提及他們在身體上的相似性，表明女色和男色之間審美標準的一種共性，這種審美標準通常以女性氣質為基礎，同時也表明儘管他們的性別不同，但同樣都是文人的知己。另一方面，在這些比較中，總是少女像某位少年，而不是反過來。這種比較的結果是，藉由與少年的比較，女色方得以確立，從而表明少年的女性氣質優於女性本身的女性氣質，而當她們模仿易裝少年時，她們更具獨特的魅力。也就是說，少年被呈現為女性美的終極存在。[108]更重要的是，少年在這些比較中總是作為最終的標準，這一事實表明在這些三角關係裡，少年跟妻子相比具有的相對優勢。換言之，只有當我們考慮到女性和異性戀愛情在整部小說中的附屬性位置時，才能理解文人妻子的美貌正是為了映襯出她們丈夫最喜愛的少年之美貌。在《品花寶鑑》裡，女性表現得極為溫馴，她們是無足輕重的；只要有可能，她們甚至比自己的丈夫以及他們心愛的少年更加理想化，幾乎達到了不可見的境地。她們的主體性沒有被勾勒出來；她們似乎總是要靠借光方能顯露身形。

無可否認的是，在某些場合，酷愛男風者的妻子認為，她們的丈夫對男色之柏拉圖式樂趣進行辯解是站不住腳的。其中一個例子是作為「名士」典範和「名旦」恩客的徐子雲與妻子袁夫人之間的一場談話，袁夫人問徐子雲一個關鍵的問題，即：「這些相公對了你們怎樣的光景，到底有甚好處？」在徐子雲看來，他的妻子認為女性比男旦更有吸引力很正常，但另一方面，他認為，將女子帶到「外邊」將「有傷雅道」。正如他解釋的那樣，男旦的優勢在於他們「面有女容，身無女體，可以娛目，又可以制心，使人有歡樂而無欲念」。[109]換句話說，他認為男旦是女性的必要替代品，不僅在戲劇舞臺上如此，而且在「外部」的社交舞臺上亦如此。但是他的妻子顯然並不完全相信，因為她問他的朋友是否以同樣的方式看待這件事情——徐子雲的回答是，倘若他們不是，就不會成為他的朋友。

小說裡還有其他一些密切關聯的情節，它們涉及某位女子質疑丈夫對男旦的酷愛，以及對於自己被與他們進行比較感到不安，這暗示著妻子／女色與男旦乃至與男色／男性愛情之間的競爭。例如，有一次，華公子看到妻子精心打扮，突然意識到她與男旦蘇蕙芳很相似。但當他將這個想法告訴妻子時，她「有些不高興」，並沉默良久。或許是為了讓我們消除疑慮，敘述者急忙補充說，他倆的婚姻非常美滿，而且儘管妻子一再堅持，但華公子從未想過納妾。至於丈夫的男風之好，她認為那是「各人情性」，而且認為她丈夫不能與「專」於那種淫樂之事的篾片奚十一相提並論。[110]因此，儘管對與男旦相提並論感到稍有不快——它意味著潛在的、可能是無意識的嫉妒和競爭，但透過與對男旦痴迷的和排他性的興趣相比較，她寬恕了丈夫對男旦的嗜好。[111]雖然這些理想化的女性有時對於丈夫對超越性別差異的絕對美——它正好位於某位少年的身體——具有的無淫邪的熱情充滿了矛盾心理，但在通常情況下，她們只能諒解丈夫這種純粹的愛好。關於梅子玉對杜琴言的感情，作為理想女人之典範的瓊華，她的態度同樣也是含糊不清的。當瓊華還是梅子玉的未婚妻時，她就聽說了梅子玉與杜琴言有染的謠言，但她堅決否認他們之間存在任何肉體關係，而將梅子玉對男旦的興趣歸因於純粹的審美欣賞。[112]然而後來（一旦成為梅子玉的妻子），瓊華就嫉妒他的過去以及他的另一位知己。當瓊華在丈夫的口袋裡發現杜琴言的書信和詩時，她感到一種夾帶著好奇的嫉妒，忍不住問他關於這位少年的情況，梅子玉感到不悅，說：「我說你是我的知己了，自然是洞見肺腑。誰道你**也**不能知我，何況他人？」[113]梅子玉似乎暗示由他的兩位知己所代表的情感領域是平等而分離的，她不應該感到嫉妒。因此，瓊華不再提這件事。這種競爭（尤其是後一個情節）再次指出了這樣的事實，即小說的結局不涉及任何替代，也就是說梅子玉將他對男友的感情轉移到妻子身上。即使有的話，它也表明梅子玉與瓊華的異性戀關係有望達到他與杜琴言的同性戀關係的高度，而這種同性愛慾關係是其歷史的和自然的典範。從這個意義上而言，梅子玉的三角式幸福——這部小說最終的形象——是基於他與杜琴言的重聚，以及娶了一位長得像杜琴言的女人，她現在渴望成為像他那樣的親密知己。在這種最終的安排中，我們很難不注意瓊華派生性的地位——也就是說，在表面和諧的三角關係背後隱藏著根本性的不平衡。我們可以這樣說，倘若由於梅子玉的兩位伴侶之間驚人的相似性，他的同性戀關係真的被異性戀婚姻所取代，那麼根本就沒有必要再敘述杜琴言的歸來和兩位少年的團聚。但是很明顯，如果沒有這樣的重聚，《品花寶鑑》將成為另一部像《紅樓夢》那樣的情感悲劇。

在這方面，我們可以回想起兩位少年之間最動情的一次會面，當時梅子玉非同尋常地道出自己的感受，告訴杜琴言希望與他「終身相聚，同苦同樂」。[114]這相當於不那麼含蓄的——即使是有悖常情的——求婚。當然，梅子玉很清楚，男性婚姻是行不通的，他對同性戀情感的克制是由於忌憚他父親的權威，後者是社會秩序的象徵。在梅子玉舉辦婚禮前不久，他做了一場噩夢，夢裡顯露出他對父親的懼怕，至少在無意識的層面如此。儘管在小說早先的敘述裡，預期這種婚姻不會成問題，但梅子玉還是對異性戀婚姻產生了不適感，雖然不是徹底的拒絕。在夢裡，梅子玉站在一艘船上，旁邊是一位看起來像杜琴言的少年，他一反常態地將梅子玉抱住，這令梅子玉感到渾身不適；突然，這位少年被一個女人取代。這時，「子玉大驚，要推他起來，卻兩手無力，一身癱軟，只好怔怔的看著他」。她向他示愛，這讓梅子玉感到震驚不已；她提醒梅子玉異性戀愛情的自然性，並充滿煽動地說：「你若非好色之心，你且將愛玉儂的心說出來。」這個時候，梅子玉見到一艘船駛過來，杜琴言就在船艙裡，他大聲哭喊道：「玉儂，救我！」這令女人更加憤怒，開始辱罵他，梅子玉慌忙跳上杜琴言的船。噩夢的結局出現了梅子玉的父親，他滿臉都是責備的表情；正是在這種苦不堪言的氛圍中，梅子玉從夢中驚醒了。在梅子玉的夢裡，上演了男色與女色不同愛慾之間的競逐，同時意味著家長權威和孝道義務要求異性戀婚姻優先於同性戀關係。隨著婚姻的臨近，梅子玉表現出一種恐懼心理，由於他更傾向於與杜琴言之間的關係，因此想拒絕它——也就是說，異性戀婚姻和同性戀關係在這裡被認為是可替代的選擇，而不是作為補充。然而，拒絕異性戀婚姻是不現實的——正如在夢中，梅子玉無法積蓄力氣將女人推開一樣，在現實生活裡，他也沒有這樣做的能耐。[115]

在我看來，梅子玉在夢裡的危機反映了敘述者本人的含糊性，雖然他理性地排除了男性婚姻這一選項，但同時他筆下的主角卻無意識地抵制異性戀婚姻，並且繼續保護兩個年輕男人之間的關係，直到最後。在小說裡有一個較為罕見的自我意識的時刻，它暴露出敘述者的這種模棱兩可的立場，當梅子玉結婚之後，敘述者對此評論道，老天一定會對梅子玉感到同情，「因琴言是個男子，雖與子玉有些情分，究竟不能配偶，故將此模樣，又生個瓊華小姐出來，與琴言上妝時一樣，豈不是個奇事？」[116]「老天」的——也即自然的——邏輯和敘述者的邏輯，證明是完全一致的。由於男性婚姻無法作為一種選擇，因此，像為了自我解圍而牽強扯入的情節那樣，敘述者需要召喚實質性的女性，從而使她們丈夫的男友數量翻倍，這樣他們能夠實現只有女性才能合法扮演的社會角色。《品花寶鑑》的大多數評論家都把注意力集中在男旦議題上，但是我認為，小說另一個重要的表演性角色是女扮男裝的女性。我們也可以將她們稱為社會特技演員，因為她們的主要職責是確保丈夫履行社會義務。換句話說，在小說的經濟結構中，「名士」妻子的角色最終取決於男性婚姻的不可能性，同時也取決於希望維持和保護男性之間愛情的願景。透過在合法的社會設置中——異性戀婚姻——吸納男性愛情，女性得以進入場景，將她們的丈夫從困境中解救出來。正是出於這個原因，敘述者需要創造一些特別的知己——她們的丈夫所心愛少年的女性複製品。然而，少年仍然是原型——他們是這些男人情感動機的真正來源，而這反過來又確證了小說中男性情感的特權地位。

結語

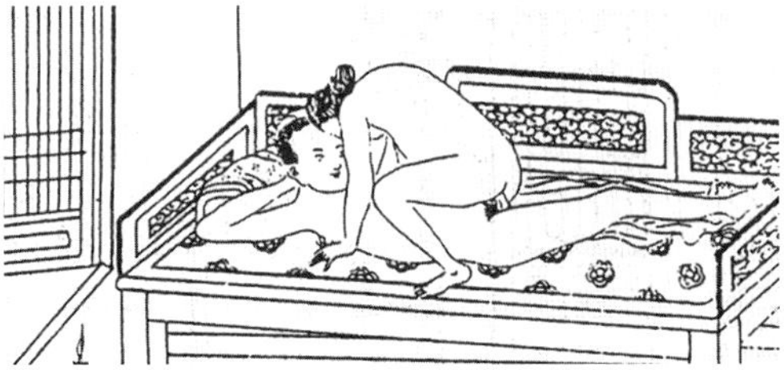

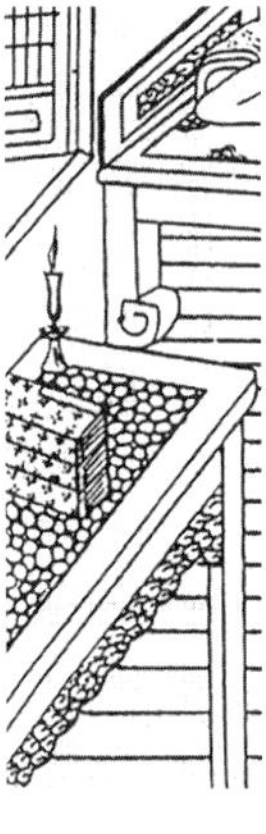

Epilogue

如今回過頭來看，正好在帝國秩序崩潰和中華民國宣告成立（一九一二年）那一年，出版了同性愛慾故事集《斷袖篇》，它可能代表著對帝國晚期性文化的最後敬意，這種性文化很快就被等同於舊世界，如同在這一時期從西方引入的其他意識形態產品一樣，認為它不符合性別和性態的新標準。[1]《斷袖篇》更新了《情史》關於男人之間愛情的章節，讚頌在十九、二十世紀之交仍然可觀和生機盎然卻日漸趨於淘汰邊緣的愛慾話語，這種話語即使不是令人感到尷尬，也越來越被視為中華文化衰敗的跡象之一。在二十世紀的前幾十年裡，中國關於性態的話語發生了重大轉變。[2]這個過程最終導致對同性戀前所未有的負面評價，但它卻充滿了含糊不清和矛盾，這表明在中國的文化、精英和大眾中，男同性戀是如何地根深蒂固的。

尤其是二十世紀三〇、四〇年代，西方性學進入中國學術圈，並且透過大眾媒體進入公共話語。正是在這個時候，被稱為「性學博士」的張競生開始搜集性史，而潘光旦則翻譯了靄理士（Havelock Ellis）的《性心理學》。[3]在其他新事物中，新科學採用心理學的方法研究性別，傾向於將同性行為病理化，無論是以男性還是女性的形式，現在它都被視為同一種疾病的不同變體。由於西方的「homosexuality」觀念與傳統中國的觀念是完全不同的，以至於需要創造一個新詞來翻譯它，正是出於這個目的，最終選擇了「同性戀愛」（後來被簡稱為「同性愛」和「同性戀」）。然而，這種翻譯遠非明確易懂，因為它引入了「戀愛」這一（主觀）維度，而不是簡單地表達具有相同生物性別的人進行性接觸的（客觀）觀念。可以說，在中國之前兩千多年時間裡發展形成的男同性愛慾話語，影響了這種語義上的豐富性，即使可能是無意識地。也許是為了在新舊之間獲得某種平衡，因而在翻譯中添加而不是拋棄某些內容。但是，傳統的審美／情感話語與西方的醫學話語之間存在著不可避免的衝突，這可以解釋為什麼在翻譯完靄理士的《性心理學》後，潘光旦決定在後面增加一篇關於中國古代文獻中男同性戀的附錄——好像為了對這本西方著作裡未能充分體現的經驗提供一種中國視角。[4]這些協商性的努力提醒我們，二十世紀中國性文化的轉型不能簡單地被視為一種模式取代另一種模式。事實上，雖然新的西方知識進入各種文化領域，但它以不同的方式，並在不同程度上被同化。康文慶最近出版了一本書，它是迄今為止對二十世紀上半葉中國男同性戀最詳細的研究，該書強調圍繞著這個問題產生的話語複調現象，指出諸如性學家、小報作家、五四新文化運動的知識分子以及「頹廢的」小說家等，對同性戀有著截然不同的看法，也因此對它有著不同的用法。

在這方面，關於戲劇中男旦的爭論是檢驗二十世紀中國同性戀命運之簡單而實用的案例。從更廣泛的角度看來，它甚至可以被視為這一時期發生的性別和性意識形態轉變的提喻法。正如《品花寶鑑》表明的那樣，易裝表演與男色鑑賞，因而與同性愛慾以及男性情感的觀念有著千絲萬縷的聯繫。這種聯繫既是性慾層面的，也是文學層面的，它與文人的戲劇鑑賞以及「花譜」這一次文類有關，同時又依賴於客觀存在的經濟網絡，因為男妓在劇院的「私寓」裡接受訓練，這個因素模糊了男旦和男妓之間的界限。[5]換句話說，男旦不僅僅是演員，而且也是一種性態——男同性戀——的表徵；只要男旦正時興，傳統的同性戀文化也將流行。與此同時，正是由於與性別反串和男性賣淫現象有關，變裝劇場越來越被視為中國落後的象徵，就像婦女纏足一樣，它成為中國加入現代國家進程中的一個包袱。因此，它注定與變裝劇場內部以及周圍繁衍生息的同性戀文化一起消失。然而，這種轉變不是迅速發生的。在二十世紀初的中國——即使是在男旦遭質疑時，易裝演員迅速恢復魅力的能力，證實了同性愛慾主義甚至在帝國結束後的文化想像中亦具有顯著地位。十九世紀下半葉之後，我們在京劇舞臺上看到了更成熟的男性角色，二十世紀之交，完全恢復了對男旦的狂熱，當時很多新劇都以男旦為主角的事實充分表明了這一點。更重要的是，葉凱蒂（Catherine Yeh）指出，男旦很快取代名妓，成為上海小報最重要的中國明星，它還預示了二十世紀三〇年代上海的電影明星體制。[6]由於異裝明星的製造者都是些轉行的職業文人，因而這種現象可以被視為精英文化的大眾化。[7]這些職業文人自然地將他們的文化敏感性帶入新媒體。男旦藝術是他們的鑑賞領域之一，因此，男旦成為精英審美的體現，男性的性別模糊是其不可分割的組成部分。從這個意義上而言，小報創造的第一位全國性明星是二十世紀初新媒體——小型畫報和商業攝影——包裝下「花譜」這類文學體裁發展的結果。[8]精英關於高貴女子氣演員的審美理念的大眾化，催生了對梅蘭芳那樣的易裝明星的崇拜，梅蘭芳是有史以來最著名的男旦，二十世紀二〇、三〇年代，他作為中國戲劇傳統——當然，它也可以被轉喻地代表最博大精深的中華文化本身——的代表出訪俄美。梅蘭芳體現了精英文化這一事實最終可以解釋為什麼他能夠在世界舞臺上代表中華民族。康文慶將小報作家稱為「文化守舊者」，例如，他們反對新文化知識分子及其關於性別平等的現代理念，在這些文化保守主義者看來，它將導致社會和道德混亂。[9]值得注意的是，雖然新文化知識分子厭惡易裝演員並貶抑同性戀，但這些「保守的」小報作家和讀者卻完全被易裝演員和同性戀吸引。二十世紀一〇年代和三〇年代之間，關於名角和政治人物之間的同性戀緋聞經常出現在各類小報上，讀者深深地為之著迷，他們顯然認為這些小道傳聞是極為刺激的。這表明，精英男性和年輕演員之間的男性戀情——《品花寶鑑》稱頌的正是這類關係——對於精英和普羅大眾來說仍具有強大的吸引力。它還表明，與異性戀愛情自由化和女性解放相比——它們居於新文化知識分子的政治議程之核心，對同性戀風流韻事的愛好與保守性的文化立場更為相容。

與此同時，在日益遭到質疑的性氛圍下，小報的異裝女主角卻不得不妥協。[10]雖然演員的愛慾能力是他被廣泛閱讀和夢寐以求的原因，但也成為其職業生涯的缺陷。問題正是在於性別模糊性以及居於其核心的同性戀文化，這可以解釋為什麼即使是神話般的梅蘭芳，倘若小報決定公布他所有顧客和戀人的名單，他也會跌落神壇。[11]最終，如康文慶指出的那樣，二十世紀三〇年代，小報開始較少關注同性戀八卦，設法使文人與演員之間的關係「去性化」，同時將演員異性戀化，並強調道德禮儀。儘管一九一二年的法令已經將男旦從賤民身分中解放出來，但他們仍不滿官方將男旦視為相公，即男妓。[12]顯而易見，關於同性戀新的性話語正在被更廣泛、更深層地吸收，以至於即使是「保守的」小報也有意識地避免將男旦與男人之間的性聯繫起來。這些問題無疑都已經捲入到對現代中國的廣泛關注之中；現在，正如康文慶指出：「透過民族性和現代性的棱鏡來看待男性氣質和男男性態的重要性。」[13]

與「保守的」小報作家（至少在二十世紀三〇年代之前）不同，五四新文化運動的知識分子欣然接受歐洲性學，將它視為「現代性」的重

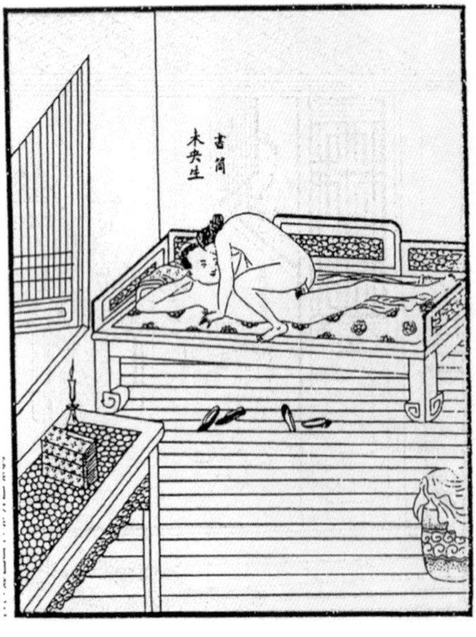

民國版（大約 1930 年）李漁（1610-1680）《肉蒲團》的木版印刷插圖。

要構成，並且對新的性別和性態話語與國家事業之間的相互關係極為敏銳。雖然他們特別想透過女性解放來促進男女之間愛情的自由表達和性別平等，但他們也接受了西方性學隱含的同性戀行為的病理化。因此，他們詆毀不文明的易裝表演戲劇，認為它模糊了（僅有的）兩個（合法）性別之間正常合理的區別。如桑梓蘭敏銳地觀察到的那樣：「異性戀愛情的正常化在一定程度上是透過摒棄同性戀愛情來實現的，它從中國存在已久的同性社交和同性戀實踐的情境中脫離出來，被重新歸類為新發現的心理變態，它是幼稚的、不自然的、反常的和墮落的。」[14] 新文化運動的知識分子支持將新的性別和性規範作為他們政治方案的一部分——它旨在擺脫中國半殖民地的處境，從而創造一個充滿活力和文明的現代國家。這樣的政治方案似乎越來越緊迫。僅在數十年前的十九世紀八〇年代，保守派改革家康有為已經開始明確闡述激進的新社會思想，他在《大同書》裡猛烈抨擊儒家家庭，構想新的社會秩序，在這種社會秩序裡，無論是同性戀者還是異性戀者，每個人都肩負著撫養年輕人的責任。[15] 一九一八年，作為最傑出的五四知識分子之一，胡適在標誌性的現代雜誌《新青年》上發表關於《品花寶鑑》的文章，認為必須原諒它的作者，在他看來陳森是無辜的，因為他確實不知道「男色為惡事」。[16] 突然之間，陳森需要被寬恕，就像是一位無意識的、意外過失的罪犯。在這些知識分子眼裡，這齣變裝戲劇提供了不得體和不健康的娛樂。鄒羽援引周作人的一段話，在其中，作者對他在京城目睹的京劇表演、自慰的丫鬟、亂動的帳子以及從裡面伸出一條雪白大腿表達了內心的厭惡。[17] 毋庸諱言，這些「丫鬟」和白腿都屬於異裝少年，這是周作人明確意識到的，因為他將這種現象與「像姑」（「相公」的另一個術語）制度聯繫在一起，這種制度將演員的培訓與男妓相結合。[18] 周作人的兄弟魯迅乃現代中國文學之父，他也持類似的觀點；對他來說，男旦是奇怪的生物，是一種畸形，因為「男人看他扮女人，女人看她男人扮」。[19] 在魯迅看來，從根本上錯誤的顯然是性別混淆，這表明他關注男性氣質及其減損——倘若不是顛覆——導致的危險。由於中國未能抵禦西方列強的入侵，一八九五年中日衝突之後，又痛苦地見證了日本的崛起，這導致了一種新的中國形象，尤其是關於中國男人的新形象，即「東亞病夫」，它困擾著這些新知識分子。因此，易裝表演和同性戀捲入到一場更大範圍的爭論，這場爭論的主要關注點是國家事業，其中男性氣質問題與中國在新的地緣政治秩序下的生死存亡相關。[20] 從這個角度而言，男旦是病態的男性氣質的顯著症狀，它反過來又是中國國民性重要缺陷的標誌。誠如康文慶所言：「為了建設強大的國家，所有中國人，包括旦角，都必須是男性化的。」[21]

可以肯定的是，並非所有「現代」知識分子都以同樣的方式吸納新的性學知識，也不是以同樣的態度對待男同性戀。例如，關於同性戀這個話題，二十世紀二〇年代，上海「創造社」的許多作家在他們小說裡表現出濃厚的興趣。在這些作家中，郁達夫和郭沫若是最突出的代表，他們受歐洲頹廢主義美學的啟發；正是由於這個原因，同性戀在他們那裡成為稱頌無法抑制的、內在的（因而是自然的）激情之媒介。康文慶注意到，許多相關小說裡的描述都包含了同伴之間強烈的情感（即使不是性）關係——也就是說，他們喚起了（至少在這個意義上）同性戀愛的「現代」觀念，而不是回到傳統的、社會性不對稱的模式。[22]然而，在二十世紀前幾十年出現的新文學潮流中，最終盛行繼而成為共產主義中國文學之正統的，是受五四新文化運動啟發的文學潮流。二十世紀三〇年代，某些描述同性愛慾的小說聚焦於易裝演員絕非出於偶然，作者正是在這樣一種「正統的」路線中確證對它的批判態度。同時，我們也必須注意，由於男旦和同性戀在傳統的、特別是精英文化中的特權地位，即使是這些作品也存在明顯的模糊性，我將再次表明這一點。在關於同性戀的領域裡，新舊態度之間存在著衝突，例如，在巴金從一九三一年開始發表的經典小說《家》裡，一位年輕人對他叔叔的男旦之好報以輕蔑之情。[23]然而一年之後，巴金又發表了〈第二的母親〉，這是一部關於孤兒的短篇小說，故事裡的男孩在一位男旦那裡找到了母親的替代者，而這位男旦是他叔叔的情人。[24]敘述者對後者具有模棱兩可的同情態度，這顯然是為了替他「可恥」的性別轉變進行辯護，同時肯定他是合格的女人，甚至是合格的母親，他使男性情感結出果實，滿足一位孤兒對家庭的幻想。[25]然而，巴金也清楚地表明，這種敘事的可能性在現代遭遇了致命的威脅。在故事的結尾，當男孩長大成人後決定去尋找兒時「第二的母親」時（就像十七世紀李漁《無聲戲》裡的故事），「她」是無法尋覓的（這又與李漁的故事不同）。「她」的鄰里地形——也即，我用來象徵性地指涉中國性文化的地形——已經變得面目全非。曾經靜謐的小巷已被車水馬龍的大街取代，並且還暗示著它與「西式」建築一樣。敘述者思忖著，如此「脆弱」——這個詞在故事裡經常用來形容他——的一個人，不該「直到現在」仍活著，最重要的是，他也「無法」活著。換言之，這樣的人在新中國沒有他的位置。在故事的結尾，敘述者詛咒這種殘酷的制度，它害死了像主人公的「母親」那樣弱勢的人們，而這位「母親」，正是他活著和繼續奮鬥的理由。[26]

一九三七年，老舍發表了小說〈兔〉，在其中也可以發現對男旦類似的態度，它講述了一位有抱負的演員最終淪為被剝削的男妓的故事，從而提出它的社會性批判。敘述者（以第一人稱）也表現出對少年的同情，同時揭露顧客們的虛偽。[27]然而，故事裡並不是所有戲劇愛好者都是反派角色；起初，這位少年得到一位正直老人的教誨，這位老人被形容為是「常人」，他責備少年穿著如此華美豔麗的鞋子，質問他：「你看看，這是男人該穿的鞋嗎？」[28]透過這位年長的、（但）「正常」的男人的評論，老舍闡述了現時代的性別規範。從這個意義上而言，他的故事缺乏巴金那樣更富創造力的模糊性；然而，兩者的共同之處在於，它們都決意宣告男旦無罪，同時為男旦的悲慘遭遇控告社會及其落後和不健康的習俗。在〈兔〉中，年輕演員的道德沉淪透過女性化程度的不斷增加表現出來；但敘述者也清楚地表明，正是其他人讓他塗脂抹粉，否則他會是一位得體的少年。他們是有罪的人，導致他成為「那個」——這裡用的是指代詞，戲仿人們在背後的流言蜚語，也就是說他是「兔子」，即男妓。[29]這位演員被描述為夢想家，他對藝術的執著愛好以及為它獻身的意願卻被齷齪的人利用，他們是黑暗時代（在廣義的馬克思主義史學用語裡，通常被稱為「封建」中國）的代理人，因此，這些人最終要對他的死負責。敘述者憐憫他，正如他所說的那樣，「原諒」並希望將他從「黑漢」——皮條客——那裡「救」出來。[30]但是，如同在巴金的故事裡一樣，對於冷酷無情的現代世界來說，男旦實在太脆弱了——他的生活必須被打斷；他根本無法在新時代生存。

而這確實是正在無情地發生著的事情。在評論民國政府審查禁止帶有性內容和花旦性別反串的戲劇時，葛以嘉（Joshua Goldstein）這樣寫道：「到了二十世紀三〇年代，花旦正在成為一種瀕危物種。」以至於當時最著名的花旦荀慧生只能「在私人聚會上祕密地表演某些被禁的戲劇」。[31]此時，即使是「保守的」小報也對男旦戲劇和同性戀採取新的話語，它更符合歐洲性學和新文化知識分子的議題。同時，曾是男性賣淫活動聚集地的北京八大胡同，也逐漸被妓女接管。[32]儘管如此，這一時期也流傳著各種牴觸和反對的話語，例如，一九四二年，梅蘭芳以挑釁的姿態反對日本侵略者，他蓄起鬍鬚，宣告只有打敗日本人之後才剃掉。梅蘭芳所做的這一切，無疑不是為了拒斥自己的過去，或者表示支持新的、更符合現時代的性別意識形態；事實上恰恰相反。王德威寫道：「一九四五年八月十五日，也就是中國宣布戰勝日本的那一天，梅蘭芳剪掉了鬍子，彷彿新獲得的民族主義自豪感會使他恢復職業性的女性角色。」[33]然而，梅蘭芳為之獻身和引以為豪的中國卻並非最終的勝利者。那個中國必須被新中國取代，它所代表的性別和性文化亦是如此。

因此，以現代性的名義，戲劇需要被異性戀化。中華人民共和國成立後不久，周恩來——年輕時曾因業餘身分的旦角表演受到稱讚——表示應逐步廢除跨性別表演的戲劇。[34]二十世紀五〇年代期間，巴金覺得有必要重寫〈第二的母親〉，用女僕代替男旦，將原本「怪異」的情節異性戀化。正如王德威清楚觀察到的那樣，「〈第二的母親〉在紙上的性別變化，與中華人民共和國男性民族話語的勝利恰好相吻合」。[35]與五四的傳統一脈相承，在共產黨政府倡導的性別意識形態中，性別模糊和同性愛慾是沒有位置的。儘管宣稱男女平等，但新的意識形態悖謬地將男性氣質視為默認的性別標準。毛澤東時代的中國成為「解放軍戰士」的國家，這些解放軍戰士幾乎都是清一色的男性——在這樣的國度裡，男人是男人，而女人則是中性的。她們的頭髮剪得很短，經常被壓在軍帽下，老百姓服裝的顏色都是沒有性別的單色系，寬鬆的制服隱藏著胸脯：「同志」的政治模式要求女性被男性化。[36]隨著江青扮演典範性的女扮男裝者角色，從而使中華人民共和國的頭頂上好像有一對男人。它表明，在新的秩序中，性別平等意味著普遍的男性氣質。

具有諷刺意味的是，在過去二十年裡，「同志」這個原本用來定義共產黨員的詞，先是在香港然後在臺灣和中國，已經被用來指「同性戀」（gay）。之所以選擇這個詞，可能是為了嘲諷這個如今被認為是陳舊的詞彙。然而，從更廣泛的歷史視角來看，鑑於共產主義戰士唯一可利用的傳統男性氣質模型是俠，這種發展也可能與俠以及以它為性別基礎的觀念有關，對此，我在本書已經進行了探討。正如我所說，俠的原則也意味著女性的男性化，男性氣質被解釋為俠義的基本要求。同樣，隱含在共產主義革命修辭背後的是這樣一種觀念，即如果一個國家想要使自身免遭西方資本主義及其「資產階級惡習」的破壞性毒害，那麼不僅男旦需要男性化，而且所有女人都需要男性化。

在全新的社會政治和文化背景下（它以共產主義戰士與行俠仗義的反叛者之間的聯繫為基礎），傳統性別模式的驚人再現提醒我們，並非所有看似無法挽回的失去都是如此，性別和性意識形態也不例外。二十世紀三〇年代，著名花旦荀慧生繼續祕密表演被禁的戲劇，這表明除了戲劇品味，性別和性模式也沒有被徹底地取代；他們只是從舞臺中央轉入地下，但仍然有它的生存之道。根據賽菊寇的假設，我們可以推測，在民國時期，從西方引入的新的性別和性態模式一直在與地方性的傳統模式進行協商，後者從未完全消失過——直到今天，它們仍在中國性文化的競技場上頗具競爭力。[37]一九八二年在北京的一個舞臺上，男旦出人意料地捲土重來。[38] 也許是同樣的懷舊之情和對展演女性氣質和男性戀情的痴迷，激發了二十世紀九〇年代中國電影對這些主題的濃厚興趣。[39] 我們可以假定，根據數百年來男旦在中華文化中的地位，以及男同性戀在數十年前仍是規範性性話語的構成，這兩種現象都是可以解釋的。

《他們的世界》是對北京同性戀亞文化的第一次社會學研究，它的出版標誌著中國同性戀話語進入新的階段。這本書描述了公廁和公園裡的游弋點，它推倒了沉默的圍牆，這堵牆遮掩著與同性發生性關係的男人們的生活，挑釁性地暗示「他們的世界」其實離我們每個人都不遙遠。[40] 二十世紀九〇年代，在愛滋病危機的刺激下，我們見證了同性戀（或更確切地說是同志）政治活動的興起。一九九七年，同性戀被非罪化；二〇〇一年，它被移除出中國精神障礙分類和診斷標準的列表（二〇〇一年四月二十日）。這之後，社會學家李銀河，也即《他們的世界》的兩位作者之一，向立法機關提交了很多關於同性婚姻的提案（同性婚姻在臺灣已於二〇一九年合法化了）。

可以肯定的是，對於同性性行為的偏見仍然存在。即使在非正式的談話裡，當聽到關於中國不存在同性戀這一奇怪的說法時（在壓力之下，可能會變相地承認「非常少」，認為它無論如何都無法與西方相提並論），仍然能夠辨識出這種偏見的蹤影。[41] 與此同時，主要大城市開設了同性戀酒吧，例如，上海開設了一家同性戀酒店，而且同志的網絡空間正在迅速擴張。[42]最後，臺灣和中國近些年來都重新出版了大量關於前現代中國的同性戀文獻。例如，本書探討的許多小說，曾經即使是專家也難以獲得，但如今這些小說已經過現代的排版進行重印。人們希冀，重新發現前現代中國的同性戀記載，將有助於提高當代人的歷史意識，並激發政治行動。

鳴謝

最早激發我寫這本書的原因可能是我在羅馬大學讀書時，有一次中文老師要我們表演一齣戲劇，並由於這個原因，選擇了梁山伯與祝英台的愛情悲劇，即人盡皆知的「蝴蝶情人」。四百年來，這個一千多年前的古老傳說被不斷地搬上舞臺，在二十世紀歷經各種新媒體和觀眾之後，繼續深受廣大民眾的喜愛。這個故事講述了學校裡的兩位同窗——一位少年和一位女扮男裝的姑娘——之間產生的愛情關係，後來祝英台奉父之命返家，其父在滿足了祝英台像男子那樣出門求學的心願後，正準備籌劃女兒的婚姻大事。祝英台不得不離開愛戀的梁山伯，她沒有吐露心中的祕密，但告訴梁山伯自己家鄉的地址，答應為他做媒，娶「他的九妹」為妻。梁山伯應允前往，卻發現祝英台就是「九妹」——這似乎真是個天大的好消息，這樣他們就能夠順理成章地結婚了！然而，儘管祝英台苦苦懇求，也未能打動父親解除已經訂下的一紙婚約。梁山伯憂鬱成疾，不久身亡。祝英台在出嫁那天，要求去梁山伯的墳墓祭奠；到了墓地前，祝英台悲痛欲絕、慟哭流淚，在她的感召下，墳墓突然裂開，她迅速縱身一躍，跳入其中。不一會兒，兩隻蝴蝶從墳墓裡翩翩起舞，最終自由地展翅離去。

我們被告知，這個淒美的愛情故事象徵著落後和殘酷的中國「封建社會」，它壓制女性的自決意願和自發產生的愛情。這是異性戀愛情典型的厄運，它是中國的《羅密歐與朱麗葉》。然而，這種愛情卻令我感到困惑不已，因為它似乎並不完整，至少是前後不一致的，好像遺漏了某些重要的內容，或未充分地予以解釋。畢竟，只是在故事結尾揭露祝英台的性別時，異性戀愛情才作為共享的選擇而出現，而且這種選擇很快就被碾碎。那麼，這之前他倆之間的感情呢？祝英台能時刻意識到她真正的性別以及她的異性戀激情，但是梁山伯，就是我得進行角色模仿的這個人物呢？假設梁山伯在書院裡找到了最好的朋友，即他的「結拜兄弟」；與祝英台不同，對梁山伯而言，這不是關於情侶依戀的問題，它尚未到那個時候。可是在我看來，他愛上的是一位男性同窗，很長時間之後才發現是年輕的姑娘，並且可能成為合法的配偶。這一發現使他欣喜不已（儘管很短暫）。然而，當梁山伯在書院遇見祝英台這位「少年」，兩人形影不離，離別之後關於他的美好記憶又縈繞於心，這促使他決定不惜一切代價去找到他，這一切又意味著什麼？難道那個少年、那段難以忘懷的感情，沒有留下任何痕跡？後來的情感轉化又是如何發生的？很顯然，這些故事仍有待書寫。但是，梁祝的故事讓我第一次想知道中華文化裡的男同性戀是怎樣的，以及它是如何被看待的。

若干年之後，當我閱讀高羅佩的《中國古代房內考》（*Sexual life in Ancient China*）時，這個問題又重新浮現。我發現裡面提及一部作品，即《斷袖篇》，它是二十世紀初出版的關於同性愛慾故事的選集，涉及的時間貫穿兩千年。後來我又獲悉一些鮮為人知的十七世紀的關於同性愛慾的小說（文集或作品）；其中的兩種僅存寥寥數本，另一種據說已經遺失（結果發現並沒有）。它們成為我博士論文的主題。這些小說向我展現了意想不到的明清時期豔情小說的廣闊畫卷，我很快從中發現，它們包含著大量關於男男關係的資訊，既有同性戀方面的，也有同性社交方面的。我認識到（很明顯地）我必須更多地關注性別，特別是男性氣質模式的表徵以及它們的意識形態互動。同樣迫切的是，這項研究也需要探討更加主流的小說，並且將時間範圍幾乎涵蓋到整個中華帝國晚期。結果，這本書花費了我相當長的時間——比我預期的要長得多，一想到如今終於可以脫稿，我不禁鬆了一口氣。

在本書的寫作過程中，很多人為我提供了幫助，他們使我努力堅持下來。從博士論文開始，我就得到導師張洪年（Samuel Hung-nin Cheung）先生的熱心支持，從而為本書奠定了基礎，我向他致以最誠摯的謝意。由於這項研究是在加州大學柏克萊分校完成的，我感謝委員會的其他成員：王安國（Jeffrey Riegel）、已故的魏斐德（Frederic Wakeman）以及許多師友，他們令那段時光不僅在智識上發人深省，而且充滿樂趣：弗里茨・斯塔爾（Frits Staal）、史蒂夫・海耶斯—波拉德（Steve Hayes-Pollard）、司馬虛（Michel Strickmann）、任韶堂（Dan Jurafsky）、李凱（Karby Leggett）、丁乃非、陳光興、高居翰、伊維德（Wilt Idema）、漢斯・斯盧加（Hans Sluga）、羅布・韋斯林（Rob Wessling）、夏頌（Pat Sieber）、馬蒂・巴克斯托姆（Marty Backstrom）、桑梓蘭、葛林布萊（Stephen Greenblatt）和湯姆・拉奎爾（Tom Laqueur）等。

在本書的研究過程中，我幸運地得到很多機會展示我的研究成果，而且獲得重要的反饋。我很感謝這些主辦機構以及邀請我的同仁，他們分別是：臺灣國立中央大學的性／別研究室（丁乃非）、華盛頓大學的傑克遜國際研究院（勞里・西爾斯〔Laurie Sears〕和安德魯・瓊斯〔Andrew Jones〕）、史丹佛人文中心（蘇成捷）、密西根大學的中國研究中心（林萃青〔Joseph Lam〕和陸大偉〔David Rolston〕）、上海復旦大學（王德威和黃霖）以及牛津大學（柯律格〔Craig Clunas〕和麥笛〔Dirk Meyer〕）。

我特別感謝萊頓（荷蘭）的國際亞洲研究所以及它的創建者和長期擔任主任的施維

明（Wim Stokhof）先生，我曾多次受到盛情款待，尤其是在那裡我擔任歐洲科學基金會亞洲委員會的博士後研究員，在此我也對後者的大力支持深表感謝。應該說明的是，本書採用了我在萊頓從事研究工作期間撰寫的兩篇文章。一篇是〈典範性雞姦者：晚明文化裡的俠義與愛情〉（Exemplary Sodomites: Chivalry and Love in Late Ming Culture），最初它發表於《男女》（*Nan Nü*）雜誌，雖然經過了修改和增擴，但是它與本書第二章的內容基本一樣；另一篇文章是〈龍陽君被遺忘的眼淚〉（The Forgotten Tears of the Lord of Longyang），該文曾被收錄於一本紀念文集，它的部分內容構成了本書的第一章。這兩篇文章先前均由布里爾（E.J. Brill）出版社出版，他們允許我在這裡重刊，我亦深表感謝。

回到美國之後，夏威夷大學研究委員會提供的夏季研究基金使我能在中國的圖書館繼續開展研究。對於完成本書而言，甚為重要的是獲得美國在中國進行的人文學科研究基金項目獎，該研究項目受「美國學術團體聯合會」（American Council of Learned Societies）和「國家人文基金會」（National Endowment for the Humanities）資助，對這兩個機構的慷慨襄助，我亦深表謝意。憑著這筆資助金，我在北京待了八個月，再次搜尋一些豔情小說的原初版，以及能為本書使用的一些插圖。在這期間，我受到了很多人的熱情招待和幫助，尤其感謝北京大學的夏曉虹教授和陳平原教授。我也受益於北京大學圖書館善本部的劉大軍博士、中國國家圖書館善本特藏部的趙前副研究員以及故宮博物院古書畫部金運昌副主任提供的專業指導。我感謝這些機構的工作人員，還有加州大學柏克萊分校、萊頓大學和夏威夷大學馬諾阿分校圖書館的員工以及夏威夷大學馬諾阿分校中國研究中心的寇樹文（Daniel Tschudi），感謝他們為我提供的寶貴協助。

倘若沒有芝加哥大學出版社道格拉斯・米切爾（Douglas Mitchell）先生持久的熱情、信任和耐心，本書很可能無法出版；他優雅的書信筆法，使與他共事成為一種額外的享受。蒂姆・麥戈文（Tim McGovern）解決了所有技術性的問題，還有他的高效確保整個出版過程極為順利。麗莎・韋爾利（Lisa Wehrle）的專研精神和嫻熟的編輯工作亦使本書增色不少，她促使我努力將書中的表述變得更加清晰和嚴謹。我強烈地意識到，他們所做的這一切都是特殊的禮物：我感恩所有人。

這些年來，許多故交寬宏地聽我講述，他們敏銳的洞察力使我能夠不斷地檢驗自己的觀點，他們還向我提供不少建議，以各種細微瑣碎的方式為我提供靈感，還有熱情和幽默。對此，我尤為感謝馬克夢、芭芭拉・艾伯蒂（Barbara Alberti）、伯查德・曼斯沃特・貝克（Burchard Mansvelt Beck）、張京媛、巴德妮（Paola Paderni）、蓋理・格利克曼（Gary Glickman）、美蘭・弗雷姆（Meilan Frame）、朱塞佩・法達（Giuseppe Fadda）以及薩繆拉・帕加尼（Samuela Pagani）。在夏威夷大學的諸位同事中，我感謝內德・戴維斯（Ned Davis）、余明寶、蘇珊娜・瑞斯（Suzanna Reiss）、恩喬羅格・恩喬羅格（Njoroge

Njoroge）、宋明煒、麥大衛（David McCraw）、宗小娜（Shana Brown）、蔣暉、喬爾・科恩（Joel Cohn）、雷凱思（Cathy Clayton）以及馬特・洛宗（Matt Lauzon），在無數的場合，他們分享談話的睿智、美食、古典音樂和加勒比音樂盛宴，還有他們的學識和激情。我還要感謝我的兄弟馬爾科（Marco）和馬爾塞洛（Marcello）一直與我同在，儘管我們相隔遙遠，但總讓我有一種扎根的感覺。最後，我謹將本書獻給我的父母：伊內斯・吉亞隆巴多（Ines Giallombardo）和安德里亞・維迪耶羅（Andrea Vitiello），我對他們的愛或許真的是難以言說的。

二〇一一年春於檀香山

The Libertine's Friend

Homosexuality and Masculinity in Late Imperial China

Appetites, 236-237。

41. 關於當代中國文化中的沉默與同性戀，參見 Liu and Ding, “Reticent Poetics, Queer Politics”。

42. 關於以同性戀為主題的網路小說的研究，參見 Cristini, “Rise of Comrade Literature”。

鼎洛，《男友》。

23. 參見 Hinsch 在 *Passions of the Cut Sleeve*（頁 166-167）裡的相關評論。

24. 巴金，〈第二的母親〉。關於這個故事的論述，參見 Wang's "Impersonating China"。

25. 巴金，〈第二的母親〉，頁 27-33。在向少年吐露「她」是男人之後不久，後者仍然稱呼他為「媽媽」。

26. 同上，頁 36。

27. 老舍，〈兔〉，頁 26。雖然這位少年出身貧寒，但他的主顧都是些小官員，他們在家裡裝作是無可挑剔的家長，遵循最嚴格的儒家倫理準則。

28. 同上，頁 18。

29. 同上，頁 20。

30. 同上，頁 25-27。

31. Goldstein, *Drama Kings*, 頁 252。

32. 關於八大胡同，參見小明雄，《中國同性愛史錄》，頁 183-191。

33. Wang, "Impersonating China," 162.

34. Li, *Cross-Dressing in Chinese Opera*, 192-193.

35. Wang, "Impersonating China," 149.

36. Brownell and Wasserstrom, *Chinese Femininities, Chinese Masculinities* 裡有若干論文談到這些問題，尤其參見 Honig, "Maoist Mappings of Gender"。

37. 這種協商可能採取令人意想不到的形式，例如，20 世紀 90 年代中期，對陸軍上校和芭蕾舞明星金星的變性進行宣傳，官方將其作為中國的科技成就來展示，因此具有民族主義的意味。

38. 關於溫如華在《白面郎君》中扮演男旦角色的討論，參見 Li, *Cross-Dressing in Chinese Opera*, 197。

39. 陳凱歌的《霸王別姬》（1993 年）、李安的《喜宴》（1993 年）、張元的《東宮西宮》（1996 年）以及王家衛的《春光乍洩》（1997 年）等電影都得到了見證。

40. 1992 年，李銀河和王小波的《他們的世界》在香港首次出版，第二年在中國重新出版。關於 1989 年一本性教育手冊將同性戀視為變態行為的話語，參見 Farquhar,

8. 對民國初期出版的關於男旦專著（裡面有男扮女裝的照片）的評論，可參閱 Yeh, "Public Love Affair or a Nasty Game?" 頁 37 以及之後數頁。

9. Kang, *Obsession*，第 4 章。

10. 比較 Yeh, "Public Love Affair or a Nasty Game?" 35；在談及一位演員被指控引誘恩客的妾時，她評論說：「花旦角色的性暗示使演員在傳統的庇護文化以及甚至在京劇的階序等級內容易受到傷害。」

11. 同上，頁 44-46，她援引一張小報（《晶報》，1920 年 7 月 12 日）對梅蘭芳以前曾是相公的揭發和指責，並注意到隨後發生的關於梅蘭芳功績的爭論中，一方被指責僅是出於對他的性慾望而稱頌他，明確暗示他過去曾在「相公堂子」（即男妓院）待過。亦可參見 Kang, *Obsession*, 126-129。

12. Kang, *Obsession*，頁 135 及之後數頁。

13. 同上，頁 146。

14. Sang, *Emerging Lesbian*, 15-16.

15. 參見 Zarrow, *China in War and Revolution*, 28：「同性戀或異性戀之間建立在自由組合基礎上的年度聯姻可以取代家庭，而兒童則由公共托兒所撫養。」

16. 引自 Sang, Emerging Lesbian, 4-5；亦可參見 Wu and Stevenson, "Male Love Lost," 53。

17. Zou, "Cross-Dressed Nation," 86-87.

18. 關於 1878 年對這兩個術語之間差異的討論，參見 Kang, *Obsession*, 118。

19. 參見 Wang, "Impersonating China," 133-134；以及 Li, *Cross-Dressing in Chinese Opera*, 15-17，魯迅寫的關於易裝和梅蘭芳的兩篇文章，分別發表於 1933 年和 1934 年。

20. 參見 Kang, *Obsession*, 100-104，討論了日據時期偽滿洲國同性戀盛行和殖民時期上海的中國男人被西方人強姦的新聞。

21. Kang, *Obsession*, 144.

22. 同上，第 3 章。可比較康文慶關於郭沫若作品的評論：「郭沫若明確區分了男同性關係的舊模式和『同性戀愛』的新模式，在舊模式裡，男人在性行為中將長相姣好的男人客體化為女人，而在新模式裡，他參與其中，並始終以正面的態度看待後者。」（同上，頁 79）另一位與創造社有關的作家創作的同性戀代表作，參見葉姑娘。然後他看到陰影穿過鏡子——「名士」和「名角」，另一邊是奚十一和其他反派角色——這顯然效仿了《紅樓夢》裡賈瑞的情節。參見《品花寶鑑》，第56回，頁 16b-17b。

116. 《品花寶鑑》，第 54 回，頁 17b-18a。

結語

1. 關於該選集，參見 Vitiello, “Dragon's Whim”；完整的翻譯版（義大利文），參見 Vitiello, ed., *La manica tagliata*。
2. Dikötter, *Discourse on Sex*；尤其是 Sang, *Emerging Lesbian*，〈導言〉，以及 Kang, *Obsession*，第 2 章。
3. Sang, *Emerging Lesbian*，各處；Kang, Obsession，頁 43 以及之後數頁。
4. 參見潘光旦，〈中國文獻中同性戀舉例〉。值得注意的是，雖然潘光旦的論文在開始提到了靄理士關於同性戀的理論（例如，它是「自然的」，在所有高級靈長類動物中都可以發現這種現象），但他後來對在中國的情境下辨識出靄理士所謂的「倒錯類型」的實例或闡述他的心理學並無多大興趣。相反地，靄理士則樂於將他的洞察力運用於這個領域：「男性顛倒有時是無法避免的……經常可以觀察到（他們）對綠色的喜愛（這通常是兒童，尤其是女孩偏愛的顏色）。還可以經常看到某種戲劇性態度……。」參見 Ellis, *Psychology of Sex*, 232。關於潘光旦的論文，也可參見 Sang, *Emerging Lesbian*，各處；以及 Kang, *Obsession*, 52-59。
5. Wu, *Homoerotic Sensibilities*，各處。
6. 參見 Yeh, “Public Love Affair or a Nasty Game?” 27-28，以及 “Where Is the Center of Cultural Production?” 96。自從 19 世紀 90 年代以來，京劇表演成為上海和北京之間競爭的領域之一。雖然慈禧太后無疑已使該表演傳統興旺起來，但是在 20 世紀 10 年代，諸如大名鼎鼎的男旦梅蘭芳等演員，他們開始受益於上海劇院業主們的企業家精神。參見 Yeh, “Where Is the Center of Cultural Production?” 頁 80 以及之後數頁。
7. Yeh, “Public Love Affair or a Nasty Game?” 21-23。

微差別。

105. Wang, *Fin-de-Siècle Splendor*, 69。黃衛總有些令人費解地將小說的結局描述為「小說家虛構的幻想」（*Negotiating Masculinity*, 144）。與小說的其他內容一樣，這個最終的三角形關係當然也是一種幻想，但它是一種結構性的幻想，沒有它，就根本不會有這部小說。換句話說，即使黃衛總憤世嫉俗的評論在現實上根源於中華帝國晚期的社會歷史，它也不符合陳森這部小說的理想主義內在動力。

106. 《品花寶鑑》，第 6 回，頁 2b。

107. 同上，第 48 回，頁 8b；亦可參見同上，第 52 回，頁 17a-b。

108. 亦可比較 McMahon, "Sublime Love," 84。

109. 《品花寶鑑》，第 11 回，頁 1a-2a。

110. 同上，第 26 回，頁 7a-8a。

111. 她們僅是傳統意義上脾氣暴躁、嫉妒猜疑的妻子之微弱迴響，在好男風的已婚男人的虛構故事裡，她們經常出現。關於悍婦形象的妻子，參見 Yenna Wu, "Inversion of Marital Hierarchy"。

112. 《品花寶鑑》，第 29 回，頁 18a-b。

113. 同上，第 54 回，頁 19a 及後數頁；引自頁 22a（著重號後加）。

114. 同上，第 45 回，頁 3b 及後數頁（引自頁 5b）。

115. 關於夢的序列，參見同上，第 53 回，頁 20a-21a。有關這個夢的不同解析，參見 Starr, "Shifting Boundaries," 284-285；Huang, *Negotiating Masculinities*, 143-144。令人感到好奇的是，黃衛總刪掉了第二部分關於夢的描述。對黃衛總而言，關鍵在於這個女人指責子玉不是真正的男人。關於這一點，他與子玉最終結婚的事實聯繫起來，認為這標誌著「小說家向讀者確保他筆下看起來像女人的男主人公的男性氣質」。不過，人們不禁要問這是否真的是小說家優先考慮的事情。子玉的噩夢與第 56 回中琴言的噩夢相對應，在那裡，琴言試圖吸引子玉的注意，而子玉正在一條船上由一個女人陪伴著，這個女人與舞臺上的他看起來一模一樣。然而，子玉聽不到他的聲音，而這個女人惱怒於琴言盯著他們看，朝他扔了一面鏡子。少年躲開了，另一條船也消失了。他看著自己，現在看起來像是那位將他帶至自己前世墳墓前的

種前世注定的聯繫。在知道琴言是兒子的病因之後，她讓兒子的朋友帶著琴言來撫慰他。最後，她非常感謝琴言治癒了兒子，並邀請他再來，顯然不再為兒子「不成熟的」激情而惶恐難安。參見同上，第 29 回，頁 10b-11a。田春航的母親也像養子一樣歡迎蘇蕙芳；參見同上，第 50 回，頁 14b。

99. 同上，第 60 回，頁 1a。

100. 黃衛總質疑這些戀情的平等性，認為這些少年基本上是「玩具」，是「被欲求的物」（*Negotiating Masculinities*, 141-142）。因此，他明確排除了真正贖回男旦的可能性，認為「琴言絕不可能與子玉完全平起平坐，即使他不再演戲，這是因為作為男旦的過去將始終是他的社會身分的一部分」（同上，頁 235，腳注 24）。但是這種觀點有些令人費解，因為這部小說的結局確實實現了男旦的社會性救贖。目前尚不清楚黃衛總作出如此悲觀之預測的證據是什麼——人們可能會想，他是否混淆了社會現實與虛擬現實，並將前者投射到後者假設性的結果之中。無論如何，小說並沒有暗示男旦的救贖是不可能的——事實上，它以相反的觀念作為結束。而小說的反派人物奚十一倒是體現了黃衛總的觀點。倘若子玉的父親最終未能尊重琴言、將他視如兒子，那麼其他人物也永遠無法實現這一飛躍。值得注意的是，即使名旦已經全部贖回自身，搬入雅致的花園，在那裡他們還經營著一家精緻的古董店，然而，死性不改的奚十一因為沒有看到任何人來門口迎接他而暴怒不已，他大吵大鬧，叫囂店主是「小旦兔子」（第 58 回，頁 12b）。至於與戲子地位相關的汙名，在這裡我當然同意黃衛總的觀點——這是數世紀以來根深蒂固的觀念，它不會在一夜之間消弭殆盡，即使在 1912 年廢除了「賤人」這一社會類別之後，亦是如此。儘管如此，在我看來，任何一種討論，如果無視愛情在消除社會階序等級、在顧客與戲子之間確立平等關係的過程中作為一種解放性的力量，那麼它都未能把握陳森這部小說的核心觀點。

101. Starr, "Shifting Boundaries," 273.

102. 同上，頁 274。

103. 《品花寶鑑》，第 59 回，頁 19a-21a。

104. 同上，第 60 回，頁 4a；注意這裡使用了「友」字，它不可避免地帶有色情上的細

暗示還不夠的話，敘述者還告訴我們，在造訪者看來，憔悴的琴言猶如「雪中梅」。參見《品花寶鑑》，第 21 回，頁 4a 以及之後數頁。

84. 《品花寶鑑》，第 24 回，頁 3a-8b。

85. 同上，第 51 回，頁 14a-b。

86. 同上，第 5 回，頁 3a。

87. 同上，第 37 回，頁 5a。

88. 關於這些場景，分別參見同上，第 28 回，頁 2b 和第 27 回，頁 18b。關於相公伺候「壞」人的場景，可參見同上，第 8 回，頁 6a，他為他們點燃鴉片煙槍；亦可比較 McMahon, *Fall of the God of Money*, 160-162。

89. 比較 Starr, "Shifting Boundaries"。

90. 《品花寶鑑》，第 22 回，頁 17b 及後數頁。亦可比較王德威關於晚清小說《花月痕》裡無節制的眼淚和多愁善感的評論（*Fin-de-Siècle Splendor*, 74）。

91. 參見《品花寶鑑》，第 60 回，頁 19a; Starr, "Shifting Boundaries," 278。

92. 分別參見《品花寶鑑》，第 13 回，頁 4b-5a 和第 5 回，頁 3b。

93. 關於他們的重聚，參見同上，第 59 回，頁 23b。

94. 同上，第 45 回，頁 11a 及後數頁。

95. 同上，第 46 回，頁 1b。

96. 參見同上，第 53 回至 54 回。

97. 同上，第 59 回，頁 9b-14a。子玉的父親讓僕人叫他屈大爺，而建議他們之間以叔侄相稱，雖然琴言拒絕這樣做，而是稱呼他為「大人」，這是對長者在尊稱（包括一個人的父親），而用名字來指稱自己。

98. 同上，第 59 回，頁 22a-b。然而，子玉的母親早已克服了她的偏見。在發現兒子與男旦有染時，她的不滿以戲劇性的方式表現出來，從而強調其「轉化」。子玉因思念琴言而進入譫妄狀態，他呼喚著「玉儂」（琴言的號）的名字，聽到生病的兒子這樣叫喚時，這位母親先是感到不安，認為這肯定是女人的名字。但當她後來發現真相時，更加感到不安，因為她的兒子尚未「成人」，但是由於他病得很重，所以她忍住沒有教訓他。不久之後，她作為母親的擔憂使她猜測這兩個年輕人之間有一

76. 同上，第 1 回，頁 21a-22b。他們的第二次會面（第 5 回，頁 5b-6a）的場景也是兩輛馬車馳騁而過，兩人透過窗戶與垂簾相互瞥了一眼，不同的是，這次男旦笑了。

77. 在前一天晚上，琴言做了一個預言性的夢，夢裡出現一位年輕人，他與當時仍不相識的子玉極為相似。夢裡的這位年輕人與梅花和玉聯繫在一起——這明顯指向梅子玉的名字。當男旦掉進坑裡時，年輕人伸出手將他拉出來，然後消失了（《品花寶鑑》，第 5 回，頁 4a）。這也可以被看作是互文性地參照《牡丹亭》，後者也出現過夢裡的情感聯繫；從這個意義上說，小說透過援引超自然愛情力量的典範性文學表徵，從而引入兩位少年的相遇。

78. 這使得運用這樣一種女性主義的觀念來評價兩位少年的關係時顯得有些笨拙，即（男性）「所有者」的凝視 vs. 他的視覺慾望的（女性）「客體」。如羅鵬（Carlos Rojas）指出，倘若陳森想要將子玉（相對於琴言）呈現為「主要是戲劇贊助人的身分」，因此是「凝視的所有者，而非客體」，那麼他可以更方便地選擇讓兩位少年的第一次相遇發生在戲院裡，琴言在舞臺上穿著女性服裝，而子玉則坐在觀眾席裡；參見 Rojas, "Coin of Gender," 298。

79. 《品花寶鑑》，第 12 回，頁 5a 及之後數頁（引自頁 6b-7a）。

80. 如同賈寶玉和秦鍾一樣，在這兩種情況下，戀人之間的年齡差距只有幾年，男旦大約 17 歲，他們的朋友則在 20 歲出頭。張在舟（《曖昧的歷程》，頁 432）注意到，小說裡的老年人會因追求年輕少年而被嘲笑。然而奚十一並非老人。但是我們當然可以注意到，這裡理想的戀情發生在兩位年輕人之間，他們都英俊瀟灑、才華橫溢，且又多愁善感，就像賈寶玉和秦鍾一樣，雙方的年齡差很小。

81. 《品花寶鑑》，第 22 回，頁 21a-b。

82. 同上，第 53 回，頁 8b-9a。

83. 可比較馬克夢關於（過度的）崇高愛情的獨到評論。另一方面，他們身體上的分離被難以釋懷的象徵性存在所強化。例如，當子玉的朋友魏聘才去櫻桃巷（這是北京一條真實街道的名字，以「私寓」著稱，參見 Wu，*Homoerotic Sensibilities*）的優雅寓所看望生病的琴言時，發現他的庭院裡栽滿了梅樹（「梅」也是子玉的姓）。他的古箏和床簾上裝飾著梅花圖案，一根盛開著的梅花枝矗立在花瓶裡。倘若這樣的地投入學習，成為狀元指日可待（同上，第 17 回，頁 5a）。敘述者不忘提醒我們，作為才子佳人的一對，這兩個男人之間是很純潔的，儘管有些「純粹」的朋友偶爾會取笑他們，令他們非常尷尬。

65. Wu, *Homoerotic Sensibilities*，頁 86 以及之後數頁。

66. 例如，參閱《品花寶鑑》（第 18 回，頁 9a）裡涉及造訪妓院。它突出的是三十多歲的女性濃妝豔抹，試圖用淫穢的歌曲來勾引顧客，這樣的生活圈與名旦的優雅魅力截然不同。

67. 例如，參見潘其觀因這樣做而遭蘇蕙芳訓斥的場景（《品花寶鑑》，第 19 回，頁 16a-b）。姬亮軒無恥的僕人／男妾巴英官曾經是「剃頭棚子的徒弟」（同上，第 23 回，頁 10a）。亦可比較奚十一和潘其觀侮辱琴言的情節，琴言敏銳地意識到人們將他以相公看待（同上，第 36 回，頁 22a）。

68. 同上，第 28 回，頁 18a-b。

69. 同上，第 19 回，頁 8b。

70. 在反派角色中，尤為粗暴的人是姬亮軒，他整日沉溺於繪聲繪色地講述與少年肛交的樂趣（同上，第 23 回，頁 13a）。

71. 同上，第 23 回，頁 16b。依據顯而易見的報復性正義，如英雄會得到善報一樣，反派也終將遭受懲罰。例如，潘其觀受到的相應懲罰是肛門被報復性地塞滿，為了緩解他的難忍之情，他尋求他人插入（同上，第 47 回，頁 13a-b）。很明顯地，奚十一也為他的淫慾受到了懲罰，他先是染上梅毒，最終在與英官交媾時失去了半條假體狗鞭，而英官後來死於肛門感染，其惡劣的行徑也遭到了特殊的懲罰。分別參見同上，第 40 回，頁 7b；第 58 回，頁 17a、頁 21b。

72. 同上，第 1 回，頁 6a-14b。

73. 這實際上可以被視為賈寶玉性別觀念的映現，這種觀點認為男性天生是不純潔的，這個事實間接暗示男旦具有不可化約的男性特質。

74. 《品花寶鑑》，第 1 回，頁 15a-17a。關於男色優越性的類似觀點，可參閱《情史》中「情外類」這一卷的附言。

75. 同上，第 1 回，頁 19b。

Love," 100-101。

59. Wang, *Fin-de-Siècle Splendor*, 68。王德威指出，正是異性戀情感的幻想維持著士人與男旦之間的關係，事實上他認為，「女人，而不是（同性戀或異性戀）男人，是這部小說無形的動機」。（同上，頁 67）

60. Starr, "Shifting Boundaries, " 268, 271。

61. 有些學者認為，在公眾看來，男旦按照社會性別分類是女性；例如，參見 Goldman, "Opera in the City," 48, 118。然而，男旦並不完全是跨性別者，譬如美國原住民的「雙靈者」（berdache）或印度的「吉拉」（hjra）；甚至在這些經典的跨性別案例裡，同源化也從來不是徹底的（參見 Murray，*Homosexualities*，各處）。在中華帝國晚期，男旦在舞臺上的社會性別肯定是女性，儘管這種經驗在某種程度上也影響到他們在舞臺之外的身分認同，但至關重要的是，表演一旦結束，他們確實恢復了男性的社會性別，而且在戲院外對待他們的擁護者時，也沒有男扮女裝，這部小說證實了這一點。此外，自清代中期以來，北京的男旦被稱為「相公」，後來才透過諧音巧妙地改變了這一術語，被用來指在部分時間裡男扮女裝的人，這個詞也演變成「像姑」，但它在這部小說裡沒有出現。

62. Wu, *Homoerotic Sensibilities*，各處。關於 18 世紀末、19 世紀初北京城戲劇最為詳盡的描述，參見 Goldman, "Opera in the City"。亦可比較張在舟，《曖昧的歷程》，頁 535。

63. Cahill, "Le peintures érotiques chinoises de la collection Bertholet," 38。然而，我們可能還記得第一章引用 17 世紀的小說《桃花影》裡的段落，根據該段落，畫家沈周創作了一幅名為「老少圖」的春宮畫。也就是說，高居翰的假設可能缺乏更早的證據，尤其是倘若我們也考慮到，專門的同性戀小說已是一種晚明的現象。

64. 除了李娃經歷了一次皈依之外，在這裡，蘇蕙芳從一開始就是純潔的，他與田春航之間的戀情也忠實地遵循著它的範本。與蘇蕙芳「訂交」之後，田春航便不再離開寓所，而潛心於他的學業。正如承諾的那樣，蘇蕙芳每天都會去探訪他，並以「清談」和「小酌」招待他，同時不停地敦促他努力學習（《品花寶鑑》，第 13 回，頁 11a-19b）。不用說，正是由於蘇惠芳的悉心安排，使田春航心滿意足，全身心

44. 《紅樓夢三家評本》，第 9 回，頁 152。

45. 同上，第 7 回，頁 121-122。

46. 同上，第 15 回，頁 226。類似地，在小說第 33 回，賈寶玉遭到父親一頓毒打，既是由於他母親的女僕自殺（在與她發生不正當的交往之後），也是由於他與旦角蔣玉菡之間的關係——也即，由於普遍意義上的不正當性行為。

47. 同上，第 7 回，頁 118（著重號後加）。

48. 關於第一個評語（為姚燮所評，轉引自張在舟，《曖昧的歷程》，頁 435），參閱浦安迪編，《紅樓夢批語偏全》，頁 81；關於第二個評語，參見《紅樓夢三家評本》，第 15 回，頁 224。

49. 例如，參閱 McMahon, "Eliminating Traumatic Antinomies"。

50. 《品花寶鑑》近來才開始引起評論家更多的關注，儘管魯迅評價它是第一部「俠邪小說」，此類小說在 19 世紀末達到巔峰。王德威最近認為，這部小說展現的特點使它成為整個晚清小說——它過度依賴文學傳統，傾向於戲劇性和修辭過剩——的前身，這些特點之所以是現代的，因為它們揭露了文學傳統／慣例。參見 Wang, *Fin-de-Siècle Splendor*, 61-71。關於這部小說，亦可參閱 Starr, "Shifting Boundaries"；McMahon, "Sublime Love"；以及 Rojas, "Coin of Gender"。

51. 正如康正果注意到的，《品花寶鑑》是對才子佳人戀情進行的同性戀改編。參見康正果，《重審風月鑑：性與中國古典文學》，頁 161。

52. 《品花寶鑑》，第 1 回，頁 2b-4a。

53. 在談及陳森的詩學時，馬克夢寫道：「如曹雪芹一樣，事實上，與其他愛情故事的作家相比，他是完全不妥協的。他永遠不會允許這種崇高的愛情被馴化，並以無懈可擊的外衣進行掩飾。」（McMahon, "Sublime Love," 91）

54. 關於小說中的「潔淨」，參見陳益源，《小說與豔情》，頁 104。

55. 《品花寶鑑》，第 9 回，頁 2b-4a。

56. 同上，第 10 回，頁 11a-b。

57. 同上，第 3 回，頁 22a-b。

58. Wang, *Fin-de-Siècle Splendor*，頁 29（引文）、頁 63；亦可參見 McMahon, "Sublime

34. 《紅樓夢三家評本》，第 7 回，頁 117。

35. 同上，第 9 回，頁 152。

36. 《紅樓夢》，第 9 回，頁 137-138。請注意，這裡用「詬誶謠諑」來表達學生「在背後談論他們」，當家僕們談論賈珍和他侄子賈薔之間的同性戀緋聞時，也使用了同樣的表述（同上，第 9 回，頁 140）。亦可以比較將這兩位學生形容為「嫵媚風流」與將男旦蔣玉菡描述為「嫵媚溫柔」，賈寶玉後來被蔣玉菡吸引；見同上，第 28 回，頁 398。

37. 在這裡，我翻譯為「boyfriend」的詞是「朋友」。「契弟」用來指薛蟠的情人，而他自己的慾望被稱為「龍陽之興」。值得注意的是，秦鍾問香憐的第一個問題是他父親管不管他「交朋友」，這似乎與薛蟠試圖「結交些契弟」相類似。參見《紅樓夢》，第 9 回，頁 138-139。亦可比較這一回前半部分的標題：「戀風流情友入家塾」。

38. 金榮報告說，兩人「正在親嘴摸屁股」，然後每人隨機選擇一根草，選到較長草的人先對另一個人雞姦（其他豔情小說裡也可以找到這種方法）。陳益源解釋了這裡的表述，認為「貼燒餅」是「反餅」的同義詞；參見陳益源，《小說與豔情》，頁 109，腳注 12。然而，前一表達似乎意味著「雞姦」，而後一表達則是「輪流相互雞姦」。亦可比較《紅樓夢》，第 65 回，頁 929，一位喝醉了的僕人向兩位同僚暗示他們「貼一爐燒餅」。

39. 《紅樓夢》，第 9 回，頁 137（引自頁 141，非 1769 年版本）。

40. 同上，第 15 回，頁 206-207。有些評論者似乎對「算帳」的性質毫不懷疑。例如，參見姚燮的評論，轉引自張在舟，《曖昧的歷程》，頁 435。脂硯齋理解曹雪芹的含蓄；參見曹雪芹，《脂硯齋重評石頭記甲戌校本》，頁 256。

41. 例如，參閱《別有香》，第 6 回，頁 114-115。

42. Huang, *Negotiating Masculinity*, 147-148.

43. 參閱劉世德，《紅樓夢版本探微》，頁 278-281。劉世德對不同的文獻來源進行了獨到的分析，他最後總結說，雖然我們今天讀到的文本表明，故事裡的賈寶玉大約八、九歲，但他的這個年齡肯定是小說後來的改寫階段被減小的，在小說的原始稿裡，當爆發學堂醜聞事件時，賈寶玉大概十七歲左右。

滿足異性戀慾望，他命中注定與尤三姐成為一對。與較為被動的姊姊不同，尤三姐拒絕服從，然而，她倆最終都自殺身亡。尤三姐是據理力爭的、英勇的柳湘蓮之鏡像，但由於柳湘蓮未能意識到她是自己的知己，尤三姐自殺了，而柳湘蓮也出家為僧。顯然，即使是愛情和忠誠的英雄也會犯嚴重的錯誤；柳湘蓮誤解了尤三姐，就像薛蟠誤解了他一樣。可比較《紅樓夢》，第63回至69回。

24. 傳統的主動和被動的性角色之分難以運用於賈寶玉和秦鍾，可比較康正果，《重審風月鑑：性與中國古典文學》，頁154。然而，如果我們考慮到秦鍾相對於賈寶玉的女子氣，以及接下去我們將要討論的尼姑庵裡的情節，那麼似乎確實暗示了這種區分。
25. 《紅樓夢》，第3回，頁51-52。
26. 同上，第28回，頁298。關於這兩個人物與賈寶玉的論述，參見陳益源，《小說與豔情》，頁98-99。
27. 參見姚燮的評論，張在舟，《曖昧的歷程》，頁435。然而，該評論似乎僅涉及賈寶玉與蔣玉菡，我認為也可以延伸至北靜王。
28. 轉引自張在舟，《曖昧的歷程》，頁436，該評論針對的是第119回。
29. 《紅樓夢》，第7回，頁105。關於脂硯齋的點評，參見曹雪芹，《脂硯齋重評石頭記甲戌校本》，頁195。
30. 關於張新之的評論，參見曹雪芹，《脂硯齋全評石頭記》，頁104；以及《紅樓夢三家評本》，第7回，頁117（或者浦安迪編，《紅樓夢批語偏全》，頁47）。亦可參見《紅樓夢三家評本》對秦鍾的稱讚（頁47）以及結論性的評語（同上，第7回，頁121），它也得出了類似的觀點。
31. 《紅樓夢三家評本》，第7回，頁116-118。
32. 曹雪芹，《脂硯齋重評石頭記甲戌校本》，頁196。
33. 參閱《紅樓夢》，第7回，頁116（著重號後加）；曹雪芹，《脂硯齋全評石頭記》，頁105；以及《紅樓夢三家評本》，第7回，頁117。亦可比較，後來賈寶玉向秦鍾暗示他們相互之間不要再稱呼「舅舅」和「外甥」，而視為「弟兄朋友」；參見《紅樓夢》，第9回，頁137。

和父權制的大男人主義是一致的——畢竟，他是戴著綠帽子死去的，而且還沒有意識到自己被戴綠帽子。在此類風流浪子的人物角色中，有時會出現罕見的自我意識的時刻，譬如，賈璉為尤二姐死去而流淚，方才意識到妻子要除掉她的陰謀。參見《紅樓夢》，第 69 回，頁 985。

16. 關於賈璉既懼怕妻子，又害怕男友（即「內」與「外」），可參見《紅樓夢》，第 16 回，頁 215；第 21 回，頁 326。有關賈璉與賈珍之間的同性戀緋聞，亦可參見陳益源，《小說與豔情》，頁 94-95。賈璉的堂兄賈珍也與比他年輕的男親戚之間存在親密關係；陳益源提醒我們，他與侄子賈薔的關係成為流言蜚語的對象，而且後者與賈蓉和薛蟠的關係也極為親密。

17. 《紅樓夢》，第 4 回，頁 60。具有諷刺意味的是，被薛蟠打死的馮淵，曾經「酷愛男風，最厭女子」，但在遇見這位姑娘之後，決定放棄男風之好，甚至再也不納妾，而與她共享一夫一妻的婚姻。

18. 參見 Proust, *Sodome et Gomorrhe*，頁 11 以及之後數頁。

19. 《紅樓夢》，第 9 回，頁 138；亦可比較用於馮淵的表述：「交結男子」，參見第 4 回，頁 60。

20. 同上，第 10 回，頁 145。

21. 同上，第 47 回，頁 650-655。19 世紀末的評論家洪秋蕃猜測薛蟠與柳湘蓮調情，認為他與賈寶玉和秦鍾發生過性關係；參見張在舟，《曖昧的歷程》，頁 436。陳益源指出，柳湘蓮與秦鍾肯定是好朋友，因為在小說第 47 回，賈寶玉問他關於為秦鍾上墳的事情；參見陳益源，《小說與豔情》，頁 109，腳注 116。

22. 至於柳湘蓮與學堂裡男生之間的關係，張在舟提出了較為新奇的觀點。小說（第 47 回）暗示，薛蟠已經見過柳湘蓮，而賈寶玉也和他很親近，因為他要湘蓮去給秦鍾上墳，儘管關於他們之前互動的敘述是缺失的。那麼，他們是什麼時候見的面？張在舟的回答是，柳湘蓮就是第 9 回家族學堂裡的香憐（這可能是由於修訂過程中出現的混淆）。他還表示，柳湘蓮暴力反對薛蟠的行為可以解釋為對自己曾做過他的「契弟」而做出的反應。參見張在舟，《曖昧的歷程》，頁 438。

23. 從這個意義上講，柳湘蓮與不幸的尤氏姊妹可以說同屬一個類別，儘管後者被用來

Polygamists，第 13 章；Epstein, *Competing Discourses*，第 4 章。吳存存認為，「反男性氣質的審美」正是在 18 世紀下半葉達到頂峰，正如被稱作「花譜」的男旦文學和《紅樓夢》的出現本身所表明的。參見 Wu, " 'Beautiful Boys Made Up as Beautiful Girls' "。亦可比較，郭安瑞也認為清代中期依然盛行「情教」（"Opera in the City," 351）。

10. 劉世德，《紅樓夢版本探微》，頁 14。劉世德還認為，秦鍾的情節主線是與其他愛慾故事相關聯的，例如，他的姊姊秦可卿的故事以及他的朋友柳湘蓮的故事（雖然除了在第47回提到之外，我們對他倆之間的友誼並不知情）。關於《風月寶鑑》，亦可參見 Li, *Enchantment and Disenchantment*, 232-242；以及 Epstein, *Competing Discourses*，頁 173 以及之後數頁。李惠儀提出了相關的觀點，認為在《風月寶鑑》的世界裡，「愛情是肉慾的和逾越性的」（*Enchantment and Disenchantment*, 233），秦鍾死後，它被大觀園裡充滿抒情詩調的和貞潔的世界取代（在小說第 17 回，大觀園開始建造）（同上，頁 241）。關於初始版本與我們所知的《紅樓夢》在愛情與淫慾之間關係上的差異，亦可參見 Lee, "Love or Lust?"。

11. 如劉世德表明，學堂騷亂必定有其前因後果。它肯定是薛寶釵在第 34 回裡所指的「當日為一個秦鍾，還鬧的天翻地覆」，也就是說，劉世德猜測是薛蟠在金榮的煽動下採取的報復行動。關於這場在具有濃厚同性戀氛圍的學堂裡出現的情愛鬥爭，顯然僅呈現了一半。參見劉世德，《紅樓夢版本探微》，第 2 章。

12. 同上，頁 55-58。

13. 有意思的是，劉世德在討論中從未提及同性戀，除了在間接地談到薛蟠時，形容他是一個「特殊」的人，利用學堂來獲取「契弟」；參見劉世德，《紅樓夢版本探微》，頁 53。然而，這種解讀給人的印象是它含蓄地贊同《紅樓夢》的異性戀化，將它視為小說家藝術成熟的標誌。

14. 為了簡單起見，追隨李惠儀的做法，後文將多位作者的脂硯齋評注視為一位作者的著作。參見 Li, *Enchantment and Disenchantment*，頁 158，腳注 8。

15. 由西門慶或賈璉為代表的風流浪子通常被女性支配，儘管他們往往意識不到這一點。可以說，西門慶最討人喜歡的特徵之一正是他的五大三粗，這與他控制的幻象

26）。

99. 各種資訊來源，包括他的遠房表兄吳檠的一首詩，都表明吳敬梓與少年之間存在各種風流韻事，而且他跟極為欣賞戲劇與男旦的文人保持著親密的友誼關係，也證實了這種癖好，這些文人其中包括對京劇演員頗有研究的嚴長明。比較 Huang, *Literati and Self-Re/Presentation*, 176，腳注 39；關於吳敬梓的朋友們參與戲劇的情況，參見 Roddy, *Literati Identity*, 73；有關吳敬梓對演員的賞識以及在小說裡對該主題的處理，亦可參見顧鳴塘，《儒林外史與江南士紳生活》，頁 262-269。黃衛總還猜測，吳敬梓對同性戀的批判是救贖性自傳的一部分。在自我救贖的推動力下，吳敬梓透過在杜慎卿這一人物角色中「呈現／再現」他過去的自我，從而達到對其進行批判之目的。比較 Huang, *Literati and SelfRe/Presentation*, 60。

第五章

1. 參見小說開始空空道人與石頭之間的對話，《紅樓夢》，第 1 回，頁 4-5。如李惠儀這樣寫道：「頑石認為它的故事有價值的，因為它從文學的陳腔濫調中恢復了現實。」（Li, *Enchantment and Disenchantment*, 176）
2. 《紅樓夢》，第 5 回，頁 90。在霍克思的譯文中，「痴情」是「失去理智的、義無反顧的愛」；參見 *Story of the Stone*，第 1 卷，頁 146。關於「意淫」的討論，亦可參見 Li, *Enchantment and Disenchantment*，頁 203 以及之後數頁。
3. Yu, Rereading the Stone, 202-203.
4. 《紅樓夢》，第 5 回，頁 90。
5. 參見 McMahon, "Eliminating Traumatic Antinomies," 101-104。
6. 有些雄辯的事例可以佐證賈寶玉的性別理論，參見《紅樓夢》，第 2 回，頁 28-29 頁；第 28 回，頁 283。
7. McMahon, *Causality and Containment*，頁 51 以及之後數頁。
8. 例如，參見 Epstein, *Competing Discourses*，頁 87 以及之後數頁。
9. 關於《紅樓夢》的反大男人主義，尤其可以參見 McMahon, *Misers, Shrews, and*

74：「校訂者將對性危險——這種危險幾乎總是與男性面對女性無限的性潛力時遭受的易損性相關——的傳統焦慮置換成對男同性戀的焦慮。」

84. 參見《野叟曝言》，第 64 回，頁 14b。

85. 同上，第 64 回，頁 9b-11b。

86. 同上，第 65 回，頁 5a-7b。關於這個情節，亦可參見 McMahon, *Misers, Shrews, and Polygamists*, 162-165；Huang, *Desire and Fictional Narrative*, 242。

87. 參見《野叟曝言》，第 65 回，頁 6a，這裡說文素臣此時 27 歲。

88. 參見同上，第 85 回，頁 4a；亦可比較 Epstein, *Competing Discourses*, 222。其他地方也稱讚「童便」的醫療價值。（《野叟曝言》，第 90 回，頁 4b-5a）。許多人也想喝文素臣的尿，據說它是甜的。參見同上，第 66 回，頁 8a。

89. 關於「純陽」及其神祕性的論述，參見 Huang, *Desire and Fictional Narrative*, 251；斯定文對文素臣反對女性化的「陰氣」進行了評論，後者以太監和其他自然失衡現象為代表（*Literati Identity*, 159）。亦可比較 Epstein, *Competing Discourses*, 216（關於文素臣挽救將被閹割的少年）以及接下來更為普遍性的評論，尤其是關於苗族男性氣質的討論（參照《野叟曝言》第 91 回的情節），頁 225-226。

90. 參見 Sedgwick, *Between Men*，〈引言〉。

91. 參見《儒林外史》，第 29 回，頁 344。至於杜慎卿，斯定文強調他代表了文人極致的優雅（例如對詩歌的品味等），但對理想化的道德主義毫無興趣（*Literati Identity*, 95-96）。

92. 關於這段對話，參見《儒林外史》，第 30 回，頁 352-354。

93. 分別參見《儒林外史》，第 30 回，頁 355；第 31 回，頁 364。

94. 關於造訪道觀的敘述，參見同上，第 30 回，頁 355-358。

95. 關於整個情節，參見同上，第 29 回，頁 340-341。

96. 同上，第 30 回，頁 358-361。

97. Huang, *Literati and Self-Re/Presentation*, 70.

98. 比較 Shang, "Rulin waishi" and Cultural Transformation, 270-276。另一方面，頗有些矛盾的是，商偉似乎亦認為泰伯祠祭禮是另類諷刺性的文人生活場景（同上，頁親，以及以士人身分的光環掩蓋他的肉體慾望，最終都被敘述者選擇性地遺忘。

68. 《姑妄言》，第 18 回，頁 2232-2240。關於《宜春香質》的最後一篇小說，參見 Vitiello, "Fantastic Journey of an Ugly Boy"；關於這裡討論的故事情節，參見《宜春香質》，第 4 回，頁 326。

69. 《姑妄言》，第 22 回，頁 2706-2707。

70. 參見張岱，《石匱書後集》，第 57 卷，頁 315；Huang, *Negotiating Masculinity*, 82, 225，腳注 45。

71. 《野叟曝言》，第 10 回，頁 12a-13a。參考文本為 1881 年版毗陵匯珍樓活字本，藏於北京大學圖書館，第 152 回。

72. 關於反雞姦的法律條文，參見 Sommer, *Sex, Law, and Society*, 329。

73. 《野叟曝言》，第 71 回，頁 8b-9a。亦可參見 McMahon, *Misers, Shrews, and Polygamists*, 161。

74. 關於道教與佛教對性的禁例，參見張在舟，《曖昧的歷程》，頁 473。亦可參見 Brokaw, *Ledgers of Merit and Demerit*，各處。

75. 《野叟曝言》，第 63 回，頁 2b-3a。

76. 注意在這一回結尾的評論中，評論者說文素臣不應該為此而嘆息，因為他已經知道契哥契弟。參見同上，第 63 回，頁 14b-15a。

77. 關於這個情節，參見同上，第 63 回，頁 3a。

78. 同上，第 64 回，頁 4a。在一個偽民族志的解釋中，我們被告知，「凡是要買屁眼賣屁眼的」，或者為了還願，人們就前往這座寺廟，用肉揩抹在他的嘴上，以此來感謝神（同上，第 64 回，頁 4b）。關於夏得海及其信徒供奉「同性戀」的神，參見張在舟，《曖昧的歷程》，頁 692；亦可參見同上，頁 418。

79. 《野叟曝言》，第 64 回，頁 5b。

80. 同上，第 64 回，頁 5b-6a。

81. 同上，第 64 回，頁 6a。

82. 同上，第 64 回，頁 11b。

83. Epstein, *Competing Discourses*, 309，更具體地表述，參見 "Rewriting Sexual Ideals,"

49. 同上，第 24 回，頁 2939；引自第 24 回，頁 2949。

50. 同上，第 6 回，頁 765-766。

51. 他也尤為擅長於修辭技巧，這種技能體現為對「龍陽一道」的有力辯護；參見同上，第 10 回，頁 1206-1207。這種語言能力暗示著他的舌頭在其他方面的用途。

52. 同上，第 10 回，頁 1210。

53. 同上，第 10 回，頁 1211-1213。

54. 同上，第 10 回，頁 1216。

55. 同上，第 10 回，頁 1141。

56. 同上，第 10 回，頁 1241-1248。

57. 同上，第 12 回，頁 1430。

58. 同上，第 10 回，頁 1460-1465。

59. 關於該情節，參見同上，第 9 回，頁 1128。

60. 同上，第 9 回，頁 1128。

61. 同上，第 23 回，頁 2805-2806。至於失明，可參見 18 世紀末一位醫生對同性戀與眼疾之間的關係提出醫學觀點，引自張在舟，《曖昧的歷程》，頁 475。亦可比較 Matignon, *La Chine hermétique*, 268。

62. 《姑妄言》，第 23 回，頁 2827。

63. 同上，第 18 回，頁 2201。

64. 同上，第 18 回，頁 2206-2207。注意，司進朝剛在他朋友面前為與少年的雞姦行為進行過辯護。參見同上，第 18 回，頁 2203。

65. 同上，第 18 回，頁 2213。這個情節最有可能的範本是前文已經提及的《歡喜冤家》裡的第十三個故事，它被廣為模仿。在那個故事裡，也有位男侍者對性交易進行議價，他向主人隱瞞了其中某些細節。然而，在這個經典隱喻的諷刺性反轉中，少年通常成為女人的替代品，我們在這裡看到，由於司進朝為無法得到富新而感到沮喪不已，他在達成交易前與女僕做愛。參見同上，第 18 回，頁 2211。

66. 同上，第 18 回，頁 2229。

67. 然而，我們也可能會注意到，司進朝用來吸引富新的誘惑伎倆，包括欺騙後者的母

34. 同上，第 6 回，頁 679。

35. 同上，第 6 回，頁 681-682。顧客們寧可避開他緊緊的肛門，而更願意在他同事那裡尋找鬆垮的肛門，這令他充滿怨恨地悲嘆不已。

36. 同上，第 6 回，頁 685。與豔情小說的隱喻相一致，贏陽從未與女人發生過性關係，他渴望有機會進行嘗試。

37. 同上，第 6 回，頁 685；第 6 回，頁 697。這裡用的「外人」這個詞似乎是指「男妓」；同一行寫道：「外人傳說老爺的東西連婦人還禁不得，我們如何承受？」（第 6 回，頁 697）

38. 關於整個情節，參見同上，第 6 回，頁 690-700；強姦場景的細節令人想起《宜春香質》（第 4 回，頁 326）裡虎羅哪的情節。

39. 參見《姑妄言》，第 6 回，頁 699。

40. 同上，第 6 回，頁 701。

41. 同上，第 6 回，頁 725。該評論者似乎也稱讚這位不幸的少年，儘管他曖昧地採取嘲諷的姿態，並思考少年現在「有好臉又無好糞門」而他父親「有好糞門而無好臉」這一事實，認為這主要是由於祖宗積德未全（或壞風水）。類似地，當受傷的少年回到家，流著眼淚將銀子同那個包兒交給他娘親，並訴說發生的一切時，他母親做的第一件事就是查看他被蹂躪的肛門，評論者此時評論道：「不看東西，先看他屁股，是娘愛子之心，有先後輕重也。」（同上，第 6 回，頁 705）

42. 該姑娘與同學一起狂歡，為了引誘她，在知道她正在偷看的情況下，她的同學在房間裡一起手淫；參閱同上，第 6 回，頁 711。

43. 同上，第 6 回，頁 727。

44. 這可能是指雍正年間解除「樂戶」低賤的社會地位。參見 Sommer, *Sex, Law, and Society*，頁 265 以及之後數頁。

45. 參見《姑妄言》，第 6 回，頁 728。

46. 同上，第 6 回，頁 774-776。

47. 同上，第 7 回，頁 840。

48. 同上，第 7 回，頁 855-859。

21. 斯定文談及「文人試圖在審美和學術造詣的領域內重新定義自己的身分」（*Literati Identity*, 10），並觀察到「18 世紀的文學和思想領域彌漫著認識論上的不確定性」（同上，頁 20）。

22. 同上，頁 3。亦可比較斯定文對《六藝》的哲學重估以及對普遍意義上的實用主義進行的討論，參見同上。

23. 參見《姑妄言》（頁 99-100）第一回批判性的序。

24. 同上，第 1 回，頁 107-112。關於武則天的兩位情人，參見 Stone, *Fountainhead of Chinese Erotica*，各處。

25. 參見《姑妄言》，第 14 回，頁 1649-1662。

26. 同上，第 14 回，頁 1700。

27. 讀者可能會揣測，這個長著陽具（即使是間歇性地）的男性化女人屬「嫉妒的悍婦」這一類型。但是這位「怪女」並非如此，事實上她喜歡並積極參與丈夫的同性戀生活；例如，有一次在她的指導下，上演了一場複雜的「性夾層」（sexual sandwich）遊戲，包括她丈夫和四個少年（同上，第 14 回，頁 1710）。最終，不得不結束這種絕妙的生活。當奇姐引誘牛耕正直的表妹時，這個姑娘起初想到了自殺，但後來決定咬掉她的「傢伙」來報復她，這直接導致她死亡（同上，第 14 回，頁 1731-1737）。

28. 同上，第 18 回，頁 2247-2248。

29. 在這樣的敘述中，家庭混亂借代指政治腐敗，並被解釋為國家衰敗的重要施動者；《姑妄言》以大明王朝的覆滅而告終，這絕非是偶然的。

30. 《姑妄言》，第 24 回，頁 2894。

31. 尤其參見 Epstein, *Competing Discourses*, 225-228。

32. 參見《姑妄言》，第 11 回，頁 1342。

33. 同上，第 6 回，頁 675-676。「下流的事」這一表述——通常以形容詞「無恥的」來強調，是這部小說裡反覆出現的對雞姦的限定性修辭，這在涉及良民時尤為如此。例如，當充好古沒有錢的時候，想拿妻子來交換少年，允許他們發生性關係，然而，他妻子拒絕了這一提議，斥之為「無恥下流的事」。

7. 參見《姑妄言》，頁 99-100。

8. 同上，第 24 回，頁 3040。關於晚明的儒家社會行動主義，參見 Handlin Smith, *Action in Late Ming Thought*。關於俠與文人之間的關係，參見 Huang, *Literati and Self-Re/Presentation*，頁 118 以及之後數頁；亦可參見斯定文關於《儒林外史》的評論以及在他的《文人身分》（*Literati Identity*, 105）裡所說的「平民角色與軍人角色的理想整合」。

9. 參見《姑妄言》，第 9 回，頁 1133。

10. 同上，第 14 回，頁 1625。他的朋友在另一個場合也將他稱為真正的「情種」（第 14 回，頁 1636）。如黃衛總所指出的，他的名字也可以與馮夢龍那個知名故事裡油販的名字「秦重」聯繫起來；請參閱 Huang, *Desire and Fictional Narrative*, 256；馮夢龍《醒世恆言》裡的〈賣油郎獨占花魁〉，頁 3。

11. 參見《姑妄言》，第 14 回，頁 1630。

12. 例如，參見同上，第 12 回，頁 1378。

13. 同上，第 24 回，頁 3036-3039。

14. Lu, *Brief History of Chinese Fiction*, 301-303（引自頁 303）。

15. 參見 Roddy, *Literati Identity*, 153；以及 Huang, *Literati and Self-Re/Presentation*，頁 118 以及之後數頁。

16. Huang, *Literati and Self-Re/Presentation*, 115, 118.

17. Huang, *Desire and Fictional Narrative*, 243, 250-251.

18. 關於這場重要爭辯的討論，可比較 Epstein, *Competing Discourses*，頁 238 以及之後數頁。關於《野叟曝言》裡的性，亦可參見楊旺生，《夏敬渠與野叟曝言研究》，頁 136-151。

19. 參見 McMahon, *Misers, Shrews, and Polygamists*，第 7 章。這項研究成果之前曾作為一篇論文發表在：*Late Imperial China*，1988 年，第 9 卷，第 2 期，頁 32-55。

20. 徐鋼認為，正是因為這個特點（好人身陷孽海），《姑妄言》預言了晚清的「揭露小說」；可比較 Xu, "Ethics of Form", 238。這可能確實如此，但無疑 18 世紀的其他小說也都有這種特點。

浪子視為與法律話語中「漂泊的流氓」相對應的人。

第四章

1. 參見 Huang, *Literati and Self-Re/Presentation*, 40。關於《儒林外史》，黃衛總寫道：「揭露 18 世紀中國傳統文人角色的不足之處，無疑是《儒林外史》的主要特徵。整部小說逐一仔細檢閱了文人應扮演或可以選擇的替代性角色，並且每一種角色或被證明是完全無法勝任的，或根本沒有真實性可言：科舉考試的候選人、官員、隱士、文人甚至俠客。」黃衛總的分析暗示了這樣一個事實，即文人危機也是性別危機，也就是我們這裡所說的男性氣質危機。最近他對這個問題進行了研究。參見 Huang, *Negotiating Masculinity*。
2. 有很多幽默文學描述了這些「失敗的男人」，參見 Hsu, *Beyond Eroticism*，各處。
3. 這種性別模式的系統性並置並非沒有衝突，如宋江和李逵，兩人在男性氣質方面相去甚遠，以至於不可避免地出現對抗，儘管最後當無法實現他們的宏業時，兩人共同赴死。
4. 數十年前，在一位俄國人的收藏品中發現了唯一現存的全抄本；保存下來的還有殘缺的印刷本。根據與《紅樓夢》的作者曹雪芹相關的一些推測，這部書的作者是原本不為世人所知的曹去晶。有關這部小說的文本歷史，請參閱《姑妄言》，「序」，頁 15-27。這部小說似乎很久以後方得以付梓；在 18 世紀，如同本章和下一章探討的同一時期的其他三部小說一樣，它是以手抄本的形式流傳。
5. 徐鋼則認為，小說的語言是故意「溢出」的；參見其“Ethics of Form,” 235-263。雖然這部小說的篇幅特別長，但它的內容並不囉嗦；在我看來，他對這部小說「文體次等」（頁 237）的評價有失公允。亦可比較評論家林鈍翁關於這部小說的語言獨創性的評述。
6. 我們已經看到，在前一章討論的最後一篇小說《桃花豔史》裡發生了類似的事情。事實上，與《姑妄言》相比，《桃花豔史》裡正直善良的男性角色更不處於敘述中心，他的支配性角色僅限於最後十回。

74. 同上，第 2 回，頁 249。
75. 同上，第 2 回，頁 251。
76. 亦可比較，同上，第 12 回，頁 309-310 以及第 6 回，頁 271。
77. 關於清代的「教化」工程，參見 Theiss, *Disgraceful Matters*，各處。
78. 蘇成捷認為，新的反雞姦法類似於其他一系列改革措施，諸如賣淫的罪化，從某種意義上而言，它們都是為了保護平民百姓避免陷入低劣的身分，因而宣揚國家的道德觀念，它強調性別表現而不是身分表現，後者是以往立法的核心關注點。參見 Sommer, *Sex, Law, and Society*，各處。
79. 從明代到清代的雞姦立法史，參見同上，頁 118-126 以及第 4 章。根據蘇成捷的研究，1679 年，清代的刑法典第一次出現雞姦，但是正如我們在第一章討論的，有些文獻表明，明代的刑法典已經包含了這個詞的圖解形式。關於雞姦的立法最終形成於 1734 年，並一直保留至 20 世紀初。有關清代雞姦立法的譯文，參見同上，附錄 B，頁 329-332，亦可比較 Hinsch, *Passions of the Cut Sleeve*, 143-144。
80. 參見王利器，《元明清三代禁毀小說戲曲史料》。
81. 參見劉廷璣，《在園雜誌》，頁 85；亦可參見 Vitiello, "Fantastic Journey," 291-292。
82. Russo, *Celluloid Closet.*
83. 關於清代所謂的「恐同症」，參見 Ng, "Homosexuality and the State"。
84. 參見張在舟，《曖昧的歷程》，頁 458。
85. 參見 Sommer, *Sex, Law, and Society*, 116；張在舟，《曖昧的歷程》，頁 488-502。
86. Sommer, *Sex, Law, and Society*, 117, 140。
87. 同上，頁 153-154。
88. 《姑妄言》，第 6 回，頁 699。
89. 關於《斯堪提尼亞法》，參見 Williams, *Roman Homosexuality*，頁 119 以及之後數頁。2003 年 6 月 26 日，美國最高法院在勞倫斯訴德克薩斯州案（Lawrence v. Texas）的判決中，裁定所有雞姦法都違憲。
90. 關於這一點，可比較 Sommer, *Sex, Law, and Society*, 140，他認為可將小說中的風流

表述（第 1 回，頁 159）。

58. 同上，第 3 回，頁 199。儘管他看起來大約 16 歲（第 2 回，頁 181；第 2 回，頁 179）。

59. 同上，第 2 回，頁 184-185。

60. Sommer, *Sex, Law, and Society*，頁 14 以及第 4 章各處。

61. 《巫夢緣》，第 2 回，頁 181-182。

62. 同上，第 5 回，頁 228。例如，一次有個女人在第一次會面時就抓住他的陽物（第 7 回，頁 260）。

63. 同上，第 10 回，頁 312。

64. 《梧桐影》應該是康熙或雍正年間的作品，參見陳慶浩、王秋桂主編，《思無邪匯寶》，第 16 卷，頁 16-17；薛亮，《明清稀見小說匯考》，頁 154-155。

65. 《梧桐影》，第 4 回，頁 51-53。

66. 同上，第 4 回，頁 56-57。

67. 因此，男旦從根本上而言是邊界跨越者，這種傾向使其與「淫僧」、「光棍」等同被歸為不穩定的一類人，而這又與他們性犯罪的傾向聯繫起來。關於另一位著名男旦和性侵害者桑沖的論述，參見 Zeitlin, *Historian of the Strange*, 109-116。

68. 陳慶浩、王秋桂主編，《思無邪匯寶》，第 16 卷，頁 16；張在舟，《曖昧的歷程》，頁 613。確切而言，是以晉代（265-420）張翰詠周小史的四言詩來形容王子嘉。參見《梧桐影》，第 4 回，頁 49；《情史》裡也可以找到這首詩，參見卷 22，頁 759，《斷袖篇》，頁 89-90。

69. 參見《梧桐影》，第 12 回，頁 144-145 和第 4 回，頁 59。

70. 同上，第 12 回，頁 140。關於這部小說一開始就描述的晚明蘇州敗壞的社會風氣，參見同上，第 3 回，頁 44-45。關於清代社會秩序的頌歌，參見同上，第 3 回，頁 46。

71. 同上，第 12 回，頁 141-143。

72. 參見《株林野史》，第 16 回，頁 291。

73. 參見《桃花豔史》，第 1 回，頁 246-247。

44. 這不僅發生在剛討論過的這些小說的「異性戀」語境中（或者以女風流者作為主角的小說裡，例如《如意君傳》和《痴婆子傳》），而且也發生在同性戀小說裡，如《宜春香質》的第四部中篇小說。

45. 可以確定的是，《杏花天》寫於 1762 年之前，參見陳慶浩、王秋桂主編，《思無邪匯寶》，第 17 卷，頁 15-19。亦可參見《濃情秘史》，該小說基本上效仿《杏花天》，但改變了裡面人物角色的名字；關於這部小說的資料，參見陳慶浩、王秋桂主編，《思無邪匯寶》，第 17 卷，頁 283-286。

46. 參見《杏花天》，第 9 回，頁 170。

47. 同上，第 1 回，頁 44-47。

48. 同上，第 1 回，頁 49-50。

49. 同上，第 1 回，頁 54。

50. 同上，第 1 回，頁 57-58。

51. 同上，第1回，第59回。此處還可注意聽起來像是法律用語的表達：「他將男代女」，這與明代刑法使用的語言幾乎相同。

52. 同上，第 1 回，頁 60-61。亦可比較「翰林遺風」的表述，同上，第 1 回，頁 44。

53. 同上，第 1 回，頁 61-62。

54. 同上，第 10 回，頁 184-187。

55. 關於他們的相遇，參見同上，第 3 回，頁 84-85。當發現他們有關係時，悅生邀請他倆（這個少年被介紹為是表兄，這明顯是為了隱瞞）留在他身邊，但被貞卿婉拒。悅生很清楚這兩個男人之間的事情。當後來向姑母彙報說遇見她的女婿時，他補充說不相信這個少年是他的表兄，而他姑母則回答說：「侄兒你姐夫與此人為友，見怪你姐姐勸他。故此棄其產業，攜友遠出。」（同上，第 6 回，頁 119）由此可見，她仍在責備女兒，同時承認女婿的同性戀關係。

56. 關於這部小說，參見陳慶浩、王秋桂主編，《思無邪匯寶》，第 16 卷，頁 149-151。

57. 《巫夢緣》，第 1 回，頁 159-163。因此，他後來的妻子被他的才華和「多情種子」所折服，參見同上，第 1 回，頁 171。亦可比較介紹他時使用的「多才情種」這一可以梳成時髦的「牡丹頭」和「燕尾鬢」！據說「牡丹頭」因李漁而流行開來，參見《漢語大詞典》，第6卷，頁239，它還提供了明代書籍裡的一幅插圖。儘管是一部清代的作品，但該小說的背景顯然發生在明代，即在強制執行滿族的男性髮式之前。

28. 《鬧花叢》，第6回，頁120。
29. 同上，第6回，頁121（「我陳次襄天生一件毛病，不喜女色專戀龍陽」）。
30. 同上，第6回，頁123-125。他解決問題的緩慢程度令人費解，因為我們知道，他已經在妻子的幫助下詳細進行了策劃。我們還注意到，小說在此處介紹陳次襄時，說他是一位儒生，但在下一頁則說他是商人。在這一章回的最後，評論者稱他「毫不克制地沉迷於酒色」，這與《桃花影》裡的評論相呼應，但是這裡不再出現關於平民和儒士之間差異的評論。作為風流浪子的誘惑者，他們的社會地位是不一致的，這再次表明該小說凌亂馬虎的抄襲做法。
31. 參見《鬧花叢》，第6回，頁124。
32. 同上，第6回，頁125-127。
33. 同上，第6回，頁127-130。
34. 人們對判決結果感到十分驚訝，對此，他們創作了一首打油詩；參見同上，第8回，頁161。這部分情節的隱喻在於強烈對比權勢者的腐敗勾結與民眾的道德憤慨。
35. 同上，第11回，頁199。
36. 參見《巫山豔史》，第15回，頁146。
37. 同上，第3回，頁46-47。
38. 同上，第2回，頁36。
39. 比較《巫夢緣》，第2回，頁183，其主角有一次稱他為「風流人物」，而非「假道學」。
40. 參見《巫山豔史》，第15回，頁139-145。
41. 同上，第8回，頁90-91。
42. 同上，第8回，頁88。
43. 同上，第16回，頁153-154。

11. 同上，第 6 回，頁 116-121。關於他書房裡裝飾極為講究的折疊椅，參見 Clunas, *Chinese Furniture*, 27-28。
12. 《桃花影》，第 6 回，頁 124。
13. 同上，第 6 回，頁 117。就體貌特徵而言，他被形容為完全男性化的，譬如，他蓄著鬍子。
14. 同上，第 8 回，頁 150。
15. 同上，第 12 回，頁 215。
16. 同上，第 9 回，頁 161。值得注意的是，在敘述上風流浪子「規範性的」同性戀經驗採取了一種例外的情況，即他是同性戀關係中接受性的伴侶。造成這種情況的原因可能與年齡有關，因為他必須足夠年輕，才能引起成年男性的性關注。玉卿最後將他的男侍者關哥獻給了慕南（第 11 回，頁 186-187）。作為回報，慕南在決定成為僧人之後，也將自己的妻子交給玉卿（第 11 回，頁 201），而留下了關哥。
17. 可比較馬克夢極為敏銳的觀察：「這本書的顯著特徵是，幾乎每一次性方面的成功都伴隨著科舉考試的成功，或者職業上的晉級。」（Misers, *Shrews, and Polygamists*, 142）
18. 參見《春燈鬧》，第 1 回，頁 247。
19. 同上，第 2 回，頁 256-262（引文來自頁 261）。
20. 同上，第 3 回，頁 273。
21. 同上，第 4 回，頁 296。
22. 同上，第 4 回，頁 298。這部分內容可能受到關於陳子高的故事影響，16 世紀的戲劇《男王后》就是以它為基礎的。在《情史》和《斷袖篇》裡都可以找到這個故事。
23. 《春燈鬧》，第 5 回，頁 304。
24. 同上，第 5 回，頁 314。
25. 《鬧花叢》，第 1 回，頁 41。這篇小說可參見陳慶浩、王秋桂主編，《思無邪匯寶》，第 19 卷，頁 15-19。
26. 《鬧花叢》，第 1 回，頁 41-42；關於女人對他的慾望，亦可參見第 1 回，頁 44。
27. 同上，第 5 回，頁 105。他穿著異性的裝束令人嘆為觀止；他長著飄逸的長頭髮，

第三章

1. 關於《如意君傳》，可參見 Stone, *Fountainhead of Chinese Erotica*；關於《痴婆子傳》，參見 Vitiello, "Family Affairs"。由於《金瓶梅》對女性的強調，它也可能被認為符合這一模式。從彼得羅·阿雷提諾（Pietro Aretino）對話中的妓女到約翰·克雷蘭（John Cleland）的《芬妮希爾》（*Fanny Hill*），歐洲早期絕大多數豔情小說都是以女風流者擔綱主角。
2. 參見《繡榻野史》，下卷，頁 107。作為一種修辭策略，東門生的陽痿堪比《肉蒲團》中未央生的性無能，雖然在後一種情況下，它的作用是為故事的主角施行怪誕的手術埋下伏筆，從而產生喜劇的效果。
3. 《歡喜冤家》，頁 13。後來，這個故事有了另一個版本，參見《換夫妻》，陳慶浩、王秋桂主編，《思無邪匯寶》，第 13 卷，頁 25-88。
4. 《痴婆子傳》，第 24 回，頁 118-119。
5. 嘉靖年間（1522-1566），明代刑法引入雞姦條例。蘇成捷討論的法律案件（雖然是從 18 世紀和 19 世紀開始）表明，在性行為中被插入的男子將遭受汙名，暴露這種行為將遭致恥辱。1739 年發生的一個案件尤為展示了性插入者表現出來的輕蔑與傲慢，他公開暴露另一個男人是他的性伴，以為後者是「兔子」（因而男性氣質較弱），不敢作出回應——然而這個想法是錯誤的，最終丟掉了他的性命。參見 Sommer, *Sex, Law, and Society*, 148-149。
6. 參見同上，頁 158-162。
7. 這些小說的成書年代通常不確定。我主要的依據是：陳慶浩、王秋桂主編的《思無邪匯寶》裡的介紹性論文；薛亮，《明清稀見小說匯考》；簫相愷，《珍本禁毀小說大觀》；內在證據；以及我自己的推斷。
8. 這部小說被認為是徐震所著，他也被認為是《春燈鬧》的作者。參見陳慶浩、王秋桂主編，《思無邪匯寶》，第 18 卷，頁 15-19；頁 227-230。
9. 有關他長相的描寫，參見《桃花影》，第 1 回，頁 27-29。
10. 同上，第 6 回，頁 113。

權地位，這在歐洲人和中國人的歷史編纂學裡都是如此。

135. Brook, *Confusions of Pleasure*, 231-233.

136. 關於該情節，參見《金瓶梅詞話》，第 36 回，下一章我會再談及這個話題。

137. 比較謝肇淛，《五雜俎》，卷 8，頁 305；D'Elia, *Fonti Ricciane*，第 1 卷，頁 98。然而，兩位見證者之間的語氣差異也可能是由於所描述的現象本身導致的。利瑪竇談到濃妝豔抹的賣淫者湧向街頭尋找顧客，這與謝肇淛（以及其他人）告訴我們精英在性消遣時的雅致場景並不相符。更確切而言，利瑪竇說的是較為普通的男妓，它如同異性戀賣淫的情況一樣，但在晚明男妓大概可以算作是高級的賣淫形式。

138. 司馬遷，《史記》，卷 125，頁 3191。

139. 關於「花譜」，參見 Goldman, "Opera in the City"，第 1 部分；以及 Wu, *Homoerotic Sensibilities*，頁 17-19 以及各處。

140. 例如，參見余懷，《板橋雜記》，頁 202-203。

141. 參見張岱，《石匱書後集》，卷 57，頁 315。關於鄒漪的評論，參見 Huang, *Negotiating Masculinities*, 頁 82、頁 225 腳注 45。鄒漪設法肯定孔四郎的男性氣質，因為根據他的觀點，其他作者錯誤地記載了孔四郎與那些女人之間的行為。鄒漪的辯論性立場無疑反映出圍繞著相公的身體和心理產生的無可避免的模糊性，但也表明對他而言，將女人按照性別進行分類並非是毫無問題的，某些現代學者有時也這樣。

142. Li, "Late Ming Courtesan," 55.

143. 參見《情史》，卷 22，頁 765；《斷袖篇》（頁 74-75）也可以找到這個故事。

144. 關於不同的研究取向，參見 McDermott, "Friendship and Its Friends"，頁 70，腳注 5。周紹明否定男性之間的友誼和性應被視為同時發生的，而認為兩者在很大程度上是分離的，「非同性戀的友誼更為常見」。

交融在一起，以至於將它們接合起來的縫隙也消弭了，再也找不到它。如果你一定要我說為什麼愛他，我覺得這是很難表達出來的，我只能這樣回答：因為是他，因為是我。」參見 *Complete Essays of Montaigne*, 139。

123. Bertuccioli, "Martini"，第 II 卷，頁 362。
124. 同上，第 II 卷，頁 359（「友者愛之海最難遊也」）。
125. 同上，第 II 卷，頁 362。
126. 同上，第 II 卷，頁 371。「關於索多瑪的蘋果」，參見頁 342，腳注 26。根據白佐良援引的文獻，這種水果也被稱為「蛾摩拉的蘋果」。
127. D'Elia, "Trattato," 444。德禮賢沒有提供這種拉丁諺語的文獻來源（最初來自 Plutarch）：「Juxta claudum habitans, claudicare discit.」在拉丁語和義大利語中都可以找到該諺語的變體，但顯然不是指該獨特的諺語。例如，參見 Fanensis, *Proverbia Italica, et Latina*, 49（我在萊頓大學普通圖書館查閱的版本中，它錯誤地被標注為頁 46）、頁 81、頁 83。
128. 關於文藝復興時期佛羅倫斯的雞姦者染工，參見，Rocke, *Forbidden Friendships*, 138。有關文藝復興時期同性戀與友誼的論述，亦可參見 Bray, "Homosexuality and the Signs of Male Friendship"。
129. 有關晚明「同志」的論述，參見 Meskill, *Academies in Ming China*, 117；以及 Standaert, *Yang Tingyun*，頁 51，腳注 4。
130. 參見 Spence, Memory Palace, 204-205；Rocke, *Forbidden Friendships; and Ruggiero, Boundaries of Eros*，第 6 章。
131. Spence, *Memory Palace*，尤其是頁 220-231。
132. 同上，頁 201-204。
133. 不過，有些中文文獻也記載了這種擔憂，例如某些書院規定，禁止學生之間發生不正當的親密關係；參見 Meskill, *Academies in Ming China*, 152。
134. 參見 Chang and Chang, *Crisis and Transformation*, 頁 275。亦可參見劉達臨，《中國古代性文化》，頁 785-791，晚明同性戀的興起與最後一個漢族王朝末代皇帝的墮落生活聯繫起來，在性和墮落的情節中——在這種敘述類型裡，同性戀通常享有特

Restructuring of Neo-Confucianism, 237。關於李贄擁有這些論文書籍的情況，參見 D'Elia, *Fonti Ricciane*，第 2 卷，頁 68（# 551）。

115. 關於龍華民的陳述，參見 D'Elia, *Fonti Ricciane*，第 1 卷，頁 118（# 7）；關於利瑪竇的信，參見 D'Elia, "Trattato," 512。

116. Standaert, Yang Tingyun, 頁 158。

117. D'Elia, "Trattato," 433-434。馮應京也持類似的觀點，1601 年，他在北京重印了利瑪竇的書，並為其撰寫序言。當時的基督徒皈依者特別強調東西方聖賢之間在教義和精神方面的共性。參見 Standaert, *Yang Tingyun*，各處。

118. 在張安茂為衛匡國的著作所撰寫的序言裡，友誼被譽為唯一的「人倫」關係——其他都是「自然的」（字面意思是「上天注定的」）關係——同時，它亦是其他所有關係的完滿實現。參見 Bertuccioli, "Martini"，第 I 卷，頁 94-95。沈光裕也表達了同樣的觀點，他抱怨統治者和父母對個人的要求過多，這不利於兄弟關係、夫妻關係和父子關係。忽略友誼是更大的罪行，將會觸怒上帝。參見 Martini, *Opera Omnia*，第 2 卷，頁 339-340；也可參見徐爾覺為衛匡國的書所寫的序言裡闡發的類似觀點，Bertuccioli, "Martini"，第 I 卷，頁 96-97。關於友誼與其他人倫關係，亦可參見周紹明（Joseph P. McDermott）關於一善本（朱廷旦的《廣友論》，1626 年）的討論，McDermott, "Friendship and Its Friends"，頁 87 以及之後數頁。

119. D'Elia, "Trattato," 438.

120. 同上，頁 471。正如艾倫・布盧姆（Allan Bloom）在討論希臘「發明」的友誼以及柏拉圖的《會飲篇》時評論的那樣：「政治、雞姦和友誼聚集在希臘人周圍，並且彼此相互聯繫。」參見 Bloom, *Love and Friendship*, 441。

121. Bertuccioli, "Martini"，第 I 卷，頁 96（「同志」）和頁 97（「以愛如己之念逑友」）。關於中國基督徒普遍使用「同志」這一稱呼的情況，參見 Standaert, *Yang Tingyun*, 頁 51 頁，腳注 4。關於友誼與基督教，亦可參見 Konstan, *Friendship in the Classical World*，第 5 章；以及 Hyatte, *Arts of Friendship*，第 2 章。

122. Bertuccioli, "Martini"，第 II 卷，頁 364。亦可與蒙田（Montaigne）比較，後者在《論友誼》的文章裡談到他最好的朋友：「在我所說的友誼中，我們的靈魂聯結並完全

104. 亦可參見 Hanan, *Chinese Vernacular Story*, 110-111。

105. 參見馮夢龍，《古今小說》，第 8 卷，頁 145。

106. 同上，第 8 卷，頁 146。

107. 關於利瑪竇的論文，參見 D'Elia, "Il Trattato sull'Amicizia"。亦可參見同一作者的 *Fonti Ricciane*，第 1 卷，頁 365-371，以及 "Further Notes"。關於衛匡國的著作，參見 Bertuccioli, "Il trattato sull'amicizia di M. Martini"。後文我會援引在德禮賢（D'Elia）的 "Trattato" 和白佐良（Giuliano Bertuccioli）的 "Martini" 裡複製的兩篇論文。另外，最近剛出版了利瑪竇這本書的英譯本，參見 Ricci, *On Friendship.*

108. 關於這兩本文集，參見 Bertuccioli, "Martini"，第 I 卷，頁 80。白佐良認為衛匡國的書是一種文化宣傳，而不是宗教宣傳，書裡異教徒的聲音遠遠超過了基督徒的聲音（"Martini," II: 354）。引文參見 Erasmus, *Praise of Folly*, 頁 32。

109. 亦可參見 Mungello, *Curious Land*, 109-110：「衛匡國以及在他之前的利瑪竇選擇了友誼這一較為寬鬆的主題，它標誌著耶穌會士為中國文人的靈魂開闢的一條道路。」（頁 110）

110. 例如，透過亞里斯多德的話來反對結交過多的朋友，參見 D' Elia, "Trattato," 440。在衛匡國的書裡，只有一個例子涉及女性朋友，參見 Bertuccioli, "Martini" 第 II 卷，頁 363。關於這兩個問題，可參見 Konstan, *Friendship in the Classical World.*

111. D'Elia, "Trattato," 451-452。關於利瑪竇的「新衣」，亦可參見 Peterson, "Learning from Heaven," 793-798。利瑪竇還向建安王奉上了原始拉丁文本的音譯，「以使書更加討人喜歡」。德禮賢（"Trattato," 454）還提及禱文在儒家精英中很流行，關於這一點可參見 Strickmann, *Mantras et mandarins*。

112. 關於瞿太素，可參見 Engelfriet, *Euclid in China*。

113. 有意思的是，劉凝還講述了他舅舅拜訪這位宮先生的軼事。後者是他的晚輩，根據「舊禮」，這次拜訪應該是不合禮數的。然而，劉凝的舅舅卻說：「宮先生可以例拘乎？」當然，這是由於他們的友誼使然，它在這裡彰顯出力量，從而無視社會階序等級和「舊禮數」。參見 Martini, *Opera Omnia*，第 2 卷，頁 347-348。

114. 參見 D'Elia, "Trattato," 513。關於焦竑與友誼，參見 Ch'ien, *Chiao Hung and the*

92. 參見同上，分別為第 8 回，頁 85、頁 90。

93. 參見同上，第 11 回，頁 129。兩人已見過一面，雖然他們之間隔著珍珠簾，但處於輕鬆自由的氛圍下，這被認為是兩位男性朋友之間的關係特徵：「他們有千言萬語，彼此相親相愛，不啻至交密友。」（同上，第 7 回，頁 80）

94. 《石點頭》，第 14 回，頁 943。

95. 1761 年，倫敦出版了這部小說的第一個全譯本。

96. 關於晚明友誼的討論，參見 McDermott, "Friendship and Its Friends," 67-96；以及 Huang, "Male Friendship in Ming China"。

97. 嵇文甫，《晚明思想史論》，頁 84；*De Bary, Self and Society,* 178-180；以及 Cheng, "Ethics of the Sphere Below," 49-101。黃宗羲已經意識到顏鈞（泰州學派創始人之一）和何心隱的俠義啟示。參見黃宗羲，《明儒學案》，頁 703-704。

98. 容肇祖編，《何心隱集》，頁 28；Dimberg, *Sage and Society*, 86-118；以及 McDermott, "Friendship and Its Friends"，尤其是頁 79-81。黃宗羲說，當何心隱去世時，他摯友的兄弟打開後者的墳墓，將兩人合葬在一起：「梁先生（何心隱原名梁汝元）以友為命。」參見《明儒學案》，卷 32，頁 707。

99. 參見《焚書》，頁 224（〈朋友篇〉），頁 195-196（〈昆侖奴〉），頁 219（〈讀史：無所不佩〉）。亦可參見 de Bary, *Self and Society*, 197-199。

100. 容肇祖編，《何心隱集》，頁 27-28；李贄，《初潭集》，第 11—20 回。關於友誼與教育，參見 de Bary, *Self and Society*, 197-199；黃文樹，《泰州學派教育思想及其影響》，頁 145-146。

101. Peterson, "Confucian Learning," 736； 以 及 McDermott, "Friendship and Its Friends," 70。

102. 參見 Meskill, *Academies in Ming China*, 101-103。

103. 這種行為與《弁而釵》最後一部中篇小說裡李又仙的行為截然相反，後者是在報答了友人和救助者之後才去尋找父母。正如我前面提到的，第二部中篇小說裡的張機也忠實地為父親服喪。然而，與李又仙和郭仲翔不同，他不需要在儒家義務和俠客義務之間做出選擇；當最終出現這種選擇時，他的俠義 / 情感的忠誠占了上風。

81. 同上，第4卷，頁298。

82. 可比較相關例子，同上，第2卷，頁130-131。該章結尾的評論重申了這一批評（第2卷，頁138）。

83. 1622年爆發的白蓮教叛亂為這篇小說提供了歷史背景。關於遼陽落入滿族人之手，參見《宜春香質》，第2回，頁188；關於令人毛骨悚然的雙重處決，參見第2回，頁219-220。

84. Liu, *Chinese Knight-Errant*, 頁121-124；羅立群，《中國武俠小說史》，頁174；陳平原，《千古文人俠客夢》，頁57-58，作者談到「才子佳人」變成「俠男烈女」。

85. McMahon, *Misers, Shrews, and Polygamists*, 99-103.

86. 類似的情節，亦可參見《好逑傳》，第8回，頁93。鐵中玉向這位老者歸還了不忠的妻子，起初還懷疑鐵中玉的誠實，為了考驗他，深更半夜將自己的妾送到他的房間。鐵中玉醒來後，看到那個女人在床上，斷然拒絕了她，這確證了鐵中玉在主人眼裡的英雄氣。

87. McMahon, *Misers, Shrews, and Polygamists*, 107。馬克夢也評論道，儘管才子佳人式愛情故事的主角之間存在性別特徵的交叉現象（例如，鐵中玉被形容為「就像一個美人」），但只有女人才會穿異性的服飾：「經典的才子佳人戀情是關於女人向上流動的故事，因此，如若男子的衣著打扮和舉手投足像女人，那麼這不僅是不合邏輯的，而且是不正常的。」（頁108）另外可參見馬克夢在後來幾頁裡關於性別特徵的對稱性和交換的討論。

88. 《好逑傳》，第3回，頁25-26；另見同上，第13回，頁153，其父認為她「雖女猶男」，因而應該允許她選擇自己的配偶，即使這樣做有悖常理。

89. 同上，第6回，頁61。

90. 關於康熙早期思想裡的行動主義，參見Struve, "Ambivalence and Action," 321-365；以及Peterson, *Bitter Gourd*，尤其是第5章，它在行動主義與俠義氣質之間確立了聯繫。關於《好逑傳》裡忠誠的重要性以及它與早期康熙俠義行動主義之間的聯繫，參見Hessney, "Beyond Beauty and Talent," 214-250。

91. 參見《好逑傳》，第6回，頁70-71。

761；以及 Vitiello, "Fantastic Journey of an Ugly Boy," 292-295。關於該小說集裡各個短篇小說的閱讀資料，可參見 McMahon, *Causality and Containment*, 73-78；Vitiello, "Exemplary Sodomites"，第 3 章；以及 Volpp, "Male Queen"，第 5 章。

68. 在夾注裡，評論者將一位極為忠於男情人的少年形容為「列男子」，他不會接受「他的身體被二次侮辱」。參見《弁而釵》，第 3 卷，頁 224。

69. 同上，第 2 卷，頁 127-128。

70. 作者在描述了張機的絕色、博學、武藝高超和富裕之後說道，他「只是一件，卻是極好南風」。而且夾注裡寫道：「風流罪過文人不能免。」（《弁而釵》，第 2 卷，頁 158）。

71. 《弁而釵》，第 1 卷，頁 97。

72. 同上，第 1 卷，頁 98。馬克夢的書裡也翻譯了這一段，他指出這種觀點與湯顯祖在《牡丹亭》的序裡表達的意思具有相似性。參見 McMahon, *Causality and Containment*, 74。關於該短篇小說的全文翻譯，可參見 Lévy, *Épingle de femme sous le bonnet viril*。

73. 參見《弁而釵》，第 2 卷，頁 164。

74. 同上，第 2 卷，頁 164。當然，這裡假設評論背後其實是兩個人，而非一個人；關於小說評論的修辭豐富性，可參見 Rolston, *Traditional Chinese Fiction*。

75. 類似地，第一篇小說的結局是兩位男戀人放棄他們的高官厚祿，一起退居南京。

76. 有關這種性的競爭情況，參見《弁而釵》，第 2 卷，頁 154-157。

77. 第一個故事比較特別，因為它聚焦於在更為純粹的儒家經典教育和官僚職業背景下形成的師生關係。這裡強調的不是俠的忠誠和平等，而是年長者向年輕者傳授知識（包括情感知識和性知識），以及後者對前者的效法（尤其是書法）。儘管如此，最終還是以愛的名義放棄了儒家追求的目標。

78. 《弁而釵》，第 4 卷。李漁，《無聲戲》第 6 回〈男孟母教合三遷〉的靈感可能源自這個故事。參見 Vitiello, "Exemplary Sodomites," 128-131。

79. 《弁而釵》，第 4 卷，頁 293。

80. 參見同上，分別為第 4 卷，頁 315 以及第 4 卷，頁 297（「好俠義丈夫」）。

62. 參見《情史》，卷 4。鑑於王世貞的小說集《豔異編》——馮夢龍效仿的典範，在〈義俠部〉除了兩個條目之外，它涉及的俠均為女性，因此，對男俠的關注而言，這種平衡分布是新奇的；參見王世貞，《豔異編》，第 23 回和第 24 回。關於男俠的兩個條目分別為唐代的傳說故事〈崑崙奴傳〉和〈虯髯客傳〉，它們也包含在《情史》卷 4「情俠類」裡。陳平原注意到，在晚明的通俗小說裡，俠方才凸顯出來，而女俠的傳統特權地位則保留在古典小說裡。參見陳平原，《千古文人俠客夢》，頁 211。

63. Mowry, *Chinese Love Stories*, 53.

64. Liu, *Chinese Knight-Errant*, 84.

65. 例外的情況，參見《情史》，卷 4，頁 113-114（「寧王憲」）；頁 117-118（「唐文宗」）。

66. 參見 Mowry, *Chinese Love Stories*, 53。根據最近對歐洲騎士羅曼史的學術研究，我們或許應該修正這樣的觀念，即認為歐洲人和中國人的俠義 - 情感傳統之間存在極為不同的差異，因而兩者是無法進行比較的（Liu，*Chinese Knight-Errant*, 205）。雖然中國的俠無疑不會想像他們以尋求理想女性為核心的生活，但是包含著兩個男人和一個女人的三角配置，並強調兩個男人之間的聯盟和忠誠，這對於中國人和歐洲人的傳統而言都是比較獨特的。正如雷金納德・海亞特（Reginald Hyatte）在討論《特里斯坦》（*Tristan*）和《散文版蘭斯洛特》（*Prose Lancelot*）時所說的：「人們可能會認為，在這些中世紀的小說裡，『真正的浪漫』不僅存在於文學批評傾注所有關注的男女愛情故事中，而且也存在於男性結交之中，這是史詩文學的特徵，浪漫主義的作家有時還會加上新的情感價值觀念和道德價值觀。」參見 Hyatte, *Arts of Friendship*，第 3 章（引自頁 88）。尤其是他對《散文版蘭斯洛特》裡蘭斯洛特、加勒沃特（Galehaut）和桂妮維亞（Guinevieve）的三角關係進行的討論以及友誼／愛情（兩個男人之間）和騎士對女人的愛之間產生的競爭，頁 102-135。

67. 關於該小說集的成書年代和作者身分的研究，參見《弁而釵》，頁 15-21；吳存存，〈《弁而釵》與《宜春香質》的年代考證及其社會文化史意義發微〉，頁 67-68；參見蕭相愷，〈前言〉，載於《明代小說輯刊》，侯忠義主編，第 2 卷，頁 759-

交儀式，參見同上，頁 40-41；關於將謀殺女人作為「儀式」的論述，尤其可以參見，頁 316-319。我們或許也會想起夏志清採取的重要研究路徑並不總是那麼好用，以及他與劉若愚之間曾經發生的那場文雅卻尖銳的論戰。參見 Liu, *Chinese Knight-Errant*, 115-116，以及 Hsia, *Classic Chinese Novel*, 340-341，腳注 14。關於厭女症與中國文學評論，參見 Ding, *Obscene Things*.

48. 賽菊寇探討了以三角形作為圖形來描繪男同性戀慾望具有的優點，參見 Sedgwick, *Between Men*，尤其是第 1 章；亦可參見 Garber, *Vice Versa*，第 18 章。
49. 馮夢龍，《古今小說》，第 8 卷，頁 135-147。馬幼垣對這個故事、下一個故事以及其他若干故事進行了討論，參見 Ma, "Knight-Errant in Hua-pen Stories," 267-300。關於這個故事的評論，亦可參見 Hanan, *Chinese Vernacular Story*, 110-111。
50. 關於吳保安與妻子之間的對話（當時她試圖阻止他的計畫），可參見馮夢龍的《古今小說》，第 8 卷，頁 139-140。
51. Birch, *Stories from a Ming Collection*, 137。
52. 馮夢龍，《警世通言》，第 21 卷，頁 297-316。
53. 同上，第 21 卷，頁 298。
54. Ma, "Knight-Errant in Hua-pen Stories"，尤其是頁 276。
55. 馮夢龍，《警世通言》，第 21 卷，頁 299。
56. 關於俠義與親屬等級制度的論述，參見 Ma, "Knight-Errant in Hua-pen Stories," 270，作者談及「公然無視家庭裡的論資排輩」。
57. 馮夢龍，《警世通言》，第 21 卷，頁 315-316。
58. Ma, "Knight-Errant in Hua-pen Stories," 276。
59. 同上，頁 295。
60. 關於該小說集的論述，參見 Mowry, *Chinese Love Stories*, 19、52-55；Hanan, *Chinese Vernacular Story*, 97；以及 Li, *Enchantment and Disenchantment*, 90-92。關於馮夢龍的序，參見《情史》，頁 3。
61. 類似的觀點，可參見周銓的評論，載於朱劍心的《晚明小品選注》，頁 12-14。在《兒女英雄傳》的序裡，文康提出類似的觀點；參見 Liu, *Chinese Knight-Errant*, 125。

行了開創性的研究，他傾向於忽略俠的階級出身問題，即使在戰國時期亦是如此，認為「最好不要將俠視為某個社會階級或職業群體，而是將他看作具有強烈個人主義氣質的男人，他基於某種理念，以獨特的方式行事」。參見 Liu, *Chinese Knight-Errant*, 4。

40. 參見 Liu, *Chinese Knight-Errant*, 116。也可參見馬幼垣，《水滸傳與中國武俠小說的傳統》，頁 187-210；陳平原，《千古文人俠客夢》，頁 20-21（其立場較為謹慎）。
41. Ruhlmann, "Traditional Heroes," 168。關於《水滸傳》視性為禁忌，也可參見羅立群，《中國武俠小說史》，頁 118-119。崔奉源試圖將俠對愛情和女性的問題歷史化，認為自宋代的小說開始，我們才發現男俠和女俠日益遠離性慾。女俠變得越來越貞潔（在唐代的傳說裡，她的主要特徵之一是要求自己選擇配偶），類似地，男俠成為男性中最激進的形象，他們對女性魅力無動於衷。參見崔奉源，《中國古典短篇俠義小說研究》，尤其是頁 180-186。
42. 參見《水滸傳》，第 46 回。參見 Hsia, *Classic Chinese Novel*，第 3 章，尤其是頁 105-106。
43. Hsia, *Classic Chinese Novel*, 114。
44. 孫述宇，《水滸傳的來歷、心態與藝術》，頁 16。關於「義」，也可參見頁 275-292；關於「義」與「忠」討論，參見頁 279、頁 283、頁 289-291。關於俠的「忠」，劉若愚評論道：「對於俠而言，個人忠誠比對君主或父母的忠誠更加重要。即使俠為王親貴族而死，也並不是由於主體對君主的忠誠，而是出於一個男人對另一個『欣賞他』的男人的感恩。」（*Chinese Knight-Errant*, 5）。司馬虛（Robert Ruhlmann）比較了俠「橫向」的忠和儒家關係「縱向」的忠（"Traditional Heroes," 170）。
45. 孫述宇，《水滸傳的來歷、心態與藝術》，頁 285-288。
46. 同上，頁 303-311。馬幼垣對喜歡女人或者至少不討厭女人的水滸英雄進行了述評；參見馬幼垣，〈水滸傳裡的好色人物〉。
47. 孫述宇批評鄭振鐸「不謹慎」的論斷，即認為「中國的英雄都是厭惡女人的」（孫述宇，《水滸傳的來歷、心態與藝術》，頁 300）。關於這一情節中涉及的兄弟結中國文學思潮史》，第 2 章。關於「情教」，參見《情史》，「序」，頁 3。

29. Ko, *Teachers of the Inner Chambers*, 86，尤其是第 5 章。

30. Chang, *Late Ming Poet Ch'en Tzu-lung*.

31. Ko, *Teachers of the Inner Chambers*, 131。亦可參見 Zhou, *Androgyny*，各處。

32. 柳如是經常穿著儒生服飾，在跟男性朋友寫信時，署名為「弟」，她也因筆力遒勁、書法具有陽剛之氣而聞名，而且她喜歡討論軍事戰略問題。參見 Chang, *Late Ming Poet Ch'en Tzu-lung*, 15；以及 Ko, *Teachers of the Inner Chambers*, 278（兩位作者都參考了陳寅恪的長篇自傳體著作《柳如是別傳》）。

33. Zeitlin, *Historian of the Strange*, 117-118。關於晚明易裝女性具有顛覆性潛能的不同觀點，參見 Hsiung, "Feminist Revision," 73-89；以及 Ko, *Teachers of the Inner Chambers*, 140。關於清代小說裡女俠作為男性能力欠缺之補充，參見 Epstein, *Competing Discourses*，尤其是第 6 章；Edwards, *Men and Women in Qing China*，第 6 章；以及 McMahon, *Misers, Shrews, and Polygamists*，尤其是第 13 章。李木蘭（Louise Edwards）已經注意到，與男俠不同，女俠對忠的責任多於義，而且她們性別的改變是暫時的，最終會在階序等級秩序內被馴化，從而確保她們對父權制的服從。（Edwards, *Men and Women in Qing China*, 102）。

34. 參見馮夢龍，《警世通言》，第 32 卷，頁 518，據說她被稱為女俠，代代相傳。亦可參見同上，頁 509，她被視為「女中豪傑」。關於杜十娘故事裡英雄氣質之重要性的論述，參見 Barr, "Wanli Context"，尤其是頁 110-117。

35. Li, "Late Ming Courtesan," 59-63（引自頁 60）。李惠儀還認為，對於柳如是而言，這個稱呼可能指她在軍事方面的能力。

36. 參見 Meskill, *Gentlemanly Interests*, 148-149。

37. 在這裡，「俠」、「遊俠」、「大俠」、「俠丈夫」等術語用來指我所稱的「（chivalric）hero」或「knight（-errant）」。無法僅僅用一個詞來翻譯「俠」，因為它在歷史上涵蓋了各種不同的含義。參見陳平原，《論晚清志士的遊俠心態》，頁 230。

38. 陳寅恪，《柳如是別傳》，頁 144（引自 Li, "Late Ming Courtesan"，頁 63）。

39. 陳平原，《千古文人俠客夢》，頁 6。劉若愚（James J. Y. Liu）對中國武俠傳統進

20. 亦可比較 Yü（*Renewal of Buddhism*, 101），作者將融合稱為一項「創造性的事業」。

21. 關於晚明社會頂層與底層之間文化交換形成「環狀」的精彩論述，可參見 Tsao, "Remembering Suzhou"。亦可參見 Meskill, *Gentlemanly Interests*，尤其是頁 157-174；以及 Brook, *Confusions of Pleasure*，尤其是頁 210-215。關於社會區隔的模糊而導致的焦慮以及相應興起的鑑賞文學之論述，參見 Clunas, *Superfluous Things*。王德威探討了晚清小說出現類屬上的混雜性，他將其解釋為「被壓抑的現代性」之標誌；參見 Wang, *Fin-de-Siècle Splendor*。鑑於在晚明小說中已可以觀察到與之密切相關的現象，因此，有待解決的問題是描述在各個歷史背景下發生的特定磋商／交涉。

22. 參見錢大昕，《潛研堂文集》，卷 17，頁 14 b-15a。

23. 參見陳平原，《千古文人俠客夢》，尤其是頁 10-16、頁 206（關於「女人氣」），以及《論晚清志士的遊俠心態》，頁 227-268。亦可參見龔鵬程，《大俠》，頁 14-25，尤其是〈俠骨與柔情〉，頁 101-136。關於章太炎的「儒俠」，亦可參見任訪秋，《中國新文學淵源》，頁 73-75。

24. Wang, *Fin-de-Siècle Splendor*，第 3 章。關於武俠小說的傳統，亦可參見崔奉源，《中國古典短篇俠義小說研究》；羅立群，《中國武俠小說史》。

25. Wang, *Fin-de-Siècle Splendor*, 156-161；引文（龔鵬程的〈俠骨與柔情〉）參見頁 165。

26. 其他研究可參見，嵇文甫，《晚明思想史論》，第 3 章；De Bary, "Individualism and Humanitarianism," 145-247，尤其是頁 169-171、頁 178-181；Peterson, *Bitter Gourd*, 第 5 章；以及 Struve, "Ambivalence and Action," 324-365。

27. 參見 De Bary, *Self and Society*, 170；Peterson, *Bitter Gourd*, 87-90；Wakeman, *Great Enterprise*，第 1 卷，頁 517-518。這些術語有著悠久的歷史：《韓非子》裡已經出現「儒俠」，《孟子》裡已經出現「豪傑之士」。關於李贄的論述，可參見他的《焚書》，頁 219（〈讀史：無所不佩〉），轉引自陳平原，《論晚清志士的遊俠心態》，頁 237。

28. 關於「情」的哲學話語與文學話語之間的關係，參見 Hsia, "Time and the Human Condition," 249-290；Li, *Enchantment and Disenchantment*；陳伯海等編，《近四百年

Lord of the Three in One, 103-105。泰州學派的主要人物之一何心隱曾拜訪過林兆恩，並表達了對他的仰慕之情。雖然不同的文獻資料未對後一問題達成共識，但是何心隱確實最終進入了三一祠。參見 Berling, *Syncretic Religion*, 234-235 以及 Dean, *Lord of the Three in One*, 103。最後，學者們普遍認為，林兆恩的思想本身從根本上而言是儒家的。正是由於這種思想立場，使李贄與其他同時代的（尤其是那些與「泰州學派」有聯繫的）儒家學者後來對清初思想家黃宗羲的批判性評價中獲得「狂禪徒弟」的稱謂。關於黃宗羲的評價，參見 Ching, *Records of Ming Scholars*, 165。

14. 關於儒家思想與基督教的融合，參見 Standaert, *Yang Tingyun*，尤其是結論部分，頁 217-219。狄百瑞（De Bary）也將徐光啟皈依基督教與晚明融合的文化氛圍以及「新的自由人文主義」相聯繫起來：「焦竑、李贄和方以智是表明懷疑論的唯理主義與宗教融合主義（道教與禪宗）相結合的其他例子，而徐光啟皈依基督教反映了科學與宗教對新的知識與經驗形式持有同樣的開放性。」參見 De Bary, *Unfolding of Neo-Confucianism*, 27。
15. Berling, *Syncretic Religion*，尤其是第 1 章。
16. Brook, "Rethinking Syncretism."
17. 丁荷生（Kenneth Dean）的研究進路可以被看作例外，因為他將融合過程中涉及教義的內容置於一邊，而聚焦於儀式與禮儀，並且他的興趣在於由不同傳統之間的張力與吸引而產生「融合領域」的狀況，以及因這種維度而產生的各種可能性。參見 *Lord of the Three in One*, 27。
18. 參見 Stewart and Shaw, *Syncretism/Anti-Syncretism*，尤其是緒論部分。
19. 關於泰州學派在考據學興起過程中的作用，參見 Ch'ien, "Chiao Hung and the Revolt" 以及 Elman, *From Philosophy to Philology*, 42-46。龔鵬程指出，在晚明「激進派」（通常也稱「融合主義者」）與清初「保守派」（或「唯理主義者」）之間進行判然分明的區分是一種五四新文化運動的模式，它需要重新進行檢視。龔鵬程重新闡述了處於這種想像性光譜對立兩端的人們之間的友誼網絡，表明融合論者焦竑從根本上而言是儒家學者，以及道教在黃宗羲的知識形成過程中具有重要的作用。參見龔鵬程，《晚明思潮》，尤其是第 1 章和第 10 章。

Journey of an Ugly Boy”。

3. 參見張在舟，《曖昧的歷程》，頁 287-295。

4. 參見《情史》，卷 22，頁 756-777；然而需注意的是，現代版刪除了這些章節。

5. 比較 Volpp, “Classifying Lust”，頁 102：「男色一道猶如遊樂宮裡的一面鏡子，它透過提供一種關於越軌的歪斜與扭曲的形象，從而將異性戀愛情確立為正統。」

6. 參見《情史》，頁 1-2（「序」）；李贄，《焚書》，頁 89-90（「夫婦論」）。關於愛情與植物之間的關係，參見《情史》，卷 23（「情通類」）。

7. 順便提一下，在題為「情穢類」的這一卷下有四個條目，其中包括男寵的故事，他們與女性恩客有染。人們可以注意到，雖然該故事集的「情穢類」這一卷裡沒有涉及同性戀關係，卻包括在「情外類」這一卷裡，這表明它並不排斥同性戀關係。

8. 參見王世貞編，《豔異編》，卷 31（〈男寵〉）。

9. 可比較馬克夢注意到，小說集的所有故事都是「基於這樣的主題，即愛情在兩個男人之間的性關係中得到了完全的實現」（*Causality and Containment*, 74）。

10. 例如，參見《情史》裡〈梁生〉、〈萬生〉和〈張幼文〉等故事，分別為卷 22，頁 760；卷 22，頁 761；卷 22，頁 771-772。

11. 參見《情史》裡的〈張幼文〉；亦可參見《斷袖篇》裡的〈琴書〉，頁 112-115。

12. 關於晚明融合的經典研究是 Berling, *Syncretic Religion*；亦可參見同一作者的 “Religion and Popular Culture,” 188-218。關於林兆恩傳統在現今的狀況，參見 Dean, *Lord of the Three in One*. 關於晚明的思想史以及融合在其中發揮作用的評論，可參見 Chow, *Rise of Confucian Ritualism*，第 1 章；亦可參見龔鵬程，《晚明思潮》。

13. 關於佛教融合的研究，參見 Yü, *Renewal of Buddhism*，尤其是第 5 章，作者考察了「善書」裡的融合現象。關於後者，亦可參見 Brokaw, *Ledgers of Merit and Demerit*。《續道藏》包含了儒家思想家焦竑和李贄的兩部作品；參見 Schipper, “1607 Supplement to the Taoist Canon”。關於儒家的融合，參見 Ch'ien, “1607 Supplement to the Taoist Canon,” 271-296（尤其是頁 287-288），以及同一作者（錢新祖）的著作，《焦竑與晚明新儒思想的重構》（*Chiao Hung and the Restructuring of Neo-Confucianism in the Late Ming*）。關於當代儒家學者對林兆恩倡導的思想運動的關注，參見 Dean,

他們正在背後對另一位美男（他是犯了罪的僧侶的侍從）說長道短。在強烈想見到這位美男的慾望驅使下，這位門童前往寺廟，他在那裡與少年以及那位犯了罪的僧侶都發生了性關係，這使他能夠搜集到證據，最終破案。

156. 李漁，《十二樓》，頁 82。如敘述者在故事一開始談及普遍意義上的古董店商人時說：「生意之雅俗也要存乎其人。」參見同上，頁 81。

157. 同上，頁 83。

158. 同上，頁 87。

159. 我們被告知，許季芳年輕時曾經是孌童，雖然這個故事發生在福建，但這仍然有些令人感到驚奇。另一方面，《肉蒲團》裡的未央生說，他年輕時與同學玩「龍陽」，他們相互雞姦。參見《肉蒲團》，第 7 回，頁 245-246。

160. 李漁，《無聲戲》，第 6 回，頁 106。

161. 同上，第 6 回，頁 119-121。

162. 同上，第 6 回，頁 123。

163. 同上，第 6 回，頁 110。

164. 這首詩的出處同上，第 6 回，頁 126。此處未包含這一批評，它可能也是李漁作出的批評，參見馬漢茂，《李漁全集》，第 13 卷，頁 5454。注意，這裡各自的性行動者分別是「龍陽」——與「守節」和「做小官」相聯繫，以及「朋友」——與「多情」和「好男風」相聯繫。

第二章

1. 在這裡，漢語的「情」這個詞被譯為英文的「love」；由於其語義複雜性的緣故，它經常未被西方學者翻譯出來。另一方面，由於這個詞似乎完全等同於英文裡的「love」，因此，我認為可以從普遍意義上用它來翻譯「情」。無疑，「情」這個詞涵蓋了諸多不同的英文詞彙，除了「love」之外，還有「passion」、「feelings」或者「sentiment」等。我將根據上下文語境，擇而用之。

2. 參見《宜春香質》，第4回，頁296-300；關於這個故事的解讀，參見 Vitiello, “Fantastic

143. 例如，可比較《龍陽逸史》裡不同的情節背景。

144. 《龍陽逸史》，第 6 回，頁 183；《石點頭》，第 14 回，頁 916。

145. Volpp, "Classifying Lust," 95-97。例如，在同一列表裡，「南方人」使用的「打蓬蓬」這一術語也出現在清初《豆棚閒話》裡一首題為〈老龍陽〉的詩中，它的背景是在蘇州的虎丘地區。又如，在《石點頭》的故事裡，「炒茹茹」這一表達被列為北方的術語，在《巫夢緣》裡，它經常與「小唱」（也是北方的術語）聯繫在一起，但是在《繡榻野史》裡也明顯可以找到這個詞，該小說由南京作家呂天成所撰寫。參見《石點頭》，第 14 回，頁 916；《繡榻野史》，上卷，頁 110-111、頁 146；《豆棚閒話》，第 10 卷，頁 111；《巫夢緣》，第 2 回，頁 182。這些術語通常很難翻譯，有時作者會使用替代性的字，這表明它們是聲喻的。亦可比較《姑妄言》（第 7 回，頁 862）使用的「爛棗」這一表述（它沒有提供任何解釋），它可能指肛門；在《龍陽逸史》第五則短篇故事裡，販賣椰棗的商人試圖引誘超齡男妓，嘲諷性地暗示這一點。

146. 李漁，《無聲戲》，第 6 回，頁 102-103。

147. 關於南方與性文化之間的關係，我們在《姑妄言》和《野叟曝言》（將在第四章探討）確實可以發現漢族與南方少數民族（如苗族）之間的評論與比較。然而，在這些情況下，「野蠻的」苗族因健康的性習俗而受到讚譽，尤其是他們毫不妥協地蔑視男同性戀，這與墮落的漢族形成鮮明的對比。

148. Volpp, "Classifying Lust"，頁 85 以及之後數頁。

149. 《石點頭》，第 14 回，頁 916。

150. 同上，第 14 回，頁 935（「分桃斷袖卻不傷天理」）。

151. 同上，第 14 回，頁 960。

152. 同上，第 14 回，頁 972-973。

153. 凌濛初，《拍案驚奇》，卷 26，頁 551。

154. 同上，卷 26，頁 538-539。

155. 同上，卷 26，頁 550-554。確實，該案件的解決多虧了一位福建縣官（無疑，他也是好男風之人）足智多謀的門童，在集市上，他的外貌引起了一群「閒人」的注意，裡如此描述——的楚王流放，最終以自殺結束自己的痛苦；香港的同性戀權益組織提議將端午節設為「同性戀節」。關於端午節在日本的情況，參見 Screech, *Sex and the Floating World*, 86-87。關於揚州在中華帝國晚期作為女性賣淫的中心，參見 Finnane, *Speaking of Yangzhou*，第 9 章。

132. 參見《龍陽逸史》，第 11 回，頁 256（「杭州人是南北兼通的」）。

133. 參見《別有香》，第6回，頁93。同樣的懼怕心理使他們遠離任何長著大鼻子的人。在這個故事裡，有位少年試圖引誘某人的女僕，卻反而被長得像洋人（大鼻子和綠眼睛）的僕人誘姦（同上，第 6 回，頁 100）。

134. 余懷的回憶錄裡關於某些相公的傳記，可參見《香豔叢書》，第 7 集，頁 202-203。

135. 參見《載花船》，第 3 回，頁 177。

136. 參見《鼓掌絕塵》，第 33 回，頁 361。請注意這裡的標點可能是錯的。如同《宜春香質》，該小說集也分為四個部分，分別冠以風、花、雪、月；其序言寫於 1631 年（《載花船》也包含四部章回體小說）。

137. 沈德符，《敝帚齋剩語》，第 3 卷，頁 135-137（福建與「契兄弟」），第 2 卷，頁 125（「男色之靡」），《萬曆野獲編》，卷 24，頁 622。亦可比較前一個條目（第 24 卷，頁 621），它涉及「小唱」，這是北京對男妓的稱呼。

138. 謝肇淛，《五雜俎》，卷 8，頁 209。在時間方面，他也引用自「遠古時代」（這裡指周朝）以來關於男風最早的文獻，並提及宋代作家陶穀，表明在唐代和宋代就已經存在相公。

139. 例如，《宜春香質》（第 2 回，頁 190-191）描述了一位山東男妓的房屋（暗示性地位於「後院」），它具有南方建築的精緻風格。

140. 《繡榻野史》，上卷，頁 146；李漁，《十二樓》，第 6 回，頁 83。這樣的例子不勝枚舉。

141. 轉引自張在舟，《曖昧的歷程》，頁 17。關於明代刑法典裡的雞姦，亦可參見《石點頭》，第 14 回，頁 916；Sommer, *Sex, Law, and Society*, 119-120。

142. 參見 Martini, *Novus Atlas Sinensis*，第 2 卷，頁 667（關於溫州）；第 2 卷，頁 705（關於漳州）。

120. 同上，第 13 回，頁 1492（「櫳內」，頁 1499）。

121. 同上，第 21 回，頁 2573。小說的其他情節肯定了書房的這一地位，即作為發生同性戀性關係的特定場所。例如，參見《姑妄言》，第 18 回，頁 2216（「外邊」和「內裡」），第 18 回，頁 2226（「內」和「外」）。

122. 關於包含「外」這個字的雞姦與同性戀的詞彙，參見 Vitiello, "Dragon's Whim"；張在舟，《曖昧的歷程》，頁 18。也可比較「外情」這一表述，具體可參見《載花船》，第 5 回，頁 85。

123. 對袁書菲研究取向的另一種批評，可參見 Stevenson and Wu, "Quilts and Quivers"，頁 140 以及之後數頁。（關於「外」的論述，參見頁 146）。關於「情外」含義的討論，亦可參見宋耕，〈從《情史・情外類》看「情」的本質〉，頁 331。

124. 我們也可以認為，該書仿照的範本是王世貞選編的小說集《豔異編》，它關於同性戀的章回被稱為「男寵」，其與「外寵」為同義詞。該書的彙編者極有可能對這個標題進行了修改；出於簡潔對稱的考慮，去掉了原本「情」字後面需要加的「寵」字，因此將標題改成「情外」而不是「情外寵」。參見王世貞，《豔異編》，第 31 回。

125. Volpp, "Classifying Lust," 103.

126. 同上，頁 77-81 以及各處。

127. 有關晚明清初文化中對於怪異話語的論述，參見 Zeitlin, *Historian of the Strange*，各處；以及 Bai, *Fu Shan's World*，尤其是頁 10 以及之後數頁。

128. Volpp, "Classifying Lust," 94.

129. 李漁，《無聲戲》，第 6 回，頁 102-103。

130. 關於晚明時期江南經濟與文化引人入勝的闡述，參見 Meskill, *Gentlemanly Interests*；以及 Brook, *Confusions of Pleasure*, 153-218。尤其是關於印刷工業的論述，參見 Brokaw and Chow, *Printing and Book Culture*。

131. 可比較這場談話中有一位朋友說，在端午節這天應該為「麗友」祝酒，另一位朋友則評論道，麗友要數揚州為最。參見張潮，《幽夢影》，頁 8。端午節與男色之間似乎存在著特殊的聯繫。有意思的是，這一天原本為了慶祝第一詩人屈原，他被曾經寵愛過他——「眾女嫉余之峨眉兮，謠諑謂余以善淫」，他在自傳體詩作《離騷》

107. 同上，卷上，頁 15b-23a。

108. 參見《醒世恆言》，第 30 卷，頁 417。

109. 可比較《宜春香質》的最後一篇小說，在支配男性戀情的繼承者的保護下，這兩個類別被合併在一起。參見《宜春香質》，第 4 回，頁 299。

110. 參見李漁，《十二樓》，頁 83。

111. 參見《金瓶梅詞話》，第 31 回，頁 456。

112. 關於男寵最古老的術語正是「外嬖」，西元前 4 世紀的《左傳》裡可以找到這個詞，李漁在《十二樓》的一則短篇故事裡採用了它更為現代的變體：「外妾」。參見《漢語大詞典》，第 3 卷，頁 1167 b；關於「外妾」，可參見李漁，《十二樓》，頁 87。同樣地，「外寵」也是古代的術語，它指男性戀人，與「內寵」（即「妾」）形成鮮明對照。然而，這個術語在宮廷外面也指女性戀人。關於中國早期性別意識形態中的「內」與「外」，參見 Raphals, *Sharing the Light*，第 8、9 章；以及 Goldin, *Culture of Sex*，各處。

113. 《繡榻野史》，上卷，頁 105。

114. 《金瓶梅詞話》，第 34 回，頁 508。

115. 同上，第 35 回，頁 9。關於家庭內部嫉妒這一主題的討論，可參見《龍陽逸史》，第 7 回、第 9 回、第 14 回和第 17 回。亦可參見 Lévy, *Etudes sur le conte et le roman chinois*，頁 47 以及之後數頁。

116. 《金瓶梅詞話》，第 35 回，頁 14（著重號後加）。

117. 《張竹坡批評第一奇書金瓶梅》，第 34 回，頁 522。也可參見《金瓶梅詞話》（頁 494）的插圖，西門慶在書房裡雞姦書童，而兩位男侍者在外面充滿嫉妒地指指點點。《金瓶梅詞話》也描述了這個場景，參見《金瓶梅詞話》（第 34 回，頁 504）。

118. 參見《張竹坡批評第一奇書金瓶梅》，第 34 回，頁 506。順便指出一點，跟《金瓶梅詞話》相比，張竹坡評論版第 35 回標題的前半部分被改成「西門慶為男寵報仇」（第 35 回，頁 524）。

119. 參見《姑妄言》，頁 14，頁 1696-1697。

子的優伶／孌童亦可參見《姑妄言》，第7回，頁879。關於穿著「蜘蛛絲」的「兔子」，參見同上，第7回，頁863。

98. 關於完整的情節，參見《弁而釵》，第4卷，頁273-280。

99. 在清代中期和後期，相公的女性化變得更加明顯。在許多關於男旦的「花譜」裡，後者通常被描述為「跟美女一樣美」。例如，參見蘿摩庵老人，《懷芳記》，載於《香豔叢書》，第9回，頁407-428。關於晚清的男性賣淫現象，參見王書奴，《中國娼妓史》，頁317-328；小明雄，《中國同性愛史錄》，頁173；Wu, *Homoerotic Sensibilities*，各處；以及 Goldman, "Opera in the City"，各處。

100. 例如，參見《別有香》，第6回，頁92；《鼓掌絕塵》，第33回，頁365頁，裡面講到有個男人批評他的朋友缺乏經驗，竟然在孌童的陪同下造訪女妓院，並說再也沒有比妓女更令人討厭（注意孌童之所以也出現在那裡，那是因為他不想讓女競爭者搶去客源）。類似的描述，可參見《龍陽逸史》，第1回，頁94。

101. 《龍陽逸史》，第7回，頁191-194。

102. 同上，第8回，頁208-214。

103. 關於該文集及其作者的情況，參見金文京，〈晚明小說、類書作家鄧志謨生平初探〉和〈《童婉爭奇》與晚明兩性文化〉。作者探討的其他「爭奇」內容包括比較花鳥、山川河流、水果蔬菜以及茶酒等。參見金文京，〈晚明小說、類書作家鄧志謨生平初探〉，頁320；Hegel, "Niche Marketing," 245。《童婉爭奇》的一篇序寫於1624年，它的插圖美輪美奐。它們的優良品質和書籍的印刷風格，令我聯想起《龍陽逸史》（1632年）；兩位作者別具一格的名字也同樣令人浮想聯翩。

104. 《童婉爭奇》，卷上，頁2b-4a。妓院的名字——如「長春院」、「不夜宮」等——取自唐代為了培訓男妓、妓女而建造的宅邸名稱。男妓、妓女這兩類人之間的對等性以及因而具有的可比性，也透過他們的名字表達出來。所有少年的名字都以「少」作為第一個字，與之對應地，女孩則以「賽」作為名字裡的第一個字，而第二個字則涉及傳說中的美男或美女（例如，少龍、賽施等）。

105. 《童婉爭奇》，卷上，頁11a-b。

106. 同上，卷上，頁13b。

年）的第一篇序言。

87. 參見《別有香》，第 10 回，頁 135。17 世紀 30 年代的《醒世恆言》裡有一則故事佐證了這一觀念，在這個故事裡，一位 16 歲的門童仍然長髮披肩。文內的夾注指出，這在考場上是司空見慣的。參見《醒世恒言》，第 30 卷，頁 424。

88. 參見《姑妄言》，第 7 回，頁 861-863。

89. 小說集的第一篇序言討論了四種痴迷的形式，其中最後一種明確指過度使用胭脂（被稱為「妖痴」）；參見《龍陽逸史》（1990 年）。可比較蔡九迪關於「人妖」的討論，參見 *Historian of the Strange*，頁 98 以及之後數頁。

90. 參見《情史》，卷 22，頁 777。古希臘人支持男色也是基於這樣的觀念，即男性的「自然」之美截然不同於女性的「做作」之美。參見 Foucault, *History of Sexuality*，第 3 卷，頁 222-224。

91. 參見《龍陽逸史》，第 6 回，頁 179。關於作為一種「自然女性氣質」的「少年女性氣質」，參見 Volpp, "Discourse on Male Marriage," 119-120；以及 "Male Queen"，第 3 章，各處。

92. 關於中國畫在呈現身體時對結構的強調，可參見 Hay, "Body Invisible in Chinese Art?," 66-67，以及各處。

93. 參見《海陵佚史》，卷上，頁 55。這裡討論的少年被稱為「圕童」，他們可能是男妓，因為我們被告知，正是他們的媒人將絲綢纏繞在他們的腰部。也可參見《別有香》，第 10 回，頁 127，此處描述了男人的契弟用紅絲綢「裹肚」。使用後一物品涉及男同性戀性交的鑑賞性；其他物品還包括在充滿茉莉花香的水裡浸泡過的紫菜，用來覆蓋在插入一方的陰莖上。參見《繡榻野史》，上卷，頁 152。

94. 參見《浪史》，第 28 回，頁 189。

95. 參見《繡榻野史》，上卷，頁 111。喜歡算術的讀者可以查閱「明代度量衡」一覽表，參見 Twitchett and Mote, *Cambridge History of China,* xxiii，1「寸」大約相當於（由於地區差異）1.23 英寸。

96. 《繡榻野史》，上卷，頁 191。

97. 《別有香》，第 6 回，頁 92-93；《宜春香質》，第 4 回，頁 294。關於穿著紅褲

較 Dreams of Spring, 178-179 裡老年男人交媾的一系列繪畫。現實生活中也肯定會發生與理想的年齡規則相違背的情況，例如，在蘇成捷的研究裡，就出現了許多在年齡方面「異常的」法律案件（例如，參見 *Sex, Law, and Society*, 153）。而且，如果我們相信沈德符關於「契兄弟」的解釋，那麼至少在福建人的社會裡，男人之間的關係會超過少年傳統的適當年齡，直到契弟 30 歲時仍然維持著這種關係。

79. Williams, *Roman Homosexuality*，各處。

80. 然而，在大多數現存的視覺呈現（主要是 19 世紀）裡，年輕男性都被描繪為在年長仕紳的陪伴下。在 17 世紀的豔情小說《桃花影》裡，我們發現它提及一本據說是沈周（1427-1509）繪製的畫冊，裡面描繪了「老少年」之間的行為；參見《桃花影》，第 6 回，頁 113。在這裡，「老少年」可能翻譯成「男人與少年」（men and boys）更為合適；這個故事描述了一位 30 歲的男人迷戀比他小 10 歲的年輕人。

81. 分別參見《龍陽逸史》，第 3 回，頁 137；第 5 回，頁 157。

82. 關於這種加冠儀式的描述，參見 Ebrey, Chu Hsi's "Family Rituals"，第二章；以及 Waltner, "Moral Status of the Child," 667-677。在整個清朝以及直到 20 世紀，關於男妓理想年齡的標準似乎保持不變。例如，可以參見一本民國時期上海旅行指南裡關於男妓的章節，說男妓的年齡總是在 14 歲到 19 歲之間，而藝妓則不同，她們甚至在 30 歲以後仍然受歡迎（《上海神祕指南》，頁 75）。

83. 《龍陽逸史》，第 15 回，頁 329。

84. 同上，第 5 回，頁 157。

85. 類似地，我們在其他地方被告知，妓院裡存在階序性的男妓組織，它們由四個類別構成，其劃分的標準包括少年的年齡和相應的髮式（前三個類別與我們故事裡提到的類別相一致；第四個類別是更老的男妓）。參見同上，第 14 回，頁 302。另一個故事也提到了同樣的細分，在該故事裡，從事男妓買賣的商人在向妓院出售他的商品時，根據不同的類別進行標價。參見同上，第 15 回，頁 330。

86. 同上，第 5 回，頁 169-170（「竊小官之名色」）；亦可參見第 6 回，頁 173-174，也表達了類似的憂慮。然而，變老的男妓是作者偏愛的人物角色，因為他們是癖的極佳範例，他們經常受到各種冷嘲熱諷；關於後一主題，可參見《龍陽逸史》（1990

67. 《字彙補》，第二部分，頁 35a-b。在 19 世紀關於廈門方言的詞典裡，「　」的含義有些類似於官話中的「嬲」（廈門方言裡念 sió 或 siáo）。參見 Douglas, *Chinese-English Dictionary*, 439（sió-khiá: "a sodomite; a vile lascivious man"）；Francken and De Grijs, *Chineesch-Hollandsch Woordenboek van het Emoy Dialekt*, 517，將它解釋為「瘋狂的」（*krankzinnig*），它破壞了禮儀規則；或解釋為像貓或女人那樣「發情」（krols）。但這些詞典都沒有收錄「契弟」一詞，而是分別將它解釋為「壞女人的情人」（Douglas, 264）和「姦夫淫婦」（Francken and De Grijs, 225）。

68. 參見《龍陽逸史》，第 1 回，頁 92。

69. 參見《弁而釵》，第 1 卷，頁 107。

70. 參見沈德符，《萬曆野獲編》，卷 24，頁 622。在後文的討論中，我將會再次提及沈德符的證據。

71. 參見《石點頭》，第 14 回，頁 930。

72. 參見《別有香》，第 6 回，頁 106；也可比較第 10 回，頁 126，該術語類似的用法。

73. 《紅樓夢》，第 9 回，頁 138。

74. 關於「性（親密）的朋友」，參見《別有香》，第 5 回，頁 75。同一文本裡也使用「狎」這個詞，意指「對某人做愛」，它無關乎對象的性別（例如，「狎妓女」）。關於「後庭朋友」，參見《姑妄言》，第 18 回，頁 2204。也可比較《儒林外史》（第 30 回，頁 354）「朋友之情」的表述。

75. 在後一種意義上，該詞與李漁在《無聲戲》裡一則短篇故事的結語中使用的「龍陽」形成鮮明對比；參見馬漢茂，《李漁全集》，第 13 卷，頁 3454。

76. 這個詞是貶損性的，雖然根據 18 世紀文學家袁枚的筆記小說《子不語》裡的一個故事，還有「兔兒神」的說法，它是好男風者的庇護神，並建有專事供奉的廟宇。亦可比較袁枚，《子不語》，頁 458-459；Vitiello, "Dragon's Whim," 362-363；以及 Szonyi, "Cult of Hu Tianbao"。關於老舍寫的故事，參見本書的結語部分。

77. 在夏敬渠的《野叟曝言》裡（該書最有可能完成於 18 世紀 70、80 年代），「相公」仍然被用作敬語。

78. 一個例外是《斷袖篇》，頁 19b-20a（《兩叟》）關於兩位老情人的故事；也可比

性賣淫現象，參見王書奴，《中國娼妓史》，頁 225-230；張在舟，《曖昧的歷程》。

57. 《龍陽逸史》，第 6 回，頁 176。

58. 其他文獻也佐證了這兩類生意之間的聯繫。例如，《宜春香質》，第 1 回，頁 117。在福建的建寧縣，「篦頭」據稱是指男妓（本章最後一部分也提供了其他方言裡相應的術語），參見《龍陽逸史》，第 6 回，頁 183。

59. 例如，參見《龍陽逸史》，第 2 回，頁 101。

60. 在文學語言裡，「龍陽」也可以用作動詞；可比較「夜與龍陽」，參見《別有香》，第 4 回，頁 38 頁。關於中國同性戀專有術語最全面的回顧，參見張在舟，《曖昧的歷程》，頁 9-19。

61. 當我們遇到專有術語的表達時，諸如「做小官」、「做龍陽」等，在一定程度上會減少這種模糊性。然而，即使在這種情況下，這裡的「做」也可以被理解為「扮演某種角色」，言外之意是，少年像職業男妓一樣，在與男人的性關係中扮演著接受性的角色，儘管他不是真正的男妓。在這些情況下，我將「龍陽」和「小官」翻譯成「男友」（boyfriend）。

62. 也可比較「做 」這一表述。例如，參見《鼓掌絕塵》，第 33 回，頁 362，在那裡，「做 」被用來嘲諷年過三十的「少年」。該小說接下去的後一頁使用「做小官的人」這一表達，它也是同樣的意思。17 世紀和 18 世紀的文獻都使用「 」這個字（例如，《宜春香質》、《龍陽逸史》和《姑妄言》等）。關於這個詞起源於杭州的說法，可參見張在舟，《曖昧的歷程》，頁 16。

63. 參見沈德符，《敝帚齋剩語》，第 3 卷，頁 135-137；李漁，《無聲戲》，第 6 回，頁 110。

64. 例如，參見 Hinsch, *Passions of the Cut Sleeve*，頁 131 以及之後數頁；以及 Szonyi, "Cult of Hu Tianbao"，頁 8 以及之後數頁；關於中國南方將同性結交儀式化的人類學證據，可參見 McGough, "Deviant Marriage Patterns in Chinese Society," 185-188。

65. 《石點頭》，第 14 回，頁 917。耶穌會士衛匡國也提到了漳州，由於那裡流行「不自然的淫慾」；參見 Martini, *Novus Atlas Sinensis*，第 2 卷，頁 705。

66. 參見 Volpp, "Discourse on Male Marriage," 114-115。

45. 李漁，《十二樓》，第 6 回，頁 81。

46. 夏敬渠，《野叟曝言》，第 64 回，頁 5b。亦可比較《姑妄言》，第 6 回，頁 731，在那裡，陰道（「陰物」）被形容為「家常茶飯」。

47. 參見凌濛初，《拍案驚奇》，卷 26，頁 547。

48. 自江戶時代以來，日本的流行文化中也流傳著類似的觀念。參見 Pflugfelder, *Cartographies of Desire*，頁 41 以及之後數頁。

49. 參見凌濛初，《拍案驚奇》，卷 26，頁 551；李漁，《無聲戲》，第 6 回，頁 102-103。

50. 關於家僕之間輪流雞姦的事例，可參見《別有香》，第 10 回，頁 151-152。當主人無法獲得女人時，僕人通常被主人雞姦，現在被他們的主人與女人發生性關係的場景激起性慾之後，便透過輪流雞姦從彼此身上得到慰藉。這裡用的表述「反個餅兒」是與「貼燒餅」相關的俚語的一部分，在帝國晚期的小說裡，經常出現此類俚語。該小說集裡還有另一個例子，參見《別有香》，第 4 回，頁 32；亦可參見《紅樓夢》，第 65 回，頁 929。不僅僅是僕人可能彼此替換性角色；小僧侶與門童之間也會角色互換，可參見凌濛初，《拍案驚奇》，卷 26，頁 552。

51. 關於年齡與性角色，參見 Sommer, "Penetrated Male"，尤其是頁 159 以及之後數頁。在晚明的醫學話語裡，關於身體的雌雄同體模式占據著支配性地位，如費俠莉（Charlotte Furth）所描述的，它似乎意味著相較而言，少年的身體是陰的，他的陽尚未被「充盈」，參見 Furth, *Flourishing Yin*，該書各處。關於雞姦導致男人懷孕，亦可參見 Furth, "Androgynous Males and Deficient Females"，頁 13 以及之後數頁。關於「採摘」少年的陰以滋養長生的胎盤，參見 Vitiello, "Taoist Themes," 98-100。

52. 參見 Williams, *Roman Homosexuality*, 18。

53. 參見同上，該書各處；Hubbard, *Homosexuality in Greece and Rome*，各處；以及 ElRouayheb, *Before Homosexuality*，各處。

54. 《姑妄言》，第 14 回，頁 1694。

55. 《姑妄言》裡講述了這個故事，第 14 回，頁 1692 以及之後數頁。

56. 參見 Wu, *Homoerotic Sensibilities*，以及 Goldman, "Opera in the City"。關於明代的男

國娼妓史》，第 5 章。

33. 張潮，《幽夢影》，頁 75。亦可比較《情史》裡「情外類」這一卷的附言（卷 22，頁 777），它也表達了類似的觀點。

34. 《姑妄言》，第 8 回，頁 989。

35. 亦可比較格雷戈里・普夫盧格費爾德關於日文文獻裡對親密關係之爭的評論以及讀者對「這種爭論本身」的興趣，參見他的 *Cartographies of Desire*, 60。

36. 《別有香》，第 6 回，頁 92。

37. 同上，第 6 回，頁 104-110（「人各有喜」，頁 110）。

38. 李漁，《閒情偶寄》，第 12 卷，頁 268。這裡很明顯的是，當談及「家食」時，李漁明確是指家養動物的肉，它與野味截然相反。

39. 《肉蒲團》，第 1 回，頁 138。

40. 相應地，在《株林野史》中有位婦人懷疑她的丈夫拋棄「家花」尋「野花」。「野花」這裡也是指男人妻妾之外的女人。家庭之外異性戀關係這裡被稱為「外交」和「外事」（《株林野史》第 6 回，頁 211-212）。另一方面，我們被告知，這裡討論的男人過去曾經是靈公的「屁股孩子」，由於這個原因，他還獲得了「大夫」的職位。

41. 《姑妄言》，第 18 回，頁 2203。該小說裡另外還有個情節，其中講到有個人被男妓傾倒，決定誘姦他，因為從未嘗過「此味」；參見同上，第 12 回，頁 1409-1410。

42. 以一種混合了烹飪－植物學的隱喻，將與少年發生性關係描述為「後庭花的此味」，可參見《石點頭》，第 14 回，頁 916。

43. 《姑妄言》，第 7 回，頁 895-896。類似地，在已經提到的故事裡，有位好男風的男人在遇見易裝的女人之後，卻意外地轉變為異性戀者，該故事結尾的詩句也將雞姦稱為「別有香」，參見《載花船》，第 10 回，頁 184。另一部晚明小說集可能以這一隱喻性用語作為題目，即文中已提到的《別有香》，它裡面的若干故事確實涉及男同性戀。

44. 李漁，《無聲戲》，第 6 回，頁 105。在他的《連城璧》的一則故事裡，也有類似的段落，轉引自張在舟，《曖昧的歷程》，頁 324。

也注意使用「染」這個字，這裡是指「雞姦」。

22. 《姑妄言》，第 7 回，頁 862（「自幼酷好小官」）。

23. 另一個將同性戀傾向稱作「病」的例子，可參見《龍陽逸史》，第 6 回，頁 176；第 9 回，頁 219。亦可參見《宜春香質》，第 3 回，頁 240，它也使用「毛病」這個術語。

24. 該小說集唯一現存的正本為京江醉竹居士所編，大約 30 年前在日本發現；參見 Vitiello, "Forgotten Tears"。該書由洪國良作插圖，參見胡從經，《東瀛訪稗錄：中國小說史料的新發現》，頁 95。洪國良是來自安徽的刻工，擅於描繪淫穢類主題，他也合作過崇禎版的《金瓶梅》；參見 Hegel, *Reading Illustrated Fiction*, 195-196。

25. 《石點頭》，第 14 回，頁 920。關於該故事的相關評論，亦可參見 Hanan, *Chinese Vernacular Story*, 137-138；徐志平，《晚明話本小說石點頭研究》，頁 163-164。該故事重新闡述了一個經典的短篇故事（它源自《說苑》，《情史》亦提及這個故事，參見卷 22，「潘章」，頁 765-766，該卷主要描述男人之間的愛情，即「情外」）。

26. 《龍陽逸史》，第 5 回，頁 157。

27. 《姑妄言》，第 7 回，頁 880。倘若我們將「風水」視為「先天性」因素，如同它在傳統醫學中被看待的那樣，那麼這種理論強化了將同性戀慾望看作是先天性特徵的觀念。關於合適的墓址與後裔福祉之間的古老關係，可比較 Unschuld, *Chinese Medicine*, 27。亦可比較《龍陽逸史》第六個故事的序作出的神話學解釋，根據這種解釋，有位因仙氣受孕而誕下的「少年」，他消失之後散發出來的「白氣」既是當地男人對少年產生慾望的原因，也是後者被男人插入的原因。

28. 《載花船》，第 9 回，頁 159。

29. 《肉蒲團》，第 8 回，頁 264-265；《別有香》，第 10 回，頁 139。

30. 凌濛初，《拍案驚奇》，卷 26，頁 538-543、頁 550-551。

31. 參見李漁，《無聲戲》，第 6 回，頁 102。

32. 參見沈德符，《敝帚齋剩語》，第 2 卷，頁 124-125；謝肇淛，《五雜俎》，卷 8，頁 209。在同時期的同性戀文集《弁而釵》裡，也提到明朝時北京男性賣淫的盛行與缺少「官妓」之間的關係（《弁而釵》，第 4 卷，頁 273）；亦可參見王書奴，《中

是「花花公子式的」。

12. 關於「食色性也」，參見《孟子》VI. A. 4（*Mencius*, 161）。關於第二個陳述，參見《孟子》VI.A. 7；劉紹銘（Joseph Lau）將它翻譯成「The whole world appreciates the good looks of Tzu-du [Zidu]; whoever does not is blind.」（*Mencius*, 164）。

13. 李漁，《閒情偶寄》，頁 115。關於摯愛的人可以治心病的段落，轉引自張在舟，《曖昧的歷程》，頁 324-325。

14. 參見張在舟，《曖昧的歷程》，頁 474。

15. 關於「極好小官」和「專好小官」，可參見《繡榻野史》，下卷，頁 231。

16. 可比較 Furth, "Androgynous Males and Deficient Females,"4-5。

17. 《載花船》，第 8 回，頁 143（「有些毛病，最貪女色」）。這部包含四個中篇小說（每篇包含四個章回）的珍稀祕本僅部分存留。第一個故事缺前兩章，而最後一個故事已遺失，所以現在只有第二、三個故事完整存留於世（這是北京大學圖書館清初複本的情況）。至於著作的年代，其序言的寫作年代可能是通常認為的 1659 年，也可能是 1599 年（如籲相愷所認為的）；參見陳慶浩、王秋桂主編，《思無邪匯寶》，卷 9，頁 15-16。該小說集的形式以及古典的文風令人聯想到晚明的《弁而釵》、《宜春香質》以及《鼓掌絕塵》。

18. 《株林野史》，第 8 回，頁 227（「貪淫好色」）。另一個關於異性戀「癖好」的例子，參見《金瓶梅詞話》，第 37 回，頁 47。王六兒據說有一種「毛病」——她喜歡被雞姦，以及舔弄陰莖和吞吸伴侶的精液。

19. 參見 Clunas, *Superfluous Things*，頁 36 以及接下去數頁；Zeitlin, *Historian of the Strange*, 61-97。蔡九迪指出，在 17 世紀的文化中鑑賞與癖好之間存在密切的聯繫，注意到「癖」這個詞在晚明已經失去了原來具有的生理疾病的含義，而開始指一種正面意義上的心理性成癮。她認為，癖被視為身分的標誌，並且與自我的表達有關。

20. 轉引自張在舟，《曖昧的歷程》，頁 528-529；相關翻譯，參見 Stevenson and Wu, "Quilts and Quivers," 151-152。

21. 例如，在 17 世紀的一篇豔情小說裡，有個女人這樣說她的丈夫：「妾夫癖性好有龍陽之好。」參見《鬧花叢》，第 3 回，頁 256。同一頁裡還用了「癖嗜」這個詞；

2. 我將「男風」翻譯成「male charms」，而不是像通常那樣翻譯成「male mode/persuasion」，這種翻譯大概是將「風」這個詞理解成「習俗」，而不是「氣氛、氣質」，我認為這裡應該被理解成後者。倘若不是這樣，「男風一道」這一表述將包含著明顯的冗餘，因為「一道」已經表達了「風尚」或「信仰」的含義，假如將它逐字翻譯成英語就可以明顯表明這一點，即「the way of the male mode」。
3. 參見《姑妄言》，第 10 回，頁 1206-1207，對「龍陽一道」進行的辯護。
4. 例如，參見《別有香》，第 6 回，頁 104；《姑妄言》，第 7 回，頁 880。
5. 《肉蒲團》，第 3 回，頁 179（「女色也好男色也好」）。
6. 《別有香》，第 11 回，頁 157。這部極為珍稀的小說集（成書時間不會晚於 1592 年，最有可能是崇禎年間）出版於天啟或崇禎年間，在其最早的版本裡，最初的十六則故事僅存九則。參見陳慶浩、王秋桂主編，《思無邪匯寶》，卷 8，頁 15-20。
7. 這些例子來自《姑妄言》，第 6 回，頁 685（「極貪女色，又慕男風」）以及第 18 回，頁 2203（又「酷好男風」）。注意在第一個例子裡「風」與「色」之間的對應關係，這使它們成為同義詞（另一個例子出處同上，第 6 回，頁 699）。「色」也是「貌」的同義詞，類似的表述如：「今你貪女貌，我愛男色。」參見《別有香》，第 6 回，頁 117。
8. 其他唯一合理的解釋是關於形而上學秩序的解釋，認為（女子氣的）陰之根源位於北。關於「北」和「南」的形而上學用法的例子，可參見《龍陽逸史》，第 11 回，頁 256；《鼓掌絕塵》，第 33 回，頁 361；以及李漁，《無聲戲》，第 6 回，頁 104。亦可比較《肉蒲團》，頁 264-265，在該劇裡，緊閉的北門和洞開的南門分別指女人的陰道和男人的肛門。
9. 《杏花天》，第 9 回，頁 163。
10. 參見張岱，〈西湖七月半〉，載於《陶庵夢憶》，卷 7，頁 136。在晚明時期，優伶作為頗受珍視的陪伴者，相關論述可比較 Shen, *Elite Theatre in Ming China*, 40。關於張岱的〈自為墓誌銘〉，可參見張岱，《石匱書後集》，頁 392-394。
11. 參見沈泰編，《盛明雜劇》，初集，卷 27，頁 1a-b。「風流」這個詞並非只有一種譯法，它可以表現為「享樂主義的」、「浪漫多情的」、「感官享受的」，甚至

爾的立場，尤其可參見他的《基督教、社會寬容與同性戀》（*Christianity, Social Tolerance, and Homosexuality*）。

29. 參見 Pflugfelder, *Cartographies of Desire*, 5；以及 El-Rouayheb, *Before Homosexuality*，〈導言〉。

30. 參見 Williams, *Roman Homosexuality*，頁 4 及之後數頁；以及 Sang, *Emerging Lesbian*, 30-34。

31. 在過去的 20 年裡，認為「同性戀」是 19 世紀晚期「範式轉變」之產物這種觀念本身成為爭論和修正的對象。例如，艾倫・布雷（Alan Bray）和倫道夫・特朗巴科（Randolph Trumbach）關於倫敦娘娘腔男人的研究表明，18 世紀已經存在喜歡男人的男性共同體，當時雞姦顯然不再是一種「暫時的反常」——若以傅柯廣為人知的術語來表述。倫道夫・特朗巴科堅持認為，起碼「到 18 世紀 30 年代，男人被劃分為雞姦者和非雞姦者」（*Sex and the Gender Revolution*, 428）。人們還在重新認定發生範式轉變的具體年代，也就是說，這項工作尚在進行中，正是這種範式轉變導致了現代「同性戀」，我們仍然可能發現更早的出現同性戀身分的證據。在方法論的重要事項方面，賽菊蔻（Eve Sedgwick）具有重大影響力的著作《櫥櫃認識論》（*Epistemology of the Closet*）質疑為同性戀史尋找某種範式轉變的努力，在該書裡，她指出新舊性模式往往是彼此共存的，而不是徹底地相互取代（*Epistemology of the Closet*, 47）。最近，喬治・昌西同樣認為，關於「同性戀」的醫學話語僅是 19 世紀流行的其中一種話語，並且直到 20 世紀才真正得以確立，同時，更古老的關於同性戀行為和身分的模式也從社會圖景中消失（*Gay New York*, 26-27）。與賽菊蔻一樣，喬治・昌西也強調不同（同性戀）性模式的複雜並存，而不是精確定位總體化的轉變。

第一章

1. 此後我將以「歲」為單位的傳統年齡減去一年轉換成西方的年齡（例如，15 歲 =14 周歲）。

12. Wu, *Homoerotic Sensibilities*；以及 Goldman, "Opera in the City"。
13. 參見蕭相愷，《珍本禁毀小說大觀》，頁 437；Hinsch, *Passions of the Cut Sleeve*, 157-158。
14. 關於崇高愛情觀點的論述，參見 McMahon, "Sublime Love"。
15. 參見 Louie, *Theorising Chinese Masculinity*。
16. Song, *Fragile Scholar.*
17. Louie, *Theorising Chinese Masculinity,* 19.
18. Song, *Fragile Scholar*，該書各處。
19. van Gulik, *Sexual Life in Ancient China.*
20. 透過現代性學的視角，高羅佩的理論與這樣一種啟蒙思想相呼應，即認為中華文化是極為理性的，它最終又建立在耶穌會傳教士的解說之基礎上。高羅佩似乎認為，在中國，即使性也成為一種客觀和公正審查的對象，但它也是作為健康科學的一部分——與基督教西方通常以各種禁忌的方式對待性相比，這是一種何等的解脫！
21. 然而，這種歷史時期的劃分不能太絕對化。例如，性別流動性也是《紅樓夢》（18 世紀後半葉）的主要特徵，而且也是被稱為「彈詞」的女性說唱文學的特徵，它們大多可以追溯至 19 世紀。關於後者，可以參見 Widmer, *Beauty and the Book*，第 3 章。
22. 參見 Sommer, *Sex, Law, and Society*，第 4 章。
23. McMahon, *Causality and Containment,* 52-62.
24. 在整個帝國晚期的小說裡，我們也見證了女性逐漸被男性化的過程，它與這種男性的女性化同時發生，並起著強化對比的作用。關於這一點，可參見 Epstein, *Competing Discourses,* passim。
25. 參見張在舟，《曖昧的歷程》，頁 473 以及接下去數頁。關於此類文學作品，可參見 Brokaw, *Ledgers of Merit and Demerit*。
26. Williams, *Roman Homosexuality,* 220.
27. 關於最初的洞見，可參閱 Foucault, *History of Sexuality*，第 1 卷，頁 43。
28. 然而，大衛・哈普林最近在《如何做同性戀史》（*How to Do the History of Homosexuality*）的頁 10 以及之後的數頁裡修改了他的理論。至於約翰・博斯韋

注釋

前言

1. 迄今為止，關於中國同性戀最全面的綜述是張在舟的《曖昧的歷程》。亦可參見小明雄，《中國同性愛史錄》；以及 Hinsch, *Passions of the Cut Sleeve*。
2. 《逸周書》是最早涉及同性戀慾望的書之一，它將美女與美男視為同等的危險來源。參見張在舟，《曖昧的歷程》，頁 54-57。
3. 司馬遷，《史記》，卷 125。
4. 班固，《漢書》，卷 93，頁 3733。
5. 關於鄧通與韓嫣，可參見司馬遷，《史記》，卷 125，頁 3192-3195。
6. 《韓非子》，卷 12。
7. 《戰國策》，卷 25，頁 917-918（著重號後加）。
8. 參見《戰國策》，卷 14，頁 488-491；《說苑》，卷 11，頁 366-367。
9. 參見 Brook, *Confusions of Pleasure*，頁 145 及接下來數頁；Volpp, "Classifying Lust," 91。
10. 參見 Sommer, *Sex, Law, and Society*，第 4 章；張在舟，《曖昧的歷程》，頁 488-502。
11. 參見 Chauncey, *Gay New York*；以及 Houlbrook, *Queer London*。

Yü, Chün-fang. *The Renewal of Buddhism in China: Chu-hung and the Late Ming Synthesis*. New York: Columbia University Press, 1981.

Zarrow, Peter. *China in War and Revolution, 1895-1949*. London: Routledge, 2005.

Zeitlin, Judith. *Historian of the Strange: Pu Songling and the Chinese Classical Tale*. Stanford, CA: Stanford University Press, 1993.

Zhou, Zuyan. *Androgyny in Late Ming and Early Qing Literature*. Honolulu: University of Hawai'i Press, 2003.

Zito, Angela, and Tani E. Barlow, eds. *Body, Subject, and Power in China*. Chicago: University of Chicago Press, 1994.

Zou, John. "Cross-Dressed Nation: Mei Lanfang and the Clothing of Modern Chinese Men." In Martin and Heinrich, *Embodied Modernities*, 79-97.

Williams, Craig A. *Roman Homosexuality: Ideologies of Masculinity in Classical Antiquity*. New York: Oxford University Press, 1999.

Wu Cuncun, "'Beautiful Boys Made Up as Beautiful Girls': Anti-masculine Taste in Qing China." In *Asian Masculinities: The Meaning and Practice of Manhood in China and Japan*, edited by Kam Louie and Morris Low, 19-40. London: Routledge Curzon, 2003.

Wu Cuncun. *Homoerotic Sensibilities in Late Imperial China*. London: Routledge-Curzon, 2004.

Wu Cuncun, and Mark Stevenson. "Male Love Lost: The Fate of Male Same-Sex Prostitution in Beijing in the Late Nineteenth and the Early Twentieth Centuries." In Martin and Heinrich, *Embodied Modernities*, 42-59 .

Wu, Laura. "Through the Prism of Male Writing: Representation of Lesbian Love in Ming Qing Literature." *Nan Nü* 4 , no. 1 (2002): 1-34.

Wu Pei-yi. *The Confucian's Progress: Autobiographical Writings in Traditional China*. Princeton, NJ: Princeton University Press, 1990.

Wu Yenna. "The Inversion of Marital Hierarchy: Shrewish Wives and Henpecked Husbands in Seventeenth-Century Chinese Literature." *Harvard Journal of Asiatic Studies* 48, no. 2 (1988): 363-382.

Xu, Gary Gang. "Ethics of Form: Qing and Narrative Excess in Guwangyan." In *Dynastic Decline and Cultural Innovation: From the Late Ming to the Late Qing and Beyond*, edited by David Wang and Shang Wei, 235-263. Cambridge: Harvard University Asia Center, 2005.

Yeh, Catherine Vance. "A Public Love Affair or a Nasty Game? The Chinese Tabloid Newspaper and the Rise of the Opera Singer as Star." *European Journal of East Asian Studies* 2, no. 1 (2003): 13-51.

——. "Where Is the Center of Cultural Production? The Rise of the Actor to National Stardom and the Beijing/ Shanghai Challenge (1860s- 1910s)." *Late Imperial China* 25, no. 2 (2004): 74-118.

Yu, Anthony. *Rereading the Stone. Princeton*. NJ: Princeton University Press, 1997.

Studies 61, no. 3 (2002): 949-984.

——. “The Male Queen: Boy Actors and Literati Libertines.” PhD diss., Harvard University, 1995.

Wakeman, Frederic. *The Great Enterprise: The Manchu Reconstruction of Imperial Order in Seventeenth-Century China*. Berkeley: University of California Press, 1985

——. “Romantic, Stoics, and Martyrs in Seventeenth-Century China.” *Journal of Asian Studies* 43, no. 4 (1984): 631-665.

Waley, Arthur. *Yuan Mei: Eighteenth Century Chinese Poet*. Stanford, CA: Stanford University Press, 1970.

Waltner, Ann. “The Moral Status of the Child in Late Imperial China: Childhood in Ritual and in Law.” *Social Research* 53, no. 4 (1986): 667-677.

Wang, David Der-wei. *Fin-de-Siècle Splendor: Repressed Modernities of Late Qing Fiction, 1849-1911*. Stanford, CA: Stanford University Press, 1997.

——. “Impersonating China.” *Chinese Literature: Essays, Articles, Reviews* 25 (2003): 133-163.

Wang, David Der-wei, and Shang Wei, eds. *Dynastic Crisis and Cultural Innovation: From the Late Ming to the Late Qing and Beyond*. Cambridge, MA: Harvard University Asia Center, 2005.

Watson, Burton, Trans. *Han Fei Tzu: Basic Writings*. New York: Columbia University Press, 2003.

Weeks, Jeffrey. *Coming Out: Homosexual Politics in Britain, from the Nineteenth Century to the Present*. London: Quartet Books, 1977.

Widmer, Ellen. *The Beauty and the Book: Women and Fiction in Nineteenth-Century China*. Cambridge, MA: Harvard University Asia Center, 2006.

Widmer, Ellen, and Kang-i Sun Chang, eds. *Writing Women in Late Imperial China*. Stanford, CA: Stanford University Press, 1997.

Wile, Douglas. *Art of the Bedchamber: The Chinese Sexual Yoga Classics, Including Women's Solo Meditation Texts*. Albany: SUNY Press, 1992.

Vinograd, Richard. *Boundaries of the Self: Chinese Portraits, 1600-1900*. Cambridge: Cambridge University Press, 1992.

Vitiello, Giovanni, ed. *La manica tagliata*, by Ameng di Wu. Palermo: Sellerio, 1990.

——. "The Dragon's Whim: Ming and Qing Homoerotic Tales from The Cut Sleeve." *T'oung Pao* 78 (1992): 342-372.

——. "Exemplary Sodomites: Chivalry and Love in Late Ming Culture." *Nan Nü* 2, no. 2 (2000): 207-258.

——. "Exemplary Sodomites: Male Homosexuality in Late Ming Fiction." PhD diss., University of California, Berkeley, 1994.

——. "Family Affairs: A Crazed Woman and Late Ming Pornography." In *A Life Journey to the West: Sinological Studies in Memory of Giuliano Bertuccioli, 1923-2001*, edited by Antonino Forte and Federico Masini, 245-262. Kyoto: Scuola Italiana di Studi sull'Asia Orientale, 2002.

——. "The Fantastic Journey of an Ugly Boy: Homosexuality and Salvation in Late Ming Pornography." *Positions* 4, no. 2 (1996): 291-320.

——. "The Forgotten Tears of the Lord of Longyang: Late Ming Stories of Male Prostitution and Connoisseurship." In *Linked Faiths: Essays on Chinese Religion and Traditional Culture in Honour of Kristofer Schipper*, edited by Peter Engelfriet and Jan de Mejer, 227-247. Leiden: Brill, 2000.

——. "Taoist Themes in Chinese Homoerotic Tales." In *Religion, Homosexuality, and Literature*, edited by Michael Stemmeler and Ignacio Cabezon, 95-103. Las Colinas, TX: Monument Press, 1992.

Volpp, Sophie. "Classifying Lust: The Seventeenth-Century Vogue for Male Love." *Harvard Journal of Asiatic Studies* 61, no. 1 (2001): 77-117.

——. "The Discourse on Male Marriage: Li Yu's 'A Male Mencius's Mother.'" *Positions* 2, no. 1 (1994): 113-132.

——. "The Literary Circulation of Actors in Seventeenth-Century China." *Journal of Asian*

1979.

Szonyi, Michael. "The Cult of Hu Tianbao and the Eighteenth-Century Discourse of Homosexuality." *Late Imperial China* 19, no. 1 (1998): 1-25.

ter Haar, Barend J. *The White Lotus Teachings in Chinese Religious History.* Leiden: Brill, 1992.

Theiss, Janet. *Disgraceful Matters: The Politics of Chastity in Eighteenth-Century China.* Berkeley: University of California Press, 2005.

T'ien Ju-k'ang. *Male Anxiety and Female Chastity: A Comparative Study of Chinese Ethical Values in Ming-Qing Times.* Leiden: Brill, 1988.

Trumbach, Randolph. "Erotic Fantasy and Male Libertinism in Enlightenment England." In Hunt, *Invention of Pornography*, 253-282.

——. *Sex and the Gender Revolution.* Vol. 1, *Heterosexuality and the Third Gender in Enlightenment London.* Chicago: University of Chicago Press, 1998.

Tsai, Shih-shan Henry. *The Eunuchs of the Ming Dynasty.* Albany: SUNY Press, 1996.

Tsao Jr-lien, "Remembering Suzhou: Urbanism in Late Imperial China." PhD diss., University of California, Berkeley, 1992.

Twitchett, Denis, and Frederick Mote, eds. *The Cambridge History of China.* Vol. 8, *The Ming Dynasty (1368-1644), Part 2.* Cambridge: Cambridge University Press, 1998.

Unschuld, Paul. *Chinese Medicine: A History of Ideas.* Berkeley: University of California Press, 1985.

Vallette-Hémery, Martine. *Yuan Hongdao (1568-1610): théorie et pratique littéraires.* Paris: Collège de France, Institut des Hautes Études Chinoises, 1982.

van Gulik, Robert. *Erotic Colour Prints of the Ming Period, with an Essay on Chinese Sex Life from the Han to the Ch'ing Dynasty, 206 B.C.-1644 A.D.* Tokyo, 1951.

——. *Sexual Life in Ancient China: A Preliminary Study of Sex and Society from ca. 1500 B.C. till 1644 A.D.* Leiden: Brill, 1974.

Vie d'une amoureuse. Translated by Huang San and Lionel Epstein. Paris: Philippe Picquier, 1991.

Shang Wei. *"Rulin waishi" and Cultural Transformation in Late Imperial China*. Cambridge, MA: Harvard University Asia Center, 2003.

Shen, Grant Guangren. *Elite Theatre in Ming China, 1368-1644*. London: Routledge, 2005.

Shôsetsu jii（小說字彙）. Ôsaka: Ôsaka shorin, 1705.

Sieber, Patricia. *Theaters of Desire: Authors, Readers, and the Reproduction of Early Chinese Song-Drama*, 1300-2000. New York: Palgrave Macmillan, 2003.

Sommer, Matthew. "The Penetrated Male: Judicial Constructions and Social Stigma." *Modern China* 23, no. 2 (1997): 140-180.

——. *Sex, Law, and Society in Late Imperial China*. Stanford, CA: Stanford University Press, 2000.

Song,Geng. *The Fragile Scholar: Power and Masculinity in Chinese Culture*. Hong Kong: Hong Kong University Press, 2004.

Spence, Jonathan. *The Memory Palace of Matteo Ricci*. New York: Penguin Books, 1984.

Standaert, Nicolas. *Yang Tingyun: Confucian and Christian in Late Ming China*. Leiden: Brill, 1988.

Starr, Chloe. "Shifting Boundaries: Gender in Pinhua baojian." *Nan Nü* 1, no. 2 (1999): 268-302.

Stevenson, Mark, and Cuncun Wu. "Quilts and Quivers: Dis/covering Chinese Male Homoeroticism." *Tamkang Review* 35, no. 1 (2004): 119-167.

Stewart, Charles, and Rosalind Shaw, eds. *Syncretism/Anti-Syncretism: The Politics of Religious Synthesis*. London: Routledge, 1994.

Stone, Charles. *The Fountainhead of Chinese Erotica: "The Lord of Perfect Satisfaction"*. Honolulu: University of Hawai'i Press, 2003.

Strickmann, Michel. *Mantras et mandarins: le bouddhisme tantrique en Chine*. Paris: Gallimard, 1996.

Struve, Lynn. "Ambivalence and Action: Some Frustrated Scholars of the K'ang-hsi Period." In *From Ming to Ch'ing: Conquest, Region, and Continuity in Seventeenth-Century China*, edited by Jonathan Spence and John Wills, 324-365. New Haven, CT: Yale University Press,

Ruan Fang-fu and Yung-mei Tsai. "Male Homosexuality in Traditional Chinese Literature." *Journal of Homosexuality* 14, no. 3-4 (1987): 21-33.

Ruhlmann, Robert. "Traditional Heroes in Chinese Popular Fiction." In *The Confucian Persuasion*, edited by Arthur Wright, 122-125. Stanford, CA: Stanford University Press, 1960.

Ruggiero, Guido. *The Boundaries of Eros: Sex, Crime, and Sexuality in Renaissance Venice*. New York: Oxford University Press, 1985.

Russo, Vito. *The Celluloid Closet: Homosexuality in the Movies*. New York: Harper and Row, 1987.

Sang, Tze-lan. *The Emerging Lesbian: Female Same-Sex Desire in Modern China*. Chicago: University of Chicago Press, 2003.

——. "Translating Homosexuality: The Discourse of Tongxing Ai in Republican China (1912-1949)." In *Tokens of Exchange: The Problem of Translation in Global Circulations*, edited by Lydia Liu, 276-303. Durham, NC: Duke University Press, 1999.

Santangelo, Paolo. *Emozioni e desideri in Cina*. Bari: Laterza, 1992.

Schalow, Paul G. "Introduction." In *The Great Mirror of Male Love*, by Ihara Saikaku, 1-46. Stanford, CA: Stanford University Press, 1990.

——. "Male Love in Early Modern Japan: A Literary Depiction of the 'Youth.' " In Duberman et al., *Hidden from History*, 118-128.

Schipper, Kristofer. "The 1607 Supplement to the Taoist Canon." Paper presented at the Seminar on *Late Ming Culture, International Institute for Asian Studies*, Leiden (The Netherlands), November 1998.

Screech, Timon. *Sex and the Floating World: Erotic Images in Japan, 1700-1820*. Honolulu: University of Hawai'i Press, 1999.

Sedgwick, Eve Kosofsky. *Between Men: English Literature and Male Homosocial Desire*. New York: Columbia University Press, 1985.

——. *Epistemology of the Closet*. Berkeley: University of California Press, 1990.

Plaks, Andrew. *The Four Masterworks of the Ming Novel*. Princeton, NJ: Princeton University Press, 1987.

Plato. *The Symposium*. Harmonsworth, Eng.: Penguin Books, 1951.

Proust, Marcel. *Sodome et Gomorrhe*. Paris: Gallimard, 1954.

Pu Songling. *Strange Tales from a Chinese Studio*. Translated by John Minford. London: Penguin Books, 2006.

Raphals, Lisa. *Sharing the Light: Representations of Women and Virtue in Early China*. Albany: State University of New York Press, 1998.

Ricci, Matteo. *On Friendship: One Hundred Maxims for a Chinese Prince*. New York: Columbia University Press, 2009.

Rocke, Michael. *Forbidden Friendships: Homosexuality and Male Culture in Renaissance Florence*. New York: Oxford University Press, 1996.

Roddy, Stephen J. *Literati Identity and Its Fictional Representation in Late Imperial China*. Stanford, CA: Stanford University Press, 1998.

Rojas, Carlos. "The Coin of Gender in Pinhua baojian." In *Dynastic Crisis and Cultural Innovation*, edited by David Der-wei Wang and Shang Wei, 297-324. Cambridge, MA: Harvard University Asia Center, 2005.

Rolston, David, ed. *How to Read the Chinese Novel*. Princeton, NJ: Princeton University Press, 1990.

——. *Traditional Chinese Fiction and Fiction Commentary: Reading and Writing Between the Lines*. Stanford, CA: Stanford University Press, 1997.

Rouzer, Paul. *Articulated Ladies: Gender and the Male Community in Early Chinese Texts*. Cambridge, MA: Harvard University Asia Center, 2001.

Roy, David Tod, trans. *The Plum in the Golden Vase, or Chin P'ing Mei*. Vol. 1, *The Gathering*. Princeton, NJ: Princeton University Press, 1993.

——, trans. *The Plum in the Golden Vase, or Chin P'ing Mei*. Vol. 2, *The Rivals*. Princeton, NJ: Princeton University Press, 2001.

——. *Gentlemanly Interests and Wealth on the Yangtze Delta*. Ann Arbor, MI: Association for Asian Studies, 1994.

Montaigne, Michel. *The Complete Essays of Montaigne*. Translated by Donald M. Frame. Stanford, CA: Stanford University Press, 1958.

Mowry, Hua-yuan Li. *Chinese Love Stories from Ch'ing-shih*. Hamden, CT: Archon Books, 1983. Mungello, David. *Curious Land: Jesuit Accommodation and the Origins of Sinology*. Stuttgart: Franz Steiner Verlag Wiesbaden GMBH, 1985.

Murray, Stephen. *Homosexualities*. Chicago: University of Chicago Press, 2000.

Ng, Vivian W. "Homosexuality and the State in Late Imperial China." In Duberman et al., *Hidden from History*, 76-89 .

Ôtsuka, Hidetaka（大塚秀高）. Zôho Chûgoku tsûzoku shôsetsu shomoku（增補中國通俗小說書目）. Tokyo: Kyûko shoin, 1987.

Paderni, Paola. "Alcuni casi di omosessualità nella Cina del XVIII secolo." In *Studi in onore di Lionello Lanciotti*, 961-987. Napoli: Istituto Universitario Orientale, 1996.

Peterson, Willard. *Bitter Gourd: Fang I-chih and the Impetus for Intellectual Change*. New Haven, CT: Yale University Press, 1979.

——. "Confucian Learning in Late Ming Thought." In *The Cambridge History of China*. Vol. 8, *The Ming Dynasty (1368-1644), Part 2*, edited by Denis Twitchett and Frederick Mote, 708-788. Cambridge: Cambridge University Press), 1998.

——. "Learning from Heaven: The Introduction of Christianity and Other Western Ideas into Late Ming China." In *The Cambridge History of China*. Vol. 8, *The Ming Dynasty (1368- 1644), Part 2*, edited by Denis Twitchett and Frederick Mote, 789-839. Cambridge: Cambridge University Press), 1998.

Pflugfelder, Gregory. *Cartographies of Desire: Male-Male Sexuality in Japanese Discourse, 1600–1950*. Berkeley: University of California Press, 1999.

Pimpaneau, Jacques. "Yu Kouei Hong, roman de l'abjection." In *Jeux des nuages et de la pluie*, edited by Michel Beurdeley et al., 141-150. Paris: Bibliothèque des Arts, 1969.

and Chinese Culture. Honolulu: University of Hawai'i Press, 2006.

Martini, Martino, S. J. *Il trattato sull'amicizia*. In Martini, *Opera Omnia*, edited by Giuliano Bertuccioli, 2: 199-348 . Trento: Università degli Studi di Trento, 1998.

——. *Novus Atlas Sinensis*. In Martini, *Opera Omnia*, vol. 3 (2 tomes), edited by Giuliano Bertuccioli. Trento: Università degli Studi di Trento, 2002.

Matignon, Jean-Jacques. *La Chine hermétique: superstitions, crime et misère*. Paris, 1936.

McDermott, Joseph. "Friendship and Its Friends in the Late Ming."《近世家族與政治比較歷史論文集》，中央研究院近代史研究所，第 1 卷，頁 67-96，臺北：中央研究院近代史研究所，1992。

McGough, James. "Deviant Marriage Patterns in Chinese Society." *In Normal and Abnormal Behavior in Chinese Society*, edited by Arthur Kleinman and Tsung-yi Lin, 171-202. Dordrecht: Reidel, 1981 .

McMahon, Keith. *Causality and Containment in Seventeenth-Century Chinese Fiction*. Leiden: Brill, 1988.

——. "Eliminating Traumatic Antinomies: Sequels to Honglou meng." In *Snakes' Legs, Sequels, Continuations, Rewritings, and Chinese Fiction*, edited by Martin Huang, 98-115. Honolulu: University of Hawai'i Press, 2004.

——. *The Fall of the God of Money: Opium Smoking in Nineteenth-Century China*. Lanham: Rowman and Littlefield, 2002.

——.*Misers, Shrews, and Polygamists: Sexuality and Male-Female Relations in Eighteenth-Century Chinese Fiction*. Durham, NC: Duke University Press, 1995.

——. "Sublime Love and the Ethics of Equality in a Homoerotic Novel of the Nineteenth Century: Precious Mirror of Boy Actresses." *Nan Nü* 4 , no. 1 (2002): 70-109 .

Meijer, M. J. "Homosexual Offences in Ch'ing Law." *T'oung Pao* 71 (1985): 109-133.

Mencius. Translated by Joseph Lau. Harmondswoth: Penguin Books, 1970.

Meskill, John. *Academies in Ming China: A Historical Essay*. Tucson: University of Arizona Press, 1982.

——. "Heroic Transformations: Women and National Trauma in Early Qing Literature." *Harvard Journal of Asiatic Studies* 59, no. 2 (1999): 363-443.

——. "The Late Ming Courtesan: Invention of a Cultural Ideal." In *Writing Women in Late Imperial China*, edited by Ellen Widmer and Kang-i Sun Chang, 46–73. Stanford, CA: Stanford University Press, 1997.

Lin, Shuen-fu, and Larry Schultz, trans. *Tower of Myriad Mirrors*, by Tung Yueh. Berkeley, CA: Asian Humanities Press, 1978.

Lin, Tai-yi, ed. *Flowers in the Mirror*. Berkeley: University of California Press, 1965.

Lin, Yutang. *The Importance of Understanding*. Cleveland: World Pub. Co., 1960.

Liu, James J. Y. *The Chinese Knight-Errant*. Chicago: University of Chicago Press, 1967.

Liu, Jen-peng and Naifei Ding. "Reticent Poetics, Queer Politics." *Inter-Asia Cultural Studies* 6, no. 1 (2005): 30-55.

Louie, Kam. *Theorising Chinese Masculinity: Society and Gender in China*. Cambridge: Cambridge University Press, 2002.

Lu Hsun. *A Brief History of Chinese Fiction*. Beijing: Foreign Languages Press, 1982 [1959].

Ma Tai-loi. "Novels Prohibited in the Literary Inquisition of Emperor Ch'ien-lung, 1722-1788." In *Critical Essays on Chinese Fiction*, edited by Winston Yang and Curtis Adkins, 201-212. Hong Kong: The Chinese University of Hong Kong, 1980.

Ma, Y. W. (Ma Youyuan). "The Knight-Errant in Hua-pen Stories." *T'oung Pao* 61 (1975): 267-300.

Mackerras, Colin P. *The Rise of the Peking Opera, 1770–1880: Social Aspects of the Theatre in Manchu China*. Oxford: Clarendon Press, 1972.

Mann, Susan. "The Male Bond in Chinese History and Culture." *American Historical Review* 105, no. 5 (2000): 1600-1614.

——. *Precious Records: Women in China's Long Eighteenth Century*. Berkeley: University of California Press, 1997.

Martin, Fran, and Larissa Heinrich, eds. *Embodied Modernities: Corporeality, Representation,*

Konstan, David. *Friendship in the Classical World.* Cambridge: Cambridge University Press, 1997.

Kutcher, Norman. "The Fifth Relationship: Dangerous Friendships in the Confucian Context." *American Historical Review* 105, no.5 (2000): 1615-1629 .

Lanselle, Ranier, ed. *Le poisson de jade et l'epingle au phoenix: Douze contes chinois du XVIIe siècle.* Paris: Gallimard, 1987.

Laqueur, Thomas. *Making Sex: Body and Gender from the Greeks to Freud.* Cambridge, MA: Harvard University Press, 1990.

Lee, Haiyan. "Love or Lust? The Sentimental Self in Honglou meng." *Chinese Literature: Essays, Articles, Reviews* 19 (1997): 85-111.

Lévy, André, trans. *Épingle de femme sous le bonnet viril: Chronique d'un loyal amour.* Paris: Mercure de France, 1997.

——. *Études sur le conte et le roman chinois.* Paris: Ecole Francaise d'Extreme-Orient, 1971.

——. *Inventaire analytique et critique du conte chinois en langue vulgaire.* Première partie, deuxième volume. Paris: Collège de France, Institut des Hautes Études Chinoises, 1979.

——. *Le conte en langue vulgaire du XVIIe siècle.* Paris: Collège de France, Institut des Hautes Études Chinoises, 1981.

Lévy, André, and Michel Cartier, eds. *Inventaire analytique et critique du conte chinois en langue vulgaire.* Tome quatrième, avec la collaboration de Ranier Lanselle. Paris: Collège de France, Institut des Hautes Etudes Chinoises, 1991.

Levy, Howard S., ed. *A Feast of Mist and Flowers: The Gay Quarters of Nanking at the End of the Ming.* Yokohama, 1966.

——. *Two Chinese Sex Classics.* Taipei: Chinese Association for Folklore, 1975.

——. *Warm-Soft Village: Chinese Stories, Sketches, and Essays.* Tokyo: Dai Nippon insatsu, 1964.

Li, Siu Leung. *Cross-Dressing in Chinese Opera.* Hong Kong: Hong Kong University Press, 2003.

Li, Wai-yee. *Enchantment and Disenchantment: Love and Illusion in Chinese Literature.* Princeton, NJ: Princeton University Press, 1993.

University Asia Center, 2001.

——. *Literati and Self-Re/Presentation: Autobiographical Sensibility in the Eighteenth Century Chinese Novel*. Stanford, CA: Stanford University Press, 1995.

——. "Male Friendship in Ming China: An Introduction." *Nan Nü* 9 (2007): 2-33.

——. *Negotiating Masculinity in Late Imperial China*. Honolulu: University of Hawai'i Press, 2006.

——, ed. *Snakes' Legs: Sequels, Continuations, Rewritings, and Chinese Fiction*. Honolulu: University of Hawai'i Press, 2004.

Huang, Ray. *1587, A Year of No Significance: The Ming Dynasty in Decline*. New Haven, CT: Yale University Press, 1981.

Hubbard, Thomas. *Homosexuality in Greece and Rome: A Sourcebook of Basic Documents*. Berkeley: University of California Press, 2003.

Hung Ming-shui. *The Romantic Vision of Yuan Hung-tao, Late Ming Poet and Critic*. Taipei: Bookman Books, 1997.

Hunt, Lynn, ed. *The Invention of Pornography: Obscenity and the Origin of Modernity, 1500-1800*. New York: Zone Books, 1993.

Hyatte, Reginald. *The Arts of Friendship: The Idealization of Friendship in Medieval and Early Renaissance Literature*. Leiden: Brill, 1988.

Idema, Wilt. *Chinese Vernacular Fiction: The Formative Period*. Leiden: Brill 1974.

Jacob, Margaret C. "The Materialist World of Pornography." In Hunt, *Invention of Pornography*, 157-202.

Johnson, David, Andrew Nathan, and Evelyn Rawski, eds. *Popular Culture in Late Imperial China*. Berkeley: University of California Press, 1985.

Kang, Wenqing. *Obsession: Male Same-Sex Relations in China, 1900-1950*. Hong Kong: Hong Kong University Press, 2009.

Ko, Dorothy. *Teachers of the Inner Chambers: Women and Culture in Seventeenth-Century China*. Stanford, CA: Stanford University Press, 1994.

——. *The Novel in Seventeenth-Century China*. New York: Columbia University Press, 1981.

——. *Reading Illustrated Fiction in Late Imperial China*. Stanford, CA: Stanford University Press, 1998.

Hegel, E. Robert, and Richard Hessney, eds. *Expressions of Self in Chinese Literature*. New York: Columbia University Press, 1985.

Hessney, Richard. "Beyond Beauty and Talent: The Moral and Chivalric Self in The Fortunate Union ." In *Expressions of Self in Chinese Literature*, edited by Robert E. Hegel and Richard C. Hessney, 214-250. New York: Columbia University Press, 1985.

Hinsch, Bret. *Passions of the Cut Sleeve: The Male Homosexual Tradition in China*. Berkeley: University of California Press, 1990.

——. "Van Gulik's Sexual Life in Ancient China and the Matter of Homosexuality." *Nan Nü* 7, no. 1 (2005): 79-91.

Honig, Emily. "Maoist Mappings of Gender: Reassessing the Red Guards." In *Chinese Femininities, Chinese Masculinities: A Reader*, edited by Susan Brownell and Jeffrey N. Wasserstom, 255-268. Berkeley: University of California Press, 2002.

Houlbrook, Matt. *Queer London: Perils and Pleasures in the Sexual Metropolis, 1918-1957*. Chicago: University of Chicago Press, 2005.

Hsia, C. T. *The Classic Chinese Novel: A Critical Introduction*. New York: Columbia University Press, 1968.

——. "Time and the Human Condition in the Plays of T'ang Hsien-tsu." In De Bary, *Self and Society*, 249-290.

Hsiung, Anne-Marie. "A Feminist Re-vision of Xu Wei's Ci Mulan and Nü zhuangyuan." In *China in a Polycentric World: Essays in Chinese Comparative Literature*, edited by Yingjin Zhang, 73-89. Stanford, CA: Stanford University Press, 1998.

Hsu, Pi-ching. *Beyond Eroticism: A Historian's Reading of Humor in Feng Menglong's "Child's Folly."* Lanham, MD: University Press of America, 2006.

Huang, Martin. *Desire and Fictional Narrative in Late Imperial China*. Cambridge, MA: Harvard

1937. Berkeley: University of California Press, 2007.

Greenbaum, Jamie. *Chen Jiru (1558-1639): The Background to, Development, and Subsequent Uses of Literary Personae*. Leiden: Brill, 2007.

Greenberg, David. *The Construction of Homosexuality*. Chicago: University of Chicago Press, 1988.

Halperin, David. *How to Do the History of Homosexuality*. Chicago: University of Chicago Press, 2002.

——. *One Hundred Years of Homosexuality and Other Essays on Greek Love*. New York: Routledge, 1990.

Hanan, Patrick, trans. *The Carnal Prayer Mat*, by Li Yu. New York: Ballantine Books, 1988.

——. *The Chinese Vernacular Story*. Cambridge, MA: Harvard University Press, 1981.

——, trans. *Falling in Love: Stories from Ming China*. Honolulu: University of Hawai'i Press, 2006.

——. *The Invention of Li Yu*. Cambridge, MA: Harvard University Press, 1988.

——, trans. *Silent Operas*, by Li Yu. Hong Kong: Rendition Paperbacks, 1990.

——, trans. *A Tower for the Summer Heat*, by Li Yu. New York: Ballantine Books, 1992.

Handlin Smith, Joanna. *Action in Late Ming Thought: The Reorientation of Lü K'un and Other Scholar-Officials*. Berkeley: University of California Press, 1983.

——. "Gardens in Ch'i Piao-chia's Social World: Wealth and Values in Late-Ming Kiangnan." *Journal of Asian Studies* 51, no. 1 (1992): 55-81.

Hay, John. "The Body Invisible in Chinese Art?" In *Body, Subject, and Power*, edited by Angela Zito and Tani E. Barlow, 42-77. Chicago: University of Chicago Press, 1994.

Hay, Jonathan. *Shitao: Painting and Modernity in Early Qing China*. Cambridge: Cambridge University Press, 2001.

Hegel, E. Robert. "Niche Marketing for Late Imperial Fiction." In *Printing and Book Culture in Late Imperial China*, edited by Cynthia J. Brokaw and Kai-wing Chow, 235-66. Berkeley: University of California Press, 2005.

University Press, 1998.

Findlen, Paula. "Humanism, Politics and Pornography in Renaissance Italy." In Hunt, *Invention of Pornography*, 49-108.

Finnane, Antonia. *Speaking of Yangzhou: A Chinese City, 1550– 1850*. Cambridge, MA: Harvard University Asia Center, 2004.

Foucault, Michel. *The History of Sexuality*. 3 vols. New York: Vintage Books, 1980-1988.

Francken, J. J. C., and C. F. M. De Grijs. *Chineesch-Hollandsch Woordenboek van het Emoy Dialekt*. Batavia: Landsdrukkerij, 1882.

Frappier-Mazur, Lucienne. "Truth and the Obscene Word in Eighteenth-Century French Pornography." In Hunt, *Invention of Pornography*, 203-221.

Furth, Charlotte. "Androgynous Males and Deficient Females: Biology and Gender Boundaries in Sixteenth- and Seventeenth-Century China." *Late Imperial China* 9, no. 2 (1988): 1-31.

——. *A Flourishing Yin: Gender in China's Medical History, 960– 1665*. Berkeley: University of California Press, 1999.

——. "Rethinking Van Gulik: Sexuality and Reproduction in Traditional Chinese Medicine." In Gilmartin et al., *Engendering China*, 125-146.

Garber, Marjorie. *Vice Versa: Bisexuality and the Eroticism of Everyday Life*. New York: Simon and Schuster, 1995.

Gilmartin, Christina K., Gail Hershatter, Lisa Rofel, and Tyrene White, eds. *Engendering China: Women, Culture, and the State*. Cambridge, MA: Harvard University Press, 1994.

Goldblatt, Howard, trans. *Crystal Boys*, by Pai Hsien-yung. San Francisco: Gay Sunshine Press, 1990.

Goldin, Paul Rakita. *The Culture of Sex in Ancient China*. Honolulu: University of Hawai'i Press, 2002.

Goldman, Andrea. "Opera in the City: Theatrical Performance and Urbanite Aesthetics in Beijing, 1770–1900." PhD diss., University of California, Berkeley, 2005.

Goldstein, Joshua. *Drama Kings: Players and Publics in the Re-creation of Peking Opera, 1870-*

London: Publishing Office of the Presbyterian Church of England, 1899.

Dreams of Spring: Erotic Art in China from the Bertholet Collection. Amsterdam: Pepin Press, 1997.

Duberman, Martin B., Martha Vicinus, and George Chauncey, eds. *Hidden from History: Reclaiming the Gay and Lesbian Past.* New York: NAL Books, 1989.

Du rouge au gynecée. Translated by Martin Maurey. Paris: Philippe Picquier, 1989.

Ebrey, Patricia, ed. *Chu His's "Family Rituals": Performance of Cappings, Weddings, Funerals, and Ancestral Rites.* Princeton, NJ: Princeton University Press, 1991.

Edwards, Louise. *Men and Women in Qing China: Gender in "The Red Chamber Dream."* Leiden: Brill, 1994.

Ellis, Havelock. *Psychology of Sex.* New York: Emerson Books, 1964 [1933].

Elman, Benjamin. *From Philosophy to Philology: Intellectual and Social Aspects of Change in Late Imperial China.* Cambridge, MA: Harvard University Press, 1984.

El-Rouayheb, Khaled. *Before Homosexuality in the Arab-Islamic World, 1500– 1800.* Chicago: University of Chicago Press, 2005.

Engelfriet, Peter. *Euclid in China.* Leiden: Brill, 1998.

Epstein, Maram. *Competing Discourses: Orthodoxy, Authenticity, and Engendered Meanings in Late Imperial Chinese Fiction.* Cambridge, MA: Harvard University Asia Center, 2001.

——. "Rewriting Sexual Ideals in Yesou puyan ." In Martin and Heinrich, *Embodied Modernities,* 60-78.

Erasmus, Desiderius. *The Praise of Folly.* Edited by Clarence Miller. New Haven, CT: Yale University Press, 1979.

Fanensis, Petrus Rodulfus, comp. *Proverbia Italica, et Latina.* Pesaro: Hieronimus Concordia, 1615.

Farquhar, Judith. *Appetites: Food and Sex in Postsocialist China.* Durham, NC: Duke University Press, 2002.

Faure, Bernard. *The Red Thread: Buddhist Approaches to Sexuality.* Princeton, NJ: Princeton

——. *Superfluous Things: Material Culture and Social Status in Early Modern China.* Cambridge: Cambridge University Press, 1991.

Cristini, Remy. "The Rise of Comrade Literature: Development and Significance of a New Chinese Genre." MA thesis, Leiden University, 2005.

Crompton, Louis. *Homosexuality and Civilization.* Cambridge, MA: Harvard University Press, 2003.

Crump, J. A., Jr., ed. *Chan-Kuo Ts'e.* Oxford: Clarendon Press, 1970.

Darnton, Robert. *The Forbidden Best-Sellers of Pre-Revolutionary France.* New York: Norton, 1995.

Dean, Kenneth. *Lord of the Three in One: The Spread of a Cult in Southeast Asia.* Princeton, NJ: Princeton University Press, 1998.

De Bary, William Theodore. "Individualism and Humanitarianism in Late Ming Thought." In De Bary, *Self and Society*, 145-245.

——, ed. *Self and Society in Ming Thought.* New York: Columbia University Press, 1970.

——, ed. *The Unfolding of Neo-Confucianism.* New York: Columbia University Press, 1975.

D'Elia, Pasquale, S. I. *Fonti Ricciane.* Vol. 1. Roma: La Libreria dello Stato, 1942.

——. "Further Notes on Matteo Ricci's De Amicitia." *Monumenta Serica* 15 (1956): 356-377.

——. "Il Trattato sull'Amicizia: Primo Libro scritto in cinese da Matteo Ricci S. I. (1595)." *Studia Missionalia* 7 (1953): 425-515.

Dikötter, Frank. *Sex, Culture, and Modernity in China: Medical Science and the Construction of Sexual Identities in the Early Republican Period.* Honolulu: University of Hawai'i Press, 1995.

Dimberg, Ronald. *The Sage and Society: The Life and Thought of Ho Hsin-yin.* Honolulu: University Press of Hawaii, 1974.

Ding, Naifei. *Obscene Things: Sexual Politics in "Jin Ping Mei."* Durham, NC: Duke University Press, 2002.

Douglas, Carstairs. *Chinese-English Dictionary of the Vernacular or Spoken Language of Amoy.*

Studies 26 (1978): 51-82.

——. "Peking at the Time of the Wanli Emperor (1572-1619)." In International Association of Historians of Asia, *Second Biennial Conference Proceedings*. Taipei, 1962.

Chang Chun-shu and Shelley Hsüeh-lun Chang. *Crisis and Transformation in Seventeenth Century China: Society, Culture, and Modernity in Li Yü's World*. Ann Arbor: University of Michigan Press, 1992.

Chang, Kang-i Sun. *The Late Ming Poet Ch'en Tzu-lung: Crises of Love and Loyalism*. New Haven, CT: Yale University Press, 1991.

Chauncey, George. *Gay New York: Gender, Urban Culture, and the Making of the Gay Male World, 1890-1940*. New York: Basic Books, 1994.

Chaves, Jonathan. "The Panoply of Images: A Reconsideration of the Literary Theory of the Kung-an School." In *Theories of the Arts in China*, edited by Susan Bush and Christian Murck, 341-64 . Princeton, NJ: Princeton University Press, 1983.

Cheng Yü-yin. "The Ethics of the Sphere Below (Hsia): The Life and Thought of Ho Hsinyin (1517-1579)." 漢學研究 11 , no. 1(1993): 49-101.

Ch'ien, Edward. *Chiao Hung and the Restructuring of Neo-Confucianism in the Late Ming*. New York: Columbia University Press, 1986.

——. "Chiao Hung and the Revolt against Ch'eng-Chu Orthodoxy." In *The Unfolding of Neo-Confucianism*, edited by William Theodore De Bary, 271-296. New York: Columbia University Press, 1975.

Ching, Julia, ed. *The Records of Ming Scholars*, by Huang Zongxi. Honolulu: University of Hawaii Press, 1987.

Chow, Kai-wing. *The Rise of Confucian Ritualism in Late Imperial China: Ethics, Classics, and Lineage Discourse*. Stanford, CA: Stanford University Press, 1994.

Clunas, Craig. *Chinese Furniture*. London: V and A Far Eastern Series, 1988.

——. *Fruitful Sites: Garden Culture in Ming Dynasty China*. London: Reaktion Books, 1996.

——. *Pictures and Visuality in Early Modern China*. London: Reaktion Books, 1997.

Imperial China. Princeton, NJ: Princeton University Press, 1991.

Brokaw, Cynthia J., and Kai-wing Chow, eds. *Printing and Book Culture in Late Imperial China*. Berkeley: University of California Press, 2005.

Brook, Timothy. *The Confusions of Pleasure: Commerce and Culture in Ming China*. Berkeley: University of California Press, 1998.

——. *Praying for Power: Buddhism and the Formation of Gentry Society in Late Ming China*. Cambridge, MA: Harvard-Yenching Institute Monograph Series, 1993.

——. "Rethinking Syncretism: The Unity of the Three Teachings and Their Joint Worship in Late Imperial China." *Journal of Chinese Religions* 21 (Fall 1993): 13-44.

Brown, Judith. *Immodest Acts: The Life of a Lesbian Nun in Renaissance Italy*. New York: Oxford University Press, 1986.

Brownell, Susan, and Jeffrey N. Wasserstom, eds. *Chinese Femininities, Chinese Masculinities: A Reader*. Berkeley: University of California Press, 2002.

Byron, John. *Portrait of a Chinese Paradise: Erotica and Sexual Customs of the Late Qing Period*. London: Quartet Books, 1987.

Cahill, James. *The Compelling Image: Nature and Style in Seventeenth-Century Chinese Painting*. Cambridge, MA: Harvard University Press, 1982.

——. "Le peintures érotiques chinoises de la collection Bertholet." In *Le Palace du printemps: Peintures érotiques de Chine*, 29-42. Paris: Paris-Museés and Editions Findakly, 2006.

Cantarella, Eva. *Secondo natura: la bisessualità nel mondo antico*. Roma: Editori Riuniti, 1988.

Cao, Xueqin and Gao E. *The Story of the Stone*. Translated by David Hawkes and John Minford. Harmondsworth: Penguin Books, 1973-1986.

Carlitz, Katherine. "Desire, Danger, and the Body: Stories of Women's Virtue in Late Ming China." In Gilmartin et al., *Engendering China*, 101-124.

——. "The Social Uses of Female Virtue in Late Ming Editions of Lienü zhuan. " *Late Imperial China* 12, no. 2 (1991): 117-152.

Chan, Albert. "Chinese-Philippine Relations in the Late Sixteenth Century to 1603." *Philippine*

外文文獻

Bai, Qianshen. *Fu Shan's World: The Transformation of Chinese Calligraphy in the Seventeenth Century*. Cambridge, MA: Harvard University Asia Center, 2003.

Barr, Allan. "The Wanli Context of the 'Courtesan's Jewel Box' Story." *Harvard Journal of Asiatic Studies* 57, no. 1 (1997): 107-141.

Berling, Judith. "Religion and Popular Culture: The Management of Moral Capital in 'The Romance of the Three Teachings.' " In *Popular Culture in Late Imperial China*, edited by David Johnson, Andrew Nathan, and Evelyn Rawsky, 188-218. Berkeley: University of California Press, 1985.

——. *The Syncretic Religion of Lin Chao-en*. New York: Columbia University Press, 1980.

Bertuccioli, Giuliano. *Mandarini e cortigiane*. Rome: Editori Riuniti, 1988.

——. "Il trattato sull'amicizia di M. Martini," *Rivista degli Studi Orientali* 46: 1-2 (1992), 79-120 (pt. 1) and 46 : 3-4, 331-80 (pt. 2).

Beurdeley, Michel, ed. *The Clouds and the Rain: The Art of Love in China*. Tokyo: Tuttle, 1969.

Birch, Cyril, ed. *Stories from a Ming Collection: The Art of the Chinese Storyteller*. New York: Grove Press, 1958.

Bloom, Allan. *Love and Friendship*. New York: Simon and Schuster, 1993.

Boswell, John. *Christianity, Social Tolerance, and Homosexuality: Gay People in Western Europe from the Beginning of the Christian Era to the Fourteenth Century*. Chicago: University of Chicago Press, 1980.

Boxer, C. R. *South China in the Sixteenth Century*. Nendeln, Lichtenstein: Kraus, 1967.

Bray, Alan. *Homosexuality in Renaissance England*. London: Gay Men's Press, 1982.

——. "Homosexuality and the Signs of Male Friendship in Elizabethan England." In *Queering the Renaissance*, edited by Jonathan Goldberg, 40-61. Durham, NC: Duke University Press, 1994.

Brokaw, Cynthia J. *The Ledgers of Merit and Demerit: Social Change and Moral Order in Late*

《一片情》，陳慶浩、王秋桂主編，《思無邪匯寶》，第 14 卷。
《玉閨紅》，東魯落落平生，陳慶浩、王秋桂主編，《思無邪匯寶》，第 4 卷，頁 285-417。
余懷，《板橋雜記》，香豔叢書，第 7 卷，頁 177-211。
《玉樓春》，龍邱白雲道人編，北京大學圖書館善本部。
袁枚，《子不語》，上海：上海古籍出版社，1986。
《載花船》，西泠狂者，陳慶浩、王秋桂主編，《思無邪匯寶》，第 9 卷。
張潮，《幽夢影》，合肥：黃山書社，1991。
張岱，《石匱書後集》，北京：中華書局，1959。
——，《陶庵夢憶•西湖尋夢》，北京：作家出版社，1994。
張燮，《東西洋考》，北京：中華書局，1981。
張秀民，《中國印刷史》，上海：人民出版社，1989。
張在舟，《曖昧的歷程：中國古代同性戀史》，鄭州：中州古籍出版社，2001。
《張竹坡批評第一奇書金瓶梅》，濟南：齊魯書社，1988。
《戰國策》，上海：上海古籍出版社，1985。
《昭陽趣史》，古杭豔豔生，陳慶浩、王秋桂主編，《思無邪匯寶》，第 3 卷。
鄭振鐸，〈談金瓶梅詞話〉，《鄭振鐸文集》，第 5 卷，頁 225-243，北京：人民出版社，1988。
《中國通俗小說總目提要》，江蘇省社會科學院明清小說研究中心文學研究所編，北京：中國文聯出版公司，1991。
朱劍心，《晚明小品選注》，臺北：臺灣商務印書館，1995〔1937 年〕。
朱一玄，《紅樓夢資料彙編》，天津：南開大學出版社，2003。
《株林野史》，陳慶浩、王秋桂主編，《思無邪匯寶》，第 21 卷，頁 167-296。
《字彙補》，吳志伊，出版年份不可考，序言寫於 1666 年。

吳存存，〈《弁而釵》與《宜春香質》的年代考證及其社會文化史意義發微〉，《東方文化》，第 32 卷第 1 期，1994 年，頁 67-73。
吳敬梓，《儒林外史》，北京：人民文學出版社，1975，4 卷，臥閑草堂刻本，1803。
──，《儒林外史》，北京：人民文學出版社，1982〔1977 年〕。
《巫夢緣》，陳慶浩、王秋桂主編，《思無邪匯寶》，第 16 卷，頁 157-349。
《巫山豔史》，陳慶浩、王秋桂主編，《思無邪匯寶》，第 24 卷，頁 23-154。
《梧桐影》，陳慶浩、王秋桂主編，《思無邪匯寶》，第 16 卷，頁 23-146。
夏敬渠，《野叟曝言》，毗陵匯珍樓活字本，1881，北京大學圖書館。
──，《野叟曝言》，北京：人民文學出版社，1999。
向楷，《世情小說史》，杭州：浙江古籍出版社，1998。
《香豔叢書》，蟲天子編，上海：中國圖書公司，1991。
小明雄，《中國同性愛史錄》，香港：粉紅三角出版社，1984。
蕭相愷，《珍本禁毀小說大觀》，鄭州：中州古籍出版社，1992。
──，〈前言〉，《明代小說輯刊》，侯忠義主編，第 2 輯，頁 759-761，成都：巴蜀書社，1996。
謝肇淛，《五雜俎》，北京：中華書局，1959。
《杏花天》，古棠天放道人著，陳慶浩、王秋桂主編，《思無邪匯寶》，第 17 卷，頁 39-279。
徐志平，《晚明話本小說石點頭研究》，臺北：學生書局，1991。
薛亮，《明清稀見小說匯考》，北京：社會科學文獻出版社，1999。
楊旺生，《夏敬渠與野叟曝言研究》，合肥：安徽教育出版社，2004。
《楊家府世代忠勇演義志傳》，紀振倫編校，臥松閣刻本（1606 年），北京大學圖書館善本部。
葉德輝，《雙梅景闇叢書》，長沙：觀古堂，1903（？）。
葉鼎洛，《男友》，陳子善編，頁 6-17，杭州：浙江文藝出版社，2004。
《宜春香質》，醉西湖心月主人著，臺北：天一出版社，1990。
《宜春香質》，陳慶浩、王秋桂主編，《思無邪匯寶》，第 7 卷。

《僧尼孽海》，唐伯虎，陳慶浩、王秋桂主編，《思無邪匯寶》，第24卷，頁191-339。
《上海神秘指南》，上海：大同圖書，未注明出版日期。
沈德符，《敝帚齋剩語》，臺北：廣文書局，1969。
──，《萬曆野獲編》，北京：中華書局，1997。
《石點頭》，天然痴叟，《古本小說集成》，第5輯，上海：上海古籍出版社，1990。
《水滸傳》，北京：人民文學出版社，1975。
《說苑今注今譯》，盧元駿編，臺北：臺灣商務印書館，1977。
司馬遷，《史記》，北京：中華書局，1959。
宋耕，從〈《情史•情外類》看「情」的本質〉，辜美高、黃霖主編，《明代小說面面觀》，頁330-353。
蘇同炳，《古風月談》，北京：中國友誼出版公司，2001。
孫楷弟，《中國通俗小說書目》，北京：人民出版社，1982。
孫述宇，《水滸傳的來歷、心態與藝術》，臺北：時報文化出版公司，1981。
《桃花豔史》，陳慶浩、王秋桂主編，《思無邪匯寶》，第23卷，頁235-313。
《桃花豔史》，清代，北京大學圖書館善本部。
《桃花影》，檇李煙水散人，陳慶浩、王秋桂主編，《思無邪匯寶》，第18卷，頁25-224。
《童婉爭奇》，鄧志謨，春語堂刻本（序言寫於1624年），中國國家圖書館善本特藏部。
王驥德，《男王后》，載於沈泰編，《盛明雜劇》，第7卷，北京：中國書店，1980年—1981年。
王利器，《元明清三代禁毀小說戲曲史料》，上海：上海古籍出版社，1981。
王世貞編，《豔異編》，瀋陽：春風文藝出版社，1988。
──，《豔異編》，玉茗堂刻本，北京大學圖書館善本部。
王書奴，《中國娼妓史》，上海：生活書店，1935。
唯性史觀齊主，《中國同性戀秘史》，香港：宇宙出版社，1964。
吳存存，《明清社會性愛風氣》，北京：人民文學出版社，2000。

馬幼垣，〈水滸傳裡的好色人物〉，馬幼垣著，《中國小說史集稿》，頁 225-231，臺北：時報文化出版公司，1987。
——，〈水滸傳與中國武俠小說的傳統〉，馬幼垣著，《水滸論衡》，頁 187-210，臺北：聯經出版事業公司，1992。
《孟子譯注》，楊伯峻，香港：中華書局，1984。
《秘戲圖大觀》，臺北：金楓出版社，1993。
《鬧花叢》，姑蘇痴情士，陳慶浩、王秋桂主編，《思無邪匯寶》，第 19 卷，頁 35-221。
《濃情秘史》，陳慶浩、王秋桂主編，《思無邪匯寶》，第 17 卷，頁 281-361。
潘光旦，〈中國文獻中同性戀舉例〉，靄理士著，《性心理學》，頁 380-406，上海：商務印書館，1946。
《品花寶鑑》，陳森，北京：人民文學出版社，1995。
浦安迪（Andrew Plaks）編，《紅樓夢批語偏全》，北京：北京大學出版社，2003。
蒲松齡，《聊齊志異》，張友鶴編，上海：上海古籍出版社，1983。
齊裕焜，《明代小說史》，杭州：浙江古籍出版社，1997。
錢大昕，《潛研堂文集》，四部叢刊，集部，第 17 卷，上海：商務印書館，1920 年—1936 年。
《清宮珍寶皕美圖》，臺北：天一出版社，1987。
《情海緣》，江都鄧小秋，陳慶浩、王秋桂主編，《思無邪匯寶》，第 19 卷，頁 237-305。
《情史》，詹詹外史，瀋陽：春風文藝出版社，1986。
任訪秋，《中國新文學淵源》，鄭州：河南人民出版社，1986。
任明華編，《紅樓男性》，北京：中華書局，2006。
容肇祖編，《何心隱集》，北京：中華書局，1981。
《肉蒲團》，情隱先生，陳慶浩、王秋桂主編，《思無邪匯寶》，第 15 卷。
《如意君傳》，吳門徐昌齡，陳慶浩、王秋桂主編，《思無邪匯寶》，第 24 卷，頁 39-75。

——，〈晚明小說類書作家鄧志謨生平初探〉，辜美高、黃霖主編，《明代小說面面觀》，頁 316-329。
《浪史》，風月軒又玄子，陳慶浩、王秋桂主編，《思無邪匯寶》，第 4 卷，頁 37-271。
老舍，〈兔〉，《老舍小說全集》，第 11 卷，頁 16-34，武漢：長江文藝出版社，2004。
李明軍，《禁忌與放縱：明清豔情小說文化研究》，濟南：齊魯書社，2005。
李汝珍，《鏡花緣》，香港：中華書局，1974。
李銀河、王小波，《他們的世界》，香港：天地圖書，1992。
李漁，《十二樓》，北京：中華書局，2004。
——，《無聲戲》，臺北：台灣古籍出版有限公司，2004。
——，《閒情偶記》，廣陵：古籍刻印社，1991。
《李漁全集》，馬漢茂（Helmut Martin）輯，臺北：成文出版社，1970。
李元玉撰，《眉山秀》，一笠庵版（序言寫於 1654 年），北京大學圖書館善本部。
李贄，《初潭集》，北京：中華書局，1974。
——，《焚書》，北京：中華書局，1961。
林辰，《明末清初小說述錄》，瀋陽：春風文藝出版社，1988。
凌濛初，《拍案驚奇》，李田意校，香港：友聯出版社有限公司，1966。
劉達臨，《中國古代性文化》，銀川：寧夏人民出版社，1993。
劉世德，《紅樓夢版本探微》，上海：華東師範大學出版社，2003。
劉廷璣，《在園雜誌》，北京：中華書局，2005。
《六合同春》，陳眉公評，書林慶雲蕭騰鴻梓（1644 年），北京大學圖書館善本部。
《龍陽逸史》，京江醉竹居士，臺北：天一出版社，1990。
《龍陽逸史》，陳慶浩、王秋桂主編，《思無邪匯寶》，第 5 卷。
陸人龍，《型世言》，兩卷，北京：中華書局，1993。
呂天成，《繡榻野史》，陳慶浩、王秋桂主編，《思無邪匯寶》，第 2 卷。
羅立群，《中國武俠小說史》，瀋陽：遼寧人民出版社，1990。

林出版社，2002。
顧鳴塘，《儒林外史與江南士紳生活》，北京：商務印書館，2005。
《姑妄言》，三韓曹去晶，陳慶浩、王秋桂主編，《思無邪匯寶》，第 36 卷。
《鼓掌絕塵》，金木散人，瀋陽：春風文藝出版社，1985。
《海陵佚史》，無遮道人，陳慶浩、王秋桂主編，《思無邪匯寶》，第 1 卷。
《韓非子集釋》，陳奇猷編，北京：中華書局，1974。
韓錫鐸、王清原，《小說書坊錄》，瀋陽：春風文藝出版社，1989。
《漢語大詞典》，全 12 卷，上海：漢語辭書出版社，1986 年—1993 年。
《好逑傳》，上海：上海文化出版社，1956。
《紅樓夢圖詠》，石家莊：河北美術出版社，1996。
侯忠義主編，《明代小說輯刊》，成都：巴蜀書社，1995。
胡從經，〈東瀛訪稗錄：中國小說史料的新發現〉，《明報月刊》，1988 年 7 月，頁 92-95。
胡士瑩，《話本小說概論》，北京：中華書局，1980。
懷芳記，《蘿摩庵老人》，香豔叢書，第 9 卷，頁 407-428。
《換夫妻》，雲遊道人，陳慶浩、王秋桂主編，《思無邪匯寶》，第 13 卷，頁 13-88。
黃文樹，《泰州學派教育思想及其影響》，《漢學研究》，第 16 卷第 1 期（1998 年），頁 125-153。
黃宗羲，《明儒學案》，全兩卷，北京：中華書局，1985。
《歡喜冤家》，西湖漁隱主人，陳慶浩、王秋桂主編，《思無邪匯寶》，第 10 至 11 卷。
嵇文甫，《晚明思想史論》，北京：東方出版社，1996〔1946 年〕。
紀昀，《閱微草堂筆記》，臺北：文華圖書公司，1991。
《金瓶梅詞話》，魏子雲校注，臺北：增你智文化事業有限公司，1982。
《金史》，北京：中華書局，1975。
康正果，《重審風月鑑：性與中國古典文學》，臺北：麥田出版社，1996。
金文京，〈童婉爭奇與晚明兩性文化〉，未公開發表論文，提交於「明代兩性文化國際研討會」，南京大學，2000。

陳伯海等編，《近四百年中國文學思潮史》，上海：東方出版中心，1997。
陳平原，〈論晚清志士的遊俠心態〉，《俠與中國文話》，淡江大學中文系主編，頁227-268，臺北：學生書局，1993。
──，《千古文人俠客夢：武俠小說類型研究》，北京：人民文學出版社，1992。
陳慶浩、王秋桂主編，《思無邪匯寶》，臺北：法國國家科學研究中心和臺灣大英百科股份有限公司，1995 年—1997 年（39 卷）。
陳萬益，《晚明小品與明季文人生活》，臺北：大安出版社，1992。
陳寅恪，《柳如是別傳》，上海：上海古籍出版社，1980。
陳益源，《古典小說與情色文學》，臺北：里仁書局，2001。
──，《小說與豔情》，上海：學林出版社，2000。
《痴婆子傳》，芙蓉主人，陳慶浩、王秋桂主編，《思無邪匯寶》，第 24 卷，頁 101-149。
《春燈鬧》，檇李煙水散人，陳慶浩、王秋桂主編，《思無邪匯寶》，第 18 卷，頁235-443。
董悅，《西遊補》，北京：文學古籍刊行社，1955。
崔奉源，《中國古典短篇俠義小說研究》，臺北：聯經出版事業公司，1986。
《豆棚閒話》，盛水艾衲居士，上海：上海古籍出版社，1985。
《斷袖篇》，香豔叢書，第 5 卷，頁 73-115，上海：上海書店，1991。
杜信孚，《明代版刻綜錄》，揚州：揚州古籍書店，1983。
馮夢龍，《古今小說》，香港：龍門書店，1982。
──，《驚世通言》，北京：人民文學出版社，1987。
──，《醒世恆言》，北京：作家出版社，1956。
《馮夢龍全集》，魏同賢主編，上海：上海古籍出版社，1993。
龔鵬程，《大俠》，臺北：錦冠出版社，1987。
──，《近代思想史散論》，臺北：東大圖書公司，1991。
──，《晚明思潮》，臺北：里仁書局，1994。
辜美高、黃霖主編，《明代小說面面觀：明代小說國際學術研討會論文集》，上海：學

參考文獻

中文文獻

巴金，《第二的母親》，《巴金短篇小說集》，第 2 卷，頁 17-36，上海：開明書店，1936。

——，《第二的母親》，《巴金小說全集》，第 8 卷，頁 17-29，臺北：遠流出版社，1993。

白先勇，《孽子》，臺北：遠景出版事業公司，1983。

班固，《漢書》，北京：中華書局，1962。

《弁而釵》，醉西湖心月主人，臺北：天一出版社，1990。

《弁而釵》，陳慶浩、王秋桂主編，《思無邪匯寶》，第 6 卷。

《別有香》，桃源醉花主人，陳慶浩、王秋桂主編，《思無邪匯寶》，第 8 卷。

蔡國梁，《金瓶梅社會風俗》，天津：百花文藝出版社，2002。

曹雪芹，《脂硯齋重評石頭記》，上海：上海古籍出版社，1980。

——，《脂硯齋重評石頭記甲戌校本》，北京：作家出版社，2005。

——，《脂硯齋全評石頭記》，北京：東方出版社，2006。

曹雪芹和高鶚，《紅樓夢》，北京：人民文學出版社，1982。

——，《紅樓夢三家評本》，兩卷，上海：上海古籍出版社，1988。

知識叢書 1122

風流浪子的男友：晚明到清末的同性戀與男性氣質

The Libertine's Friend: Homosexuality and Masculinity in Late Imperial China

作　　者　魏濁安（Giovanni Vitiello）
譯　　者　王晴鋒
資深編輯　張擎
責任企畫　郭靜羽
美術設計　吳郁嫻
人文線主編　王育涵
總 編 輯　胡金倫
董 事 長　趙政岷
出 版 者　時報文化出版企業股份有限公司
108019 臺北市和平西路三段 240 號 7 樓
發行專線｜02-2306-6842
讀者服務專線｜0800-231-705｜02-2304-7103
讀者服務傳真｜02-2302-7844
郵撥｜1934-4724 時報文化出版公司
信箱｜10899 臺北華江郵政第 99 號信箱
時報悅讀網　www.readingtimes.com.tw
人文科學線臉書　https://www.facebook.com/humanities.science/
法律顧問　理律法律事務所｜陳長文律師、李念祖律師
印　　刷　家佑印刷有限公司
初版一刷　2022 年 10 月 14 日
初版二刷　2022 年 12 月 2 日
定　　價　新臺幣 520 元

ISBN 978-626-335-817-1
Printed in Taiwan

時報文化出版公司成立於一九七五年，並於一九九九年股票上櫃公開發行，於二〇〇八年脫離中時集團非屬旺中，以「尊重智慧與創意的文化事業」為信念。

風流浪子的男友：晚明到清末的同性戀與男性氣質 / 魏濁安(Giovanni Vitiello)著；王晴鋒譯. -- 初版. -- 臺北市：時報文化出版企業股份有限公司, 2022.10
面；　公分. --（知識叢書；1122）
譯自：The libertine's friend : homosexuality and masculinity in late imperial China
ISBN 978-626-335-817-1(平裝)

1.CST: 同性戀 2.CST: 男性氣概 3.CST: 文學評論 4.CST: 中國文學史

544.751　　111012764